SEBASTIAN BRANT

DAS NARRENSCHIFF

ÜBERTRAGEN VON H. A. JUNGHANS
DURCHGESEHEN UND MIT ANMERKUNGEN SOWIE
EINEM NACHWORT NEU HERAUSGEGEBEN
VON HANS-JOACHIM MÄHL

PHILIPP RECLAM JUN. STUTTGART

Der Übertragung lag die Ausgabe von Karl Goedeke (1872) zugrunde; bei der Durchsicht wurde die Ausgabe von Manfred Lemmer (1962) benutzt. Für die Anmerkungen wurden ferner die Ausgaben von Zarncke und Bobertag, für die Erläuterung der Holzschnitte das Faksimile der Erstausgabe von Franz Schultz (1913) herangezogen.

Universal-Bibliothek Nr. 899
Alle Rechte vorbehalten
© 1964 Philipp Reclam jun. GmbH & Co., Stuttgart
Bibliographisch ergänzte Ausgabe 1998
Gesamtherstellung: Reclam, Ditzingen. Printed in Germany 1998
RECLAM und UNIVERSAL-BIBLIOTHEK sind eingetragene Marken
der Philipp Reclam jun. GmbH & Co., Stuttgart
ISBN 3-15-000899-9

Das Narren schyff

Ad Narragoniā Gaudemus &c

har nach

Zů schyff Zů schyff brüder. Eß gat/ eß gat

Eine Vorrede zu dem Narrenschiff

Zů nutz vnd heylsamer ler / ver-
manung vnd ervolgung der wyßheit /
vernunfft vnd gůter sytten: Ouch zů
verachtung vnd straff der narheyt /
blintheyt yrrsal vnd dorheit / aller
ståt / vnd geschlecht der menschen: mit
besunderem flyß ernst vnd arbeyt / gesamlet zů Basell: durch Sebastianum
Brant. in beyden rechten doctor.

Alle Lande sind jetzt voll heiliger Schrift
Und was der Seelen Heil betrifft:
Voll Bibeln, heiliger Väter Lehr
Und andrer ähnlicher Bücher mehr,
So viel, daß es mich wundert schon,
Weil niemand bessert sich davon.
Ja, Schrift und Lehre sind veracht't,
Es lebt die Welt in finstrer Nacht
Und tut in Sünden blind verharren;
Alle Gassen und Straßen sind voll Narren,
Die treiben Torheit an jedem Ort
Und wollen es doch nicht haben Wort.
Drum hab ich gedacht zu dieser Frist,
Wie ich der Narren Schiff' ausrüst:
Galeeren, Füst[1], Krack[2], Naue[3], Bark,
Kiel, Weidling[4], Hornach[5], Rennschiff stark,
Auch Schlitten, Karre, Schiebkarr, Wagen:
Denn *ein* Schiff könnt nicht alle tragen,
So groß ist jetzt der Narren Zahl;
Ein Teil sucht Fuhrwerk überall,
Der stiebt herbei gleichwie die Immen,
Versucht es, zu dem Schiff zu schwimmen:
Ein jeder will der erste sein;
Viel Narren und Toren kommen drein,
Deren Bildnis ich hier hab gemacht.
Wär jemand, der die Schrift veracht't,
Oder einer, der sie nicht könnt lesen,
Der sieht im *Bilde*[6] wohl sein Wesen

---

1. Leichtes Rennschiff oder Kaperschiff, ital. *fusta*. – 2. Lastschiff, franz. *carrache*. – 3. Kleineres Lastschiff, lat. *navis*. – 4. Fischernachen. – 5. Wörtlich Schmutznachen: Baggerprahm. – 6. *im molen*: Gemeint sind die Holzschnitte, mit denen das Original ausgestattet ist.

Und schaut in diesem, wer er ist,
Wem gleich er sei, was ihm gebrist[7].
Den *Narrenspiegel* ich dies nenne,
In dem ein jeder Narr sich kenne;
Wer jeder sei, wird dem vertraut,
Der in den Narrenspiegel schaut.
Wer sich recht spiegelt, der lernt wohl,
Daß er nicht weise sich achten soll,
Nicht von sich halten, was nicht ist,
Denn niemand lebt, dem nichts gebrist,
Noch der behaupten darf fürwahr,
Daß er sei weise und *kein* Narr.
Denn wer sich selbst als Narr eracht't,
Der ist zum Weisen bald gemacht,
Wer aber stets will weise sein,
Ist fatuus[8], der Gevatter mein,
Der sich zu mir recht übel stellt,
Wenn er dies Büchlein nicht behält.
Hier wird an Narren nicht gespart,
Ein jeder findet seine Art,
Und auch, wozu er sei geboren,
Warum so viele sind der Toren;
Welch hohes Ansehn Weisheit fand,
Wie sorgenvoll[9] der Narren Stand.
Hier findet man der Welten Lauf,
Drum ist dies Büchlein gut zum Kauf.
Zu Scherz und Ernst und allem Spiel
Trifft man hier Narren, wie man will,
Ein Weiser sieht, was ihm behagt,
Ein Narr gern von den Brüdern sagt.

7. Fehlt. – 8. Ein Narr (lat.): Wortspiel mit *gfatter*. – 9. *sörglich*,
d. h. sorgenerregend, bedenklich, gefährlich.

Hier hat man Toren, arm und reich,
Schlim schlem[10], gleich findet gleich.
Ich schneidre Kappen manchem Mann,
Der meint, es gehe ihn nichts an[11],
Hätt ich mit Namen ihn genannt,
Spräch er, ich hätt ihn nicht erkannt.
Doch hoff ich, daß die Weisen alle
Drin finden werden, was gefalle,
Und sagen dann mit Wissenheit[12],
Daß ich gab recht und gut Bescheid.
Und da ich das von ihnen weiß,
Geb ich um Narren einen Schweiß[13];
Sie müssen hören Wahrheit alle,
Ob ihnen es auch nicht gefalle.
Wiewohl Terentius[14] saget, daß
Wer Wahrheit ausspricht, erntet Haß;
Und wer sich lange schneuzen tut,
Der wirft zuletzt von sich das Blut[15];
Und wenn man coleram[16] anregt,
So wird die Galle oft bewegt.
Darum beacht ich, was man spricht
Mit Worten hinterm Rücken, nicht,
Noch wenn man schmäht die gute Lehr:
Ich habe solcher Narren mehr,
Denen Weisheit nicht gefället wohl,
Von solchen ist dies Büchlein voll.
Doch bitt ich jeden, daß er mehr

10. Aus lat. *similis (quaerit) similem* entstanden. – 11. *Der sich des doch nit nymet an,* d. h., der sich doch nicht darum bekümmert. – 12. Aus Überzeugung und Erfahrung. – 13. D. h. einen Dreck, gar nichts. – 14. Publius Terentius Afer, römischer Komödiendichter († 159 v. Chr.). Die Stelle: Andria I, 1, 41 *(veritas odium parit).* – 15. Sprüche Salomonis 30, 33. – 16. Zorn (lat.).

Ansehn wolle Vernunft und Ehr
Als mich oder mein schwach Gedicht.
Ich hab fürwahr ohn Mühe nicht
So viele Narrn zu Hauf gebracht:
Gar oft hab ich gewacht die Nacht,
Die schliefen, deren ich gedacht,
Oder saßen vielleicht bei Spiel und Wein,
Wo sie wenig gedachten mein;
Ein Teil in Schlitten fuhr umher
Im Schnee, wo sie gefroren sehr;
Ein Teil trieb Kindereien[17] just;
Die andern schätzten den Verlust,
Der sie desselben Tags betroffen,
Und welchen Gewinn sie könnten hoffen,
Oder wie sie morgen wollten lügen
Mit Geschwätz, verkaufen und manchen
Um diesen nachzudenken allen,   [betrügen.
Wie mir solch Art, Wort, Werk gefallen,
Hab ich, kein Wunder ists, gar oft
Gewacht, wann niemand es gehofft,
Damit man tadle nicht mein Werk[18].
In diesen Spiegel sollen schauen
Die Menschen alle, Männer, Frauen;
Die einen mit den andern ich mein':
Die Männer sind nicht Narrn allein,
Man findet auch *Närrinnen* viel,
Denen ich Kopftuch, Schleier und Wil[19]
Mit Narrenkappen hier bedecke.

---

17. *uff kalbß füss gingen*, d. h. kälberten wie die Kinder. – 18. *Do mit myn gdicht nit würd gestrofft* (das Reimwort ist nicht übertragbar). – 19. Besonders der Schleier (lat. *velum*) der Nonnen.

Auch Mädchen[20] haben Narrenröcke;
Sie wollen jetzt tragen offenbar,
Was sonst für Männer schändlich war:
Spitze Schuh' und ausgeschnittne Röcke,
Daß man den Milchmarkt nicht bedecke;
Sie wickeln viel Lappen in die Zöpfe
Und machen Hörner auf die Köpfe,
Als käm daher ein mächtger Stier;
Sie gehen umher wie die wilden Tier'.
Doch sollen ehrbare Frauen mir schenken
Verzeihung, denn ihrer will ich gedenken
Wie billig in keiner argen Art;
Den bösen aber sei nichts erspart,
Von denen man ein Teil hier find't,
Die auch im Narrenschiffe sind.
Darum mit Fleiß sich jeder suche,
Und findet er sich nicht im Buche,
So mag er sprechen, daß er sei
Der Kappe und des Kolbens[21] frei.
Wer meint, daß ich ihn nicht berühre,
Geh zu den Weisen vor die Türe,
Gedulde sich, sei guter Dinge,
Bis ich 'ne Kappe von Frankfurt[22] bringe!

20. *Metzen*, d. h. leichtfertige Mädchen (ohne den verächtlichen Neben-
sinn). – 21. Insignien des Narren. – 22. Von der Frankfurter Messe.

1.

Im Narrentanz voran ich gehe,
Da ich viel Bücher um mich sehe,
Die ich nicht lese und verstehe.

Von unnützen Büchern

Daß ich im Schiffe vornan sitz,
Das hat fürwahr besondern Witz[1];
Nicht ohne Ursache ist das:
Auf Bücher ich mich stets verlaß,
Von Büchern hab ich großen Hort,
Versteh ich selten auch ein Wort,
So halt ich sie doch hoch in Ehren:
Will ihnen gern die Fliegen wehren.
Wo man von Künsten[2] reden tut,
Sprech ich: „Daheim hab ich sie gut!"
Denn es genügt schon meinem Sinn,
Wenn ich umringt von Büchern bin.
Von Ptolemäus[3] wird erzählt,
Er hatte die Bücher der ganzen Welt
Und hielt das für den größten Schatz,
Doch manches füllte nur den Platz,
Er zog daraus sich keine Lehr.
Ich hab viel Bücher gleich wie er
Und lese doch nur wenig drin.
Zerbrechen sollt ich mir den Sinn,
Und mir mit Lernen machen Last?
Wer viel studiert, wird ein Phantast!
Ich gleiche sonst doch einem Herrn,
Kann zahlen einem, der für mich lern'!

1. *Das hat worlich eyn sundren gryff*, d. h., damit ist eine besondere
Absicht verbunden. Eine ironische Anspielung Brants auf sich selbst,
wie sie bereits von den Zeitgenossen (Murner, Dedekind) vermutet
wurde, liegt hier schwerlich vor; gemeint ist offenbar die auch sonst
mit Sorge betrachtete Ausbreitung der Buchdruckerkunst, die dem
Büchernarren eine besonders aktuelle Rolle zuweist. – 2. D. h. Wissen-
schaften. – 3. König Ptolemäus II. Philadelphus († 246 v. Chr.) war
Hauptgründer und Förderer der berühmten alexandrinischen Bibliothek.

Zwar hab ich einen groben Sinn,
Doch wenn ich bei Gelehrten bin,
So kann ich sprechen: „Ita! – So!"
Des *deutschen* Ordens bin ich froh,
Dieweil ich wenig kann Latein.
Ich weiß, daß *vinum* heißet „Wein",
Gucklus ein Gauch[4], *stultus* ein Tor,
Und daß ich heiß': *„domine doctor[5]!"*
Die Ohren sind verborgen mir,
Sonst säh man bald des Müllers Tier.

4. Lat. *cuculus*, urspr. Kuckuck. – 5. Begrüßungsformel: mein Herr
Doktor.

2.

Wer sich auf Macht im Rate stützt
Und *dem* Wind folgt, der grade nützt,
Der stößt die Sau zum Kessel itzt[1].

Von guten Räten

Viel sind, die trachten früh und spat,
Wie sie bald kommen in den Rat,
Die doch vom Rechte nichts verstehn
Und blindlings an den Wänden gehn.
Den guten Chusi[2] man begrub,
Zum Rat man Achitophel hub.
Wer richten soll und raten schlecht[3],
Der rat und stimm allein nach Recht,
Auf daß er nicht ein Zaunpfahl bleibe,
Der nur die Sau zum Kessel treibe.
Fürwahr, sag ich, es hat nicht Fug[4]:
Es ist mit Raten nicht genug,
Womit verkürzet wird das Rechte;
Das *Bessere* billig man bedächte
Und forschte nach, was man nicht weiß.
Denn wird verdreht des Rechts Geleis,
So stehst du wehrlos da vor Gott[5],
Und glaube mir, das ist kein Spott[6]!
Wenn jeder wüßt, was folgt darnach,
Wär er im Urteil nicht so jach[7];
Denn mit *dem* Maß wird jedermann
Gemessen, wie *er* hat getan.
Wie du mich richtest und ich dich,

1. Die Bedeutung ist umstritten: der will sich durch seine Unredlichkeit einen fetten Braten verdienen, oder: der wird zum bloßen Werkzeug anderer, die den Vorteil haben (darauf deuten V. 9 u. 10). Nach Geilers Auslegung: der schindet die armen Leute. – 2. 2. Samuel 15-17: Chusai ist der getreue Späher Davids gegen Absalom, Achitophel der abtrünnige Ratgeber, der ein schmähliches Ende findet. – 3. Schlicht, aufrichtig. – 4. Es ist nicht in Ordnung. – 5. *So hast kein wörwort gegen got*, d. h. keine Rechtfertigung, Entschuldigung. – 6. Kein Scherz. – 7. Eilig, geschwind.

So wird Gott richten dich und mich[8].
Ein jeder wart' in seinem Grab
Des Urteils, das er selbst einst gab,
Und wer damit das Recht verletzt,
Dem ist auch schon die Frist gesetzt,
Wo er ein kräftig Urteil find't:
Es fällt der Stein ihm auf den Grind!
Wer hier nicht hält Gerechtigkeit,
Dem droht sie dort mit Härtigkeit:
Denn weder Weisheit, Einsicht, Rat,
Noch Macht vor Gott Bestehen hat[9].

8. Matthäus 7, 2. – 9. Sprüche Salomonis 21, 30.

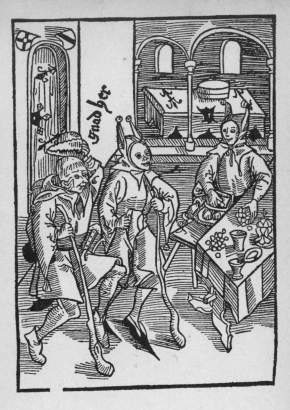

3.

Wer setzt die Lust in zeitlich Gut,
Sucht *darin* Freud und guten Mut,
Der ist ein Narr mit Fleisch und Blut.

Von Habsucht

Der ist ein Narr, wer sammelt Gut
Und hat nicht Freud noch frohen Mut
Und weiß nicht, wem er solches spart,
Wenn er zum finstern Keller[1] fahrt.
Ein größrer Narr ist, wer vertut
Mit Üppigkeit und leichtem Mut
Das, was ihm Gott gab als das Seine,
Darin er *Schaffner*[2] ist alleine,
Wovon er Rechnung geben muß,
Die mehr einst gilt als Hand und Fuß[3].
Ein Narr läßt seinen Freunden viel,
Die *Seele* er nicht versorgen will;
Er fürchtet Mangel in der Zeit
Und sorgt nicht für die Ewigkeit.
O armer Narr, wie bist du blind:
Die Räude scheust du – findst den Grind!
     Ein andrer sündigem Gut nachrennt,
Wofür er in der Hölle brennt:
Das achten seine Erben klein,
Sie helfen nicht mit einem Stein,
Sie spendeten kaum ein einzig Pfund[4],
Und läg er tief im Höllengrund.
Gib, da du lebst, zu Gottes Ehr,
Nach deinem Tod wird ein andrer Herr.
Ein Weiser hat noch nie begehrt
Nach Reichtum hier auf dieser Erd,

1. D. h. ins Grab. – 2. Verwalter. – 3. Anspielung auf die Strafe des
Abhauens von Hand und Fuß. – 4. Man berechnete das Geld auch
nach dem Gewicht, da die Münzen häufig ungleich dick geprägt waren. In Straßburg = 2 Gulden, also eine geringe Summe.

Wohl aber, daß er selbst sich kenne:
Den Weisen mehr als reich du nenne!
Zuletzt geschah's, daß Crassus[5] trank
Das Gold, wonach ihn dürstet' lang;
Doch Crates[6] warf sein Geld ins Meer,
Das hindert' ihn beim Lernen sehr.
Wer sammelt, was vergänglich ist,
Begräbt seine Seele in Kot und Mist.

5. Die Parther sollen dem nach Gold unersättlichen Crassus, der bei Karrhä 53 v. Chr. besiegt wurde, geschmolzenes Gold in den Mund gegossen haben. – 6. Ein thebanischer Philosoph, Schüler des Diogenes, der sich auf dem Wege nach Athen seines Reichtums entledigte. Beide Exempla entnahm Brant dem Corpus iuris canonici.

4.

Wer neue Moden[1] bringt durchs Land,
Der gibt viel Ärgernis und Schand
Und hält den Narren bei der Hand.

Von neuen Moden

Was vormals war ein schändlich Ding[2],
Das schätzt man schlicht jetzt und gering:
Sonst trug mit Ehren man den Bart,
Jetzt lernen Männer Weiberart
Und schmieren sich mit Affenschmalz[3]
Und lassen am entblößten Hals
Viel Ring' und goldne Ketten sehn,
Als sollten sie vor Lienhart[4] stehn.
Mit Schwefel und Harz pufft man das Haar
Und schlägt darein dann Eierklar[5],
Daß es im Schüsselkorb[6] werd' kraus.
Der hängt den Kopf zum Fenster 'raus,
Der bleicht das Haar mit Sonn' und Feuer,
Darunter sind die Läus nicht teuer.
Die können es jetzt wohl aushalten,
Denn alle Kleider sind voll Falten:
Rock, Mantel, Hemd und Tuch dazu,
Pantoffeln, Stiefel, Hosen, Schuh',
Pelzkragen[7], Mäntel, Besatz daran:
Der *Juden* Brauch fängt wieder an[8].
Vor *einer* Mode die *andre* weicht,

1. *nüw fünd*, d. h. neue Funde, Neuerungen, Moden. – 2. Anspielung auf 2. Samuel 10, 4. – 3. D. h. schminken und pflegen sich wie die Affen. Vgl. Kap. 14. – 4. Dem heiligen Leonhard, als Schutzpatron der Gefangenen, wurden die Ketten der Befreiten dargebracht. – 5. Eiweiß. – 6. Ein flacher Korb, den man auf das Haar drückte, um es wellig zu machen. – 7. *wild kappen*: es ist nicht ganz klar, ob Pelzwerk gemeint ist oder *wilde*, d. h. sonderbare, fremdartige, nach Zarncke spanische Mäntel. Die nd. Übersetzung bringt *kappen an den mantel*, es ist also an eine Art Mantelhaube gedacht. Der Besatz (*umblouff*) war meist aus Fellen gearbeitet. – 8. Die Juden trugen lange, faltige Kaftane.

Das zeigt, wie unser Sinn ist leicht
Und wandelbar zu aller Schande,
Und wieviel Neuerung ist im Lande,
Mit schändlich kurz geschnittnen Röcken,
Die kaum den Nabel mehr bedecken!
Pfui Schande deutscher Nation,
Daß man entblößt, der Zucht zum Hohn,
Und zeigt, was die Natur verhehlt!
Drum ist es leider schlecht bestellt
Und hat wohl bald noch schlimmern Stand.
Weh dem, der Ursach gibt zur Schand!
Weh dem, der solcher Schand nicht wehrt[9]:
Ihm wird ein böser Lohn beschert!

9. *nit strofft:* offenbar ist an ein Einschreiten der Obrigkeit gedacht.

5.

Schon steh ich an der Grube dicht,
Im Arsch das Schindermesser sticht[1],
Doch – meine Narrheit laß ich nicht!

Von alten Narren

„Die Narrheit läßt mich nicht sein greis;
Ich bin sehr alt, doch ganz unweis,
Ein böses Kind von hundert Jahren,
Zeig dem die Schellen, der unerfahren,
Den Kindern geb ich Regiment[2]
Und mach mir selbst ein Testament,
Das wird nach meinem Tod mir leid.
Mit schlechtem Beispiel und Bescheid
Treib ich, was meine Jugend lernte;
Daß meine Schlechtigkeit Ehre ernte,
Wünsch ich und rühm mich dreist der Schande,
Wie ich beschissen[3] alle Lande
Und hab gemacht viel Wasser trübe[4];
Im Schlechten ich mich allzeit übe,
Es tut mir leid, daß ichs nicht mehr
Vollbringen kann so wie vorher.
Doch was ich jetzt nicht mehr kann treiben,
Soll meinem *Heinz* empfohlen bleiben;
Mein Sohn wird tun, was ich gespart,
Er schlägt mir nach wohl in der Art;
Es stehet ihm recht stattlich an,
Und lebt er, wird aus ihm ein Mann.
Er sei mein Sohn, muß man einst sagen;
Dem Schelme wird er Rechnung tragen
Und wird in keinem Ding sich sparen
Und in dem Narrenschiff auch fahren!
Es soll mich noch im Grab ergötzen,
Daß er mich wird so ganz ersetzen!" –

1. *das schyntmesser jm ars han,* sprichwörtlich für: mit einem Fuß im
Grabe stehen. – 2. Lehre, Anleitung. – 3. Der übliche Ausdruck für
betrügen, anführen. – 4. D. h. Verwirrung, Unheil gestiftet.

Nach *solchem* jetzt das Alter trachtet,
Die Weisheit es gar nicht mehr achtet.
Susannens Richter[5] zeigten wohl,
Was man dem Alter zutraun soll:
Ein alter Narr der Seel nicht schont;
Der tut schwer recht, wers nicht gewohnt.

5. Daniel Kap. 13: Um die schöne und tugendhafte Susanna buhlten zwei alte Richter; von ihr abgewiesen, verurteilten sie die Frau auf Grund falscher Anschuldigungen zum Tode.

6.

Wer seinen Kindern übersieht
Mutwillen und sie nicht erzieht,
Dem selbst zuletzt viel Leid geschieht.

Von rechter Kinderlehre

Der ist vor Narrheit wohl ganz blind,
Wer nicht drauf achtet, daß sein Kind
In guter Zucht man unterweist,
Und sich insonderheit befleißt,
Daß er sie irrgehn läßt ohn Strafe,
Wie ohne Hirten gehn die Schafe;
Der ihrem Übermut nicht wehrt
Und sie zu strafen nicht begehrt,
Dieweil er meint, sie sei'n zu jung,
Es hafte nicht Erinnerung
In ihrem Ohr, nicht Straf noch Lehre. –
    O großer Tor, merk auf und höre:
Der Jugend ist nichts zu geringe[1],
Sie merket wohl auf alle Dinge.
Der neue Topf hält vom Gericht
Geschmack und Duft und läßt ihn nicht.
Ein junger Zweig sich dreht und schmiegt,
Doch wenn man einen alten biegt,
So kracht und bricht er bald entzwei.
    Gerechte Straf bringt kein Geschrei,
Der Rute Zucht vertreibt ohn Schmerzen
Die Narrheit aus des Kindes Herzen[2].
Ohn Strafe selten man belehrt,
Das Übel wächst, dem man nicht wehrt.
Heli war brav und lebte rein,
Doch straft' er nicht die Kinder sein,
Drum straft' ihn Gott, daß er mit Klage

1. *Die jugent ist zuo bhaltten gering*, d. h. eigentlich: mit dem Lernen
schnell bei der Hand, nimmt schnell auf. – 2. Sprüche Salomonis 22, 15.

Samt ihnen starb an einem Tage[3].
Weil man der Kinder Zucht nicht will,
Drum trifft man Catilinen[4] viel.
Es stände besser um manches Kind,
Gäb man ihm Lehrer wohlgesinnt,
Wie Phönix[5], den einst aufgesucht
Peleus zu des Achilles Zucht.
Philipp durchsuchte Griechenland,
Bis er dem Sohn den Meister fand:
Dem größten König[6] in der Welt
Ward Aristoteles zugesellt,
Der hörte Plato manches Jahr,
Dem Sokrates einst Lehrer war.
Jedoch die Väter *unsrer* Zeit,
Die gehen blind vor Geiz so weit
Und nehmen solchen Lehrer schon,
Der ihnen zum Narren macht den Sohn
Und schickt ihn wieder heim nach Haus
Halb närrischer, als er kam daraus.
Drum ist zu wundern nichts daran,
Wenn närrische Kinder ein Narr gewann.
Der alte Crates[7] sprach, wenn ihm
Es zuständ, wollt mit lauter Stimm'
Er schreien: Narren unbedacht!
Aufs Gütersammeln habt ihr acht

3. 1. Samuel 2, 12 - 4, 18: Der Priester Eli starb bei der Nachricht, daß
seine mißratenen Söhne mit der Bundeslade in die Hände der Philister gefallen und getötet worden seien. – 4. Catilina war Urheber der
Verschwörung in Rom 63 v. Chr., gegen die Cicero auftrat. Hier wie
Kap. 49 als warnendes Beispiel der Auflehnung gegen Ordnung und
Gesetz genannt. – 5. Phönix war nach Homer der Lehrer und Ratgeber des Achilles; hier nach Plutarch, *De educatione* 7, 3. Aus dem
gleichen Werk stammen auch die folgenden Exempla. – 6. Alexander
dem Großen. – 7. Wieder nach Plutarch 7, 13.

Und achtet nicht auf euer Kind,
Für das ihr doch auf Reichtum sinnt.
Aber euch wird zuletzt der Lohn,
Wenn in den Rat soll gehn der Sohn
Und dort auf Zucht und Ehren achten,
Dann wird nach *solchem* Ding er trachten,
Wie man's von Kind an ihn gelehrt;
Dann wird des Vaters Leid gemehrt,
Der sich verzehrt, weil er ohn Nutzen
Erzogen einen Winterbutzen[8].
Die einen gehn zu der Buben Rott'
Und lästern dort und schmähen Gott;
Die andern hängen sich an Säcke[9],
Die dritten verspielen Roß und Röcke;
Die vierten prassen Tag und Nacht.
Das wird aus solchen Kindern gemacht,
Die man nicht in der Jugend zieht,
Mit einem Lehrmeister wohl versieht.
Denn Anfang, Mittel, Schluß der Ehre
Entspringt allein aus guter Lehre.
Ein löblich Ding ist adlig sein,
Doch ist es fremd[10] und ist nicht dein:
Es kommt von deinem Elternpaar;
Ein köstlich Ding ist Reichtum gar,
Aber er ist des Glücks Zufall,
Das auf und ab tanzt wie ein Ball;
Der Ruhm der Welt sich schön anläßt:
Doch schwankt er und ist voll Gebrest;

---

8. *butz* = Unhold, Kobold, Schreckscheuche (noch heute spricht man vom *Butzemann*). Mit *wintterbutz* ist wohl ein Popanz gemeint, wie er beim Winteraustreiben eine Rolle spielte. – 9. Liederliche Personen, Huren. – 10. *frömbd* in der Bedeutung von: nicht eigen, einem andern gehörend.

Ein schöner Leib steht hoch in Acht
Und währt doch kaum bis über Nacht;
So ist Gesundheit uns sehr lieb
Und stiehlt sich weg doch wie ein Dieb;
Der Stärke Größe, die man schätzt,
Schwindet vor Krankheit und Alter zuletzt:
Darum ist nichts unsterblich mehr
Und unvergänglich, als gute Lehr.
Gorgias[11] fragte, ob glücklich wär
Zu preisen Persiens mächtiger Herr?
Sprach Sokrates: „Ich weiß noch nicht,
Ob er gelernt der Tugend Pflicht!"
Als wollt er sagen, daß Macht und Gold
Ohne Tugendlehre nichts gelten sollt.

11. Ein griechischer Sophist, in Platons gleichnamigem Dialog Ge-
sprächspartner des Sokrates. Hier wieder nach Plutarch, Kap. 8, ebenso die vorangehenden Verse.

7.

Wer zwischen Stein und Stein sich legt
Und viel Leut auf der Zunge trägt,
Den Trübsal bald und Schaden schlägt.

Von Zwietrachtstiftern

Gar mancher hat viel Freude dran,
Daß er verwirren jedermann
Und bürsten kann dies Haar auf das,
Daraus dann Feindschaft wächst und Haß.
Mit Afterrede und Lügen groß
Gibt er gar manchem einen Stoß,
Den der erst lang nachher empfindet,
Wenn aus der Freundschaft Haß sich zündet;
Und daß ers wohl besiegeln möge,
Lugt er, wieviel er noch zulege,
Und will es nur beichtweise[1] sagen,
Um nicht Verweis davonzutragen;
Ja, unter der Rose[2] – beteuert er –
Es dir ans Herz geleget wär,
Und meint, damit gefall er wohl.
Die Welt ist *solcher* Zwietracht voll,
Daß man einen auf der Zunge tragen
Kann weiter als im Hängewagen[3].
Wie Chore[4] tat und Absalon[5],
Die wünschten Anhang sich und Kron'
Und holten sich nur Schimpf und Schande.
Ein Alchymus[6] in jedem Lande
Die Freunde entzweit, mit Lügen umringt
Und die Finger zwischen die Angeln bringt;

---

1. D. h. unter dem Siegel der Verschwiegenheit. – 2. Lat. *sub rosa*.
Man pflegte im Altertum bei Gastmählern eine Rose als Zeichen
der Verschwiegenheit über den Gästen aufzuhängen. – 3. In der
Kutsche, die in Federn hängt. – 4. 4. Mose 16: Korahs Aufruhr gegen
Moses (die Schreibweise der Namen folgt dem lat. Text der Vulgata,
die Brant benutzte). – 5. 2. Samuel 15: Absaloms Aufruhr gegen David. – 6. 1. Makkabäer 7, 5 ff.: Der abtrünnige Alcimus verriet Israel,
starb dann aber unter großen Schmerzen am Schlag.

Die werden oft geklemmt davon,
Wie dem, der wollt empfangen Lohn,
Dieweil er Saul erschlagen hätt[7],
Und denen, so schlugen Isboseth[8].
Wie der auch zwischen Mühlsteinen liegt,
Der stets an Zwietracht sich vergnügt.
Man sieht ihm an den Gebärden an,
Welch Worte das sind und welch ein Mann:
Verbirgt man den Narren hinter der Tür,
Er streckt die Ohren doch herfür.

7. 2. Samuel, 1, 1-16: David ließ den Amalekiterjüngling töten, der in
der Hoffnung auf Belohnung vorgab, daß er Saul auf dessen Bitte hin
erschlagen hätte. – 8. 2. Samuel 4: Die Mörder Isboseths ließ David
ebenfalls töten, unter Hinweis auf die Strafe des Amalekiters, der die
Nachricht von Sauls Tod überbracht hatte.

8.

Wer nicht kann sprechen ja und nein
Und pflegen Rat um groß und klein,
Der trag den Schaden ganz allein.

Gutem Rat nicht folgen

Der ist ein Narr, der weis will sein
Und hält nicht Glimpf[1] noch Maße ein,
Und wenn er Weisheit pflegen will,
So ist ein Gauch sein Federspiel[2].
Viel sind mit *Worten* weis und klug
Und ziehen doch den Narrenpflug.
Das macht, weil sie zu jeder Zeit
Für klug sich halten und gescheit,
Und achten nicht auf fremden Rat,
Bis ihnen sich das Unglück naht.
Tobias[3] stets den Sohn belehrt,
Daß er an weisen Rat sich kehrt;
Man riet der Hausfrau Lots[4] wohl gut,
Doch voll Verachtung war ihr Mut,
Drum ward von Gott sie heimgesucht
Und ward zur Säule auf der Flucht.
Rehabeam[5] nicht folgen wollte
Den alten Weisen, wie er sollte;
Den Narren folgt' er, da verlor
Er Stämme zehn und blieb ein Tor.
Hätt Nebukadnezar[6] auf Daniel gehört,
Er wäre nicht in ein Tier verkehrt;
Und Makkabäus, der stärkste Mann,
Der großer Taten Ruhm gewann,
Hätt Jorams Rat[7] er zu Herzen genommen,
Er wäre nicht ums Leben gekommen.

---

1. Angemessenes Betragen. – 2. D. h., er schickt statt eines Falken einen Kuckuck auf die Jagd. Vgl. Kap. 1. – 3. Tobias 4, 19. – 4. 1. Mose 19, 26. – 5. 1. Könige 12, 8 ff. – 6. Daniel 4, 24-30. – 7. 1. Makkabäer 9, 1-18. Da *Joram* hier nicht als Urheber des Rates genannt wird, muß Brant noch eine andere Vorlage gehabt haben.

Wer allzeit folgt seinem eignen Haupt
Und gutem Rat nicht folgt und glaubt,
Der lässet Glück und Heil beiseit
Und will verderben vor der Zeit!
Drum Freundes Rat niemand veracht',
Wo Räte viel – dort Glück und Macht[8].
Achitophel sich selbst getötet hat,
Weil Saul nicht folgte seinem Rat[9].

8. Sprüche Salomonis 11, 14. – 9. 2. Samuel 17, 1-23: statt *Saul* muß
es Absalom heißen, wohl ein Gedächtnisfehler.

9.

Wer schlecht an Sitte und Gebärde
Und guckt, wo er zum Narren werde,
Der schleift die Kappe an der Erde.

Von schlechten Sitten

Viel gehn in Schauben[1] stolz daher
Und werfen den Kopf bald hin, bald her,
Dann hin zu Tal, dann auf zu Berg,
Dann hinter sich, dann überzwerch[2],
Bald gehn sie rasch, dann sehr gemach;
Das zeigt als Zeichen und Ursach,
Daß sie leichtfertig von Gemüte,
Wovor man sich gar billig hüte.
Wer klug nach guter Sitte späht,
Dem auch sein Wesen wohl ansteht,
Und was er auch beginnt und tut,
Das dünket jeden Weisen gut.
Die echte Weisheit fängt an mit Scham,
Ist züchtig, still und friedesam,
Es ist bei ihr dem Guten wohl,
Drum füllt sie Gott der Gnaden voll[3].
Viel besser hat man gute Gebärde[4],
Denn allen Reichtum auf der Erde,
Weil aus den Sitten man bald entnimmt,
Wie einer im Herzen ist gestimmt.
Gar mancher der Sitten wenig schont,
Das macht, sie sind ihm ungewohnt,
Er ist erzogen nicht dazu,
Drum hat er Sitten wie eine Kuh.
Die beste Zierde, der höchste Nam',
Sind gute Sitten, Zucht und Scham.
Noah wohl guter Sitten pflag,

---

1. Lange, vorn offene Mäntel, wie auf dem Holzschnitt dargestellt. –
2. In die Quere, seitwärts. – 3. Jakobus 3, 17. – 4. D. h. gutes Betragen, das bei Brant als Zeichen der inneren Gesinnung gilt.

Doch schlug ihm Ham, sein Sohn, nicht nach[5].
Wer einen weisen Sohn gebärt,
Den man Vernunft, Sitt', Weisheit lehrt,
Der danke Gott doch früh und spat,
Der ihn mit Gnade versehen hat.
In des Vaters Nase biß Albin[6],
Weil der ihn nicht besser ließ erziehn.

5. 1. Mose 9, 22. – 6. Nach einer alten Erzählung, die als Variante einer Fabel des Äsop auch in den Schwänken des 16. Jh. überliefert ist, biß ein Sohn, als er unter dem Galgen stand, dem Vater, der ihn schlecht erzogen, die Nase ab. Bei Brant drastischer: *Syns vatters nase Albinus aß, das er jn nit hatt gzogen baß.*

10.

Wer Gewalt und Unrecht einem Mann
Antut, der Leid ihm nie getan,
Da stoßen sich zehn andre dran[1].

Von wahrer Freundschaft

Der ist ein Narr mit töricht Blut,
Der einem Menschen Unrecht tut,
Weil er dadurch gar manchem dräut,
Der sich dann seines Unglücks freut.
Wer seinem Freunde Böses tut,
Der all sein Hoffen, Vertrauen und Mut[2]
Allein gesetzet hat auf ihn,
Der ist ein Narr und ohne Sinn. –
    Es gibt nicht mehr ein Freundespaar,
Wie Jonathan und David[3] war,
Patroklus und Achill[4] dabei,
Orest und Pylades[5], die zwei,
Wie Demades und Pythias[6] gar
Oder der Schildknecht Saulis war[7],
Wie Scipio, Laelius[8], die beiden.
Wo Geld gebricht, muß Freundschaft scheiden;
Die Nächstenliebe so weit nicht geht,
Wie im Gesetz[9] geschrieben steht:
Der Eigennutz vertreibt das Recht,
Die Freundschaft, Liebe, Sippschaft, Geschlecht;
Es lebt jetzt keiner Moses gleich,

---

1. Sprichwörtlich: Das lassen sich noch zehn andere zur Warnung dienen. – 2. D. h. Zuversicht. – 3. 1. Samuel 18 u. 20. – 4. Patroklus, der
treue Freund und Waffengefährte Achills, wurde vor Troja von
Hektor getötet; Achilles rächte seinen Tod. – 5. Orest und Pylades
befreiten gemeinsam Iphigenie, die Schwester des Orest. – 6. Damon
und Phintias aus Syrakus: die Geschichte ihrer Freundestreue ist aus
Schillers „Bürgschaft" bekannt. – 7. 1. Samuel 31, 5: Dieser weigerte
sich, Hand an Saul zu legen, folgte ihm dann aber freiwillig in den
Tod. – 8. Cornelius Scipio Africanus, römischer Feldherr und Politiker († 183 v. Chr.), und sein Landsmann Laelius: beide wurden als
Freundespaar sprichwörtlich. – 9. gsatz, bezieht sich auf Matthäus
22, 39.

An Nächstenliebe wie dieser reich[10],
Oder wie Nehemias
Und mit ihm der fromme Tobias[11].
    Wem nicht Gemeinnutz so viel wert
Wie Eigennutz, den er begehrt,
Den halt ich für einen närrischen Gauch:
Denn was gemeinsam, ist eigen auch.
Doch Kain lebt jetzt in jedem Stand,
Dem leid ist, wenn Glück Abel fand[12].
Es gehen Freunde in der Not
Wohl vierundzwanzig auf ein Lot,
Und die am besten wollen sein,
Gehn sieben auf ein Quentelein.

10. Vgl. 3. Mose 19, 18. – 11. 2. Esra 1 ff.; Tobias 1, 15 ff.: Nehemia
wird genannt wegen seiner Tätigkeit für die Wiederherstellung Jerusalems, Tobias wegen seiner aufopfernden Hilfe, die er den Ver-
bannten leistete. – 12. 1. Mose 4, 3-5.

11.

Wer jedem *Narren* glauben will,
Da man doch hört von *Schrift* so viel,
Der schickt sich wohl ins Narrenspiel.

Verachtung der Heiligen Schrift

Der ist ein Narr, der nicht der Schrift
Will glauben, die das Heil betrifft,
Und meint, daß er zu Recht so lebe,
Als ob's nicht Gott noch Hölle gebe,
Verachtend Predigt sowie Lehre,
Als ob er gar nicht säh noch höre. —
    Stünd einer von den Toten auf,
Man liefe hundert Meilen drauf,
Damit man hörte neue Märe,
Welch Wesen in der Hölle wäre;
Ob viele Leut dort führen ein,
Ob man auch zapfte neuen Wein
Und ander ähnlich Affenspiel.
Nun hat man doch der Schrift so viel
Vom Alten und vom Neuen Bund,
Kein ander Zeugnis zu der Stund
Braucht man, noch Kapell und Klausen
Des Sackpfeifers von Nickelshausen[1].
Denn Gott spricht nach der Wahrheit sein:
„Wer *hier* gesündigt, hat *dort* Pein,
Und wer sich hier zur Weisheit kehrt,
Der wird in Ewigkeit geehrt."
Gott gab, das leidet Zweifel nicht,

---

1. In dem Dorfe Niklashausen an der Tauber war 1476 ein Hirte namens Hans Böhme, der „Sackpfeifer" oder „Pauker" genannt, mit der Versicherung aufgetreten, die Jungfrau Maria sei ihm erschienen. Er hatte großen Zulauf unter der Landbevölkerung und predigte nicht nur vom Zorn Gottes und seiner besonderen Gnade für das kleine Taubertal, sondern prophezeite auch eine Umwälzung der sozialen Ordnung. Als er schließlich zu einer bewaffneten Versammlung aufrief, wurde er auf Anordnung des Bischofs von Würzburg festgenommen und mit einigen seiner Anhänger verbrannt.

Gehör dem Ohr, dem Auge Licht;
Drum ist erblindet und ertaubt,
Der nicht hört Weisheit und ihr glaubt
Und lauscht auf neue Mär und Sage.
Ich fürcht, es kommen bald die Tage,
Daß man mehr neuer Mär werd inne,
Als uns gefall und sei nach Sinne.
Jeremias schrie und hat gelehrt
Und ward von niemand doch gehört,
Desgleichen andre Weise mehr,
Drum kam viel Plage hinterher[2].

2. Hinweis auf die Zerstörung Jerusalems und die babylonische Gefangenschaft.

12.

Wer nicht erst gürtet[1] vor dem Reiten,
Nicht weise Vorsicht übt beizeiten,
Des spottet man, fällt er zur Seiten.

Von unbesonnenen Narren

Der ist mit Narrheit wohl geeint,
Wer spricht: „Das hätt ich nicht gemeint!"
Denn wer bedenkt all Ding beizeiten,
Der sattelt wohl, *eh* er will reiten.
Wer sich bedenkt erst *nach* der Tat,
Des Überlegung kommt meist zu spat;
Wer *in* der Tat sich raten kann,
Muß sein ein wohlerfahrner Mann,
Oder es haben's ihn Frauen gelehrt,
Die solchen Rats sind hochgeehrt.
Hätt Adam zuvor bedacht sich baß[2],
Bevor er von dem Apfel aß,
Er wär nicht um den kleinen Biß
Gestoßen aus dem Paradies.
Hätt Jonathas[3] sich recht bedacht,
Er hätt die Gaben wohl veracht't,
Die Tryphon ihm in Falschheit bot
Und ihn darnach erschlug zu Tod.
Guten Anschlag wußte alle Zeit
Der Kaiser Julius[4] in dem Streit,
Doch, als er hatte Fried und Glück,
Versäumte er ein kleines Stück,
Daß er den Brief nicht las zur Hand[5],
Den man zur Warnung ihm gesandt.

---

1. Den Sattelgurt befestigt. – 2. Besser. – 3. 1. Makkabäer 12, 43 ff.:
Tryphon fürchtete, daß der Hohepriester Jonathas sich gegen seinen
geplanten Feldzug stellen könnte, er empfing ihn daher freundlich,
überreichte ihm Geschenke und überredete ihn, ohne seine Streitmacht
weiterzuziehen, woraufhin er ihn gefangennehmen und töten ließ. –
4. Julius Cäsar. – 5. *zuo hant*, sogleich.

Nikanor[6] überschlug gering,
Verkaufte das Wildbret, eh ers fing,
Drum ging sein Anschlag fehl genug:
Zung, Hand und Haupt man ab ihm schlug[7].
   Ein weiser Plan allzeit gut paßt,
Wohl dem, der ihn beizeiten faßt.
Gar mancher *eilt* und kommt zu spät,
Der stößt sich bald, der zu rasch geht.
Asahel, einst als schnell bekannt,
Sank hin, durchbohrt von Abners Hand[8].

6. 2. Makkabäer 8, 10-14: Nikanor ließ Juden zum Kauf ausbieten, die er noch gar nicht gefangengenommen hatte und von denen er dann in die Flucht geschlagen wurde. – 7. 2. Makkabäer 15, 30 ff. – 8. 2. Samuel 2, 17-23: Asahels Schnelligkeit wurde ihm zum Verhängnis, da er Abner so lange verfolgte, bis dieser ihn schließlich tötete.

13.

An meinem Seile ich nach mir zieh[1]
Viel Affen, Esel und Narrenvieh:
Ich täusche, trüge, verführe sie.

Von Buhlschaft

Ich, Venus mit dem strohernen Steiß[2],
Bin nicht die letzte des Narrenbreis;
Ich locke zu mir der Narren viel
Und mach zum Gauche, wen ich will,
Meine Kunden niemand nennet all.
Wer je gehört von Circes Stall,
Kalypso, der Sirenen Joch[3],
Bedenk, welch Macht ich habe noch.
Wer meint, daß klug und schlau er sei,
Den tauch ich tief in Narrenbrei,
Und wer einmal von mir wird wund,
Den macht kein kräftig Kraut gesund.
    Drum hab ich einen Sohn, der blind:
Kein Buhler sieht, was er beginnt;
Mein Sohn ein Kind ist, nicht ein Mann:
Und kindisch ist der Buhler Plan;
Sie kennen Worte von Gewicht
Gleich einem kleinen Kinde nicht;
Mein Sohn ist nackt, das zeiget an,
Daß Buhlschaft niemand verbergen kann;
Böse Lieb entfliegt, nicht lang sie steht,
Daher mein Sohn geflügelt geht.
Buhlschaft ist leicht[4] zu aller Frist,
Nichts weniger stet auf Erden ist;
Cupido trägt den Bogen bloß,

1. Im Original bildkräftiger: *draffler yeich*, d. h. hin und her zerre und jage. – 2. *ströwen ars* als derbes Bild für die leicht entflammbare Sinnlichkeit. – 3. Anspielungen auf die Fahrten des Odysseus: die Zauberin Circe verwandelte ihre Liebhaber in Tiere, die Nymphe Kalypso hielt Odysseus sieben Jahre auf ihrer Insel fest, die Sirenen lockten die vorüberfahrenden Schiffer durch ihren bezaubernden Gesang an und töteten sie dann. Vgl. Kap. 108. – 4. Leichtsinnig.

An jeder Seit' einen Köcher groß,
In einem hat er Hakenpfeile,
Damit trifft er viel Narrn in Eile,
Die sind scharf, hakig, gülden, spitz,
Und wen sie treffen, verliert den Witz[5]
Und tanzt darnach am Narrenholze;
Im andern Köcher die Vogelbolze
Sind stumpf, nicht leicht, beschwert mit Blei,
Macht *einer* wund, so scheuchen *zwei*[6].
Wen traf Cupidos sichre Hand,
Den setzt sein Bruder Amor in Brand,
Daß er nicht löschen kann die Flamm',
Die Dido einst das Leben nahm,
Durch die Medea einst verbrannt
So Kind wie Bruder mit eigner Hand[7].
Kein Wiedehopf ward Tereus je,
Den Stier vermiede Pasiphae,
Phädra führ' nicht dem Theseus nach,
Sucht' nicht an ihrem Stiefsohn Schmach[8];
Nessus[9] wär nicht geschossen tot,

5. *kumbt von witz*, d. h. verliert den Verstand. – 6. Ovids Metamorphosen I, 468 ff. Auch die folgenden Exempla aus der griechischen
Mythologie gehen fast sämtlich auf Ovid zurück; neben den Metamorphosen sind Stellen aus den *Remedia Amoris* (V. 57-68), *Heroides*
und *Tristia* herangezogen. – 7. Dido, die Königin von Karthago, tötete sich, als Aeneas sie verließ. Medea, die Königstochter aus Kolchis,
erstach ihre Kinder, nachdem Jason sie verstoßen hatte; dies wird von
Brant offenbar verwechselt mit der Verbrennung des königlichen
Schlosses, in dem ihre Nebenbuhlerin umkam. – 8. Tereus, der seine
Schwägerin Philomela vergewaltigt und der Zunge beraubt hatte,
wurde bei der Verfolgung der Flüchtigen in einen Wiedehopf verwandelt. Pasiphae, Gattin des Minos, buhlte mit einem Stier und gebar den Minotaurus. Phädra, ihre Tochter, Gattin des Theseus, ver-
leumdete ihren Stiefsohn Hippolytus, dem sie vergeblich nachstellte. –
9. Herkules tötete den Zentauren Nessus, als dieser Dejanira zu ent-
führen suchte.

Troja gekommen nicht in Not;
Es ließe Scylla dem Vater das Haar[10],
Hyacinth wär keine Blume[11] fürwahr,
Leander durchs Meer nicht schwimmen tät,
Messalina wäre in Keuschheit stet[12];
Mars läg nicht in Ketten um sein Lieben[13],
Und fern wäre Procris[14] der Hecke geblieben.
Es stürzte nicht Sappho[15] vom Felsenhang,
Keinen Kiel versehrte Sirenengesang;
Es ließe Circe wohl fahren die Schiffe,
Und Cyclops mit Pan[16] nicht kläglich pfiffe;
Leucothea würde nicht Weihrauch gebären,
Myrrha sich nicht mit Adonis beschweren[17],
Byblis wär nicht ihrem Bruder hold,
Es empfinge nicht Danae durch Gold,
Nyctimene flöge nicht aus bei Nacht,

10. Scylla verliebte sich in Minos, der die Stadt ihres Vaters be-
lagerte, und brachte ihm eine Strähne vom Haar ihres Vaters, in der
sein Heil verborgen war. – 11. *keyn ritter spor:* Apollo tötete den
von ihm geliebten Jüngling Hyacinthus versehentlich durch einen
Diskuswurf und verwandelte ihn in eine purpurfarbene Lilie. –
12. Leander ertrank, als die Lampe Heros, die ihm den Weg über das
Meer wies, erlosch. Messalina, Gemahlin des römischen Kaisers Claudius, war nach Sueton eine berüchtigte Buhlerin. – 13. Mars wurde
von Hephaistos auf dem Liebeslager mit Venus überrascht und in
erzene Ketten und Netze eingefangen, zum Gespött der herbeigeeilten
Götter. – 14. Procris wurde, da sie ihrem Gatten Cephalus aus Eifersucht in den Wald gefolgt war und sich hinter einer Hecke versteckt
hatte, von diesem für ein Wild gehalten und getötet. – 15. Die griechische Dichterin Sappho soll sich aus Liebesgram vom Leukadischen
Vorgebirge ins Meer gestürzt haben. – 16. Der Zyklop Polyphem
klagte über seine unglückliche Liebe zu Galatea, der Hirtengott Pan
um die Nymphe Syrinx. – 17. Leucothea, Geliebte des Sonnengottes,
wurde verleumdet und von ihrem Vater lebendig vergraben, von dem
Gott aber in einen Weihrauchbaum verwandelt. Myrrha liebte den
eigenen Vater, verleitete ihn zur Blutschande und gebar den Adonis.

Zur Stimme nicht wäre Echo gemacht[18];
Es färbte nicht Thisbe die Beeren rot,
Atalanta käm nicht als Löwin in Not[19].

Des Leviten Weib wäre nicht geschwächt
Und darum erschlagen ein ganz Geschlecht[20];
David ließe baden die Bathseba,
Und Samson nicht traute der Delila;
Nicht betete Salomo Götzen an,
Der Schwester hätt Amon nichts Böses getan[21];
Ohn Grund wär Joseph[22] verklaget nit
Wie Bellerophon und Hippolyt;
Der Weise[23] wie ein Roß nicht ginge,
Am Turm Virgilius[24] nicht hinge,
Ovidius hätte des Kaisers Gunst,
Hätt nicht gelehrt er der Buhler Kunst[25]. –

18. Byblis liebte ihren Bruder Caunus, verfolgte ihn nach seiner Flucht und wurde in eine Quelle verwandelt. Danae wurde von Jupiter besucht, der als goldener Regen in ihr Gefängnis drang, und gebar den Perseus. Nyctimene, die mit ihrem Vater Unzucht getrieben hatte, wurde zur Strafe in eine Eule verwandelt. Die Nymphe Echo liebte den Narcissus, wurde aber von ihm verschmäht und löste aus Scham darüber ihren Leib in Luft auf, nur ihre Stimme blieb. – 19. Thisbe, Geliebte des Pyramus, erstach sich selbst, als sie erkennen mußte, daß sich der Liebhaber um ihretwillen getötet hatte. Atalanta und ihr Gemahl Hippomenes wurden von Cybele in Löwen verwandelt, als sie deren Tempel durch ihre Liebesumarmung entweihten. – 20. Richter 19-20. – 21. 2. Samuel 11; Richter 16; 1. Könige 11; 2. Samuel 13. – 22. 1. Mose 39. – 23. Gemeint ist Aristoteles, der sich nach einer beliebten Erzählung von der Buhlerin Phyllis wie ein Roß aufzäumen und reiten ließ. – 24. Nach der im Mittelalter verbreiteten Legende vom Zauberer Vergil ließ eine Frau, die ihn zu erhören versprach und in einem Korbe zu sich emporzog, den verspotteten Liebhaber unterhalb ihres Fensters bis zum nächsten Morgen hängen. – 25. Doppeldeutig: Ovid zog sich die Ungnade des Kaisers, der ihn nach Tomi verbannte, nicht durch sein Werk über die Liebeskunst (Ars amatoria) zu, sondern durch seine ungeklärte Rolle bei dem ehebrecherischen Treiben der Kaiserenkelin Julia.

Es käme zur Weisheit mancher noch,
Verlangte er nicht nach der Buhlschaft Joch.
Wer viel mit Frauen hat Credenz[26],
Dem wird verbrannt sein Conscienz[27];
Es dienet Gott nicht früh noch spat,
Wer viel mit ihnen zu schaffen hat,
Die Buhlschaft dient einem jeden Stande
Zu Spott und Narrheit und zur Schande;
Noch schändlicher ist sie alsdann,
Wenn buhlt im *Alter* Weib und Mann.
Der ist ein Narr, der buhlen will
Und meint zu halten Maß und Ziel;
Denn daß man Weisheit pfleg' – und buhle,
Verträgt sich nicht auf *einem* Stuhle.
Ein Buhler wird verblendet gar:
Er meint, es nähm ihn niemand wahr.
Dies ist das kräftigste Narrenkraut,
Die Kappe klebt lang an der Haut.

---

26. Vertrauten Umgang. – 27. Gewissen (lat. *conscientia*).

14.

Wer spricht, daß Gott barmherzig sei
Allein, und nicht[1] gerecht dabei,
Der hat Vernunft wie Gäns' und Säu'.

Von Vermessenheit gegen Gott

Der schmiert sich wohl mit Eselsschmalz[2]
Und hat die Büchse an dem Hals,
Wer sprechen darf, daß Gott der Herr
Barmherzig sei und zürn nicht sehr,
Wenn man auch manche Sünd vollbringe,
Und wägt die Sünden so geringe,
Daß er sie für ganz menschlich nimmt.
Den *Gänsen* sei doch nicht bestimmt
Von Gott des Himmelreiches Pracht,
Auch hab man allzeit Sünd vollbracht
Und fang nicht erst von neuem an.
Die Bibel er erzählen kann
Und andere Historien viel,
Daraus er doch nicht merken will,
Daß Strafe überall darnach
Geschrieben steht mit Plag' und Rach',
Und daß es Gott nie lang vertrug,
Wenn man ihn auf die Backen schlug.
Gott ist kein Böhme, kein Tatar,
Doch ihre Sprache ist ihm klar;
Ist sein Erbarmen noch so groß,
Ohn Zahl, Gewicht und Maße los,
So bleibt doch die Gerechtigkeit
Und straft die Sünd in Ewigkeit
An allen, die nicht tuen recht,
Gar oft bis in das neunte Geschlecht.
Barmherzigkeit nicht lang besteht,

1. *nit* fehlt in der Ausgabe von 1494, ist aber bereits 1495 ergänzt. –
2. D. h. macht sich zum Esel. Das *schmyeren* ist eines der vielen Bilder, die Brant für närrisches Betragen setzt, ob es sich nun um *affen
schmaltz, esels schmaltz* oder *esels schmer* handelt. Vgl. Kap. 72.

Wenn Gottes Gerechtigkeit vergeht.
Wahr ists, der Himmel kommt nicht zu
Den Gänsen; doch auch keine Kuh,
Kein Narr, Aff, Esel oder Schwein
Kommt je ins Himmelreich hinein;
Denn was gehört in des Teufels Zahl,
Das nimmt ihm niemand überall.

15.

Wer bauen will, der schlag erst an,
Was ihm der Bau wohl kosten kann,
Sonst sieht er nicht das Ende an.

Von törichtem Planen

Der ist ein Narr, der bauen will
Und nicht zuvor anschlägt, wieviel
Es kosten wird, und ob er kann
Vollbringen es nach seinem Plan.
Groß Werk hat mancher ausersehn
Und konnte nicht dabei bestehn.
Der König Nabuchodonosor[1]
Hob einst in Hoffart sich empor,
Weil Babylon die große Stadt
Durch seine Macht gebaut er hat,
Und doch kam es gar bald dazu,
Daß er im Feld lag wie 'ne Kuh.
Nimrod[2] wollt bauen hoch in die Luft
Einen Turm, stärker als Wassers Kluft,
Und schlug nicht an, daß ihm zu schwer
Sein Bauen und nicht möglich wär.
Es baut nicht jeder so geschickt,
Wie es Lucullus[3] einst geglückt.
Wer nicht gern Reu beim Bau gewinnt,
Bedenk sich wohl, eh er beginnt,
Denn manchem kommt die Reu zu spät,
Wenn es ihm an den Säckel geht.
Wer große Dinge leitet ein,
Der muß sich selber Bürge sein,
Ob er gelangen mög' zum Ziel,
Das er für sich erreichen will,

---

1. Nebukadnezar: Daniel 4, 26-30. – 2. Die Verbindung von 1. Mose
10, 10 und 11, 9 führte zu der Annahme, daß Nimrod der Erbauer
des babylonischen Turmes gewesen sei. – 3. Römischer Feldherr († um
57 v. Chr.), der durch seine im Osten erworbenen Reichtümer in Rom
ein glanzvolles Leben führte; nach Plutarch.

Damit ihn nicht des Glückes Fall
Mach' zum Gespött den Menschen all.
Viel besser ist es, nichts beginnen,
Als Schaden, Schand und Spott gewinnen.
Die Pyramiden kosten viel,
Das Labyrinth auch dort am Nil[4],
Und mußten doch schon längst vergehn:
Kein Bau der Welt kann lang bestehn!

4. Die merkwürdige Ortsangabe erklärt sich aus antiker Überlieferung, vgl. Plinius, *Historia naturalis* XXXVI, 84 ff.

16.

In künftige Armut billig fällt,
Wer Völlerei stets nachgestellt
Und sich den Prassern zugesellt.

Von Völlerei und Prassen

Der zieht einem Narren[1] an die Schuh,
Der weder Tag noch Nacht hat Ruh,
Wie er den Wanst füll' und den Bauch
Und mach' sich selbst zu einem Schlauch,
Als ob er dazu wär geboren,
Daß durch ihn ging viel Wein verloren,
Als müßt ein Reif[2] er täglich sein –
Der paßt ins Narrenschiff hinein,
Denn er zerstört Vernunft und Sinne,
Des wird er wohl im Alter inne,
Wenn ihm dann schlottern Kopf und Hände;
Er kürzt sein Leben, ruft sein Ende.
Ein schädlich Ding ists um den Wein,
Bei dem kann niemand weise sein,
Wer darin Freud und Lust nachtrachtet.
Ein trunkner Mensch niemandes achtet
Und weiß nicht Maß noch recht Bescheid.
Unkeuschheit kommt aus Trunkenheit,
Viel Übles auch daraus entspringt:
Ein Weiser ist, wer *mäßig* trinkt. —
     Noah[3] vertrug selbst nicht den Wein,
Der ihn doch fand und pflanzte ein,
Lot[4] ward durch Wein zweimal zum Tor,
Durch Wein der Täufer[5] den Kopf verlor.
Wein machet, daß ein weiser Mann
Die Narrenkapp aufsetzen kann.

1. D. h. sich selbst. Auch dies nur eine Umschreibung der Einleitungsformel: der ist ein Narr. – 2. Ein strenger Frost, der den Wein verdirbt. – 3. 1. Mose 9, 20 f. – 4. 1. Mose 19, 33 ff. – 5. Johannes der
Täufer: Markus 6, 17 ff.

Als Israel einst schlemmte wohl
Und ihm der Bauch war mehr als voll,
Begann es übermütig Spiel,
Gottloser Tanz ihm wohlgefiel[6].
Darum gebot Gott Aarons Söhnen,
Sie sollten sich des Weins entwöhnen
Und alles, was da trunken macht[7]
– Doch haben's Priester wenig acht!
Als Holofernes[8] trunken ward,
Verlor den Kopf er samt dem Bart;
Thamyris[9] brauchte Speis und Trank,
Als sie den König Cyrus zwang;
Durch Wein lag nieder Bennedab[10],
Als er verlor all seine Hab;
Alexander, wenn er trunken war,
Vergaß der Ehr und Tugend gar[11];
Er tat oft in der Trunkenheit,
Was ihm darnach ward selber leid;
Der Reiche[12] trank wie ein Zechgeselle
Und aß des Morgens in der Hölle.
Der Mensch könnt frei, kein Knecht mehr sein,
Wenn Trunkenheit nicht wär und Wein.
Wer liebt den Wein und fette Bissen,
Wird Glück und Wohlstand ewig missen[13],
Ihm Weh und seinem Vater Weh!
Dem wird nur Streit und Unglück je,
Wer stets sich füllt wie eine Kuh
Und jedermann will trinken zu

6. Gemeint ist der Tanz um das Goldene Kalb: 2. Mose 32, 6 ff. –
7. 3. Mose 10, 9. – 8. Judith 12, 21 ff. – 9. Nach Herodot. – 10. Ben-
hadad: 1. Könige 20, 16 ff. – 11. Alexander der Große, der im Wein-
rausch Kleitos tötete; nach Curtius Rufus und Plutarch. – 12. Lukas 16,
19 ff. – 13. Sprüche Salomonis 21, 17.

Und tun Bescheid dem, was man bringt[14].
Denn wer ohn Not viel Wein austrinkt,
Ist *dem* gleich, welcher auf dem Meer
Entschläft und liegt ohn Sinn und Wehr:
So tun, die nur auf Praß bedacht,
Schlemmen und demmen Tag und Nacht.
Trägt denen der Wirt als Kunden zu
Einen Bug und Viertel von einer Kuh
Und bringt ihnen Mandeln, Feigen und Reis:
So bezahlen sie ihn wohl auf dem Eis[15].
Viel würden bald sehr weise sein,
Wenn Weisheit steckte in dem Wein,
Den sie in sich gießen ohne Ruh.
Je einer trinkt dem andern zu:
„Ich bring dir eins! – Ich kitzle dich! –
Das kommt *dir* zu!" — Der spricht: „Wart, ich
Will wehrn mich, bis wir beid' sind voll!"
Damit ist Narren jetzo wohl!
Eins auf den Becher, zwei vor den Mund,
Ein Strick an den Hals, wär einem gesund
Und besser, als solche Völlerei
Zu treiben; das ist Narretei,
Wie Seneca[16] schon sah vorher,
Als in den Büchern geschrieben er,
Daß man würd künftig geben mehr
Dem Trunknen als dem Nüchternen Ehr,
Und daß man noch wolle gerühmet sein,
Wenn einer trunken wäre vom Wein.

14. Sprüche Sal. 23, 29 f.; das Folgende ebd. 23, 34. – 15. Sprichwörtlich: zu Pfingsten auf dem Eis, am St.-Nimmerleins-Tag. – 16. Römischer Philosoph, der Erzieher Neros († 65 n. Chr.).

Die Biersäufer[17] dazu ich meine,
Wenn einer trinkt 'ne Tonne alleine
Und wird dabei so toll und voll –
Man stieß mit ihm die Tür auf wohl.
Ein Narr muß *saufen* erst recht viel,
Ein Weiser *trinkt* mit Maß und Ziel
Und ist dabei doch viel gesunder,
Als wer's mit Kübeln schüttet runter.
Der Wein geht ein – man merkt es nicht,
Zuletzt er wie die Schlange sticht[18]
Und gießt sein Gift durch alles Blut,
Gleichwie der Basiliskus[19] tut.

---

17. *biersupper*, wohl eine nd. Wortform, da es sich um das in Nord-
deutschland übliche Getränk handelt. – 18. Sprüche Salomonis 23, 31 f. –
19. Fabelwesen, dessen starrer Blick bereits tötet.

17.

Wer Gut hat, sich ergötzt damit
Und teilt es nicht dem Armen mit,
Dem wird versagt die eigne Bitt'.

Von unnützem Reichtum

Die größte Torheit in der Welt
Ist, daß man ehrt *vor* Weisheit Geld
Und vorzieht einen reichen Mann,
Der Ohren hat und Schellen dran;
Der muß allein auch in den Rat,
Weil er viel zu verlieren hat.
Einem jeden glaubt so viel die Welt,
Als er trägt in der Tasche Geld:
„Herr Pfennig[1]!", der muß stets vornan.
    Wär noch am Leben Salomo,
Man ließ ihn in den Rat nicht so,
Wenn er ein armer Weber wär
Oder ihm stünd der Säckel leer.
Die Reichen lädt man ein zu Tisch
Und bringt ihnen Wildbret, Vögel, Fisch,
Und tut ohn Ende ihnen hofieren,
Dieweil der Arme vor den Türen
Im Schweiß steht, daß er möcht erfrieren.
Zum Reichen spricht man: „Esset, Herr!"
O Pfennig, man gibt *dir* die Ehr;
Du schaffst, daß viel dir günstig sind:
Wer Pfennige hat, viel Freund' gewinnt,
Den grüßt und schwagert jedermann.
Hält einer um 'ne Ehfrau an,
Man fragt zuerst: „Was hat er doch?"
Wer fragt nach Ehrbarkeit denn noch
Oder nach Weisheit, Lehre, Vernunft?
Man sucht einen aus der Narrenzunft,

1. Beliebte Personifikation des Reichtums, *pfenning* steht für Geld
überhaupt.

Der in die Milch zu brocken habe,
Ob er auch sei ein Köppelknabe[2].
Kunst[3], Ehre, Weisheit gelten nicht,
Wo an dem Pfennig es gebricht.
Doch wer sein Ohr vor dem Armen stopft,
Den hört Gott nicht, wenn er auch klopft[4].

2. Kuppler oder Baderknecht; beide Begriffe mochten zu Brants Zeit zuweilen zusammenfallen. Vgl. Kap. 77. – 3. Wissenschaft. – 4. Sprüche Salomonis 21, 13.

18.

Der setzt zwei Hasen sich zum Ziel,
Wer zweien Herren dienen will
Und ladet auf sich allzuviel.

Vom Dienst zweier Herren

Der ist ein Narr, dem es gefällt,
Daß Gott er diene und der Welt;
Denn wo zween Herren hat ein Knecht,
Kann ihnen dienen er nimmer recht[1].
Gar oft verdirbt ein Handwerksmann,
Der *viel* Gewerb und Künste kann.
Wer jagen will und zu *einer* Stund
Zween Hasen fangen mit *einem* Hund,
Dem wird kaum einer wohl zuteil
Und oft gar nichts – trotz aller Eil.
Wer mit viel Bogen schießen will,
Der trifft wohl kaum einmal das Ziel;
Und wer auf sich viel Ämter nimmt,
Der kann nicht tun, was jedem[2] ziemt;
Wer *hier* muß sein und doch auch *dort*,
Ist weder hier noch dort am Ort;
Wer's recht tun will nach jedermanns Nasen,
Muß warmen und kalten Atem blasen[3],
Und schlucken viel, was ihm nicht schmecke,
Und strecken sich nach jeder Decke,
Der möge Pfühle unterschieben
Dem Arme jedes nach Belieben,
Und salben jedem wohl die Stirne
Und schauen, daß ihm keiner zürne.
Aber *viel* Ämter schmecken gut,

---

1. Dem Sprichwort liegt Matthäus 6, 24 zugrunde. – 2. Jedem Amt. –
3. Beliebtes Bild der menschlichen Unzuverlässigkeit und Doppel-
züngigkeit, dem eine alte, von Ulrich Boner, Hans Sachs, Burchard
Waldis u. a. aufgenommene Fabel zugrunde liegt: man bläst seinen
Atem aus, einmal, um die kalten Hände zu wärmen, dann wieder,
um die heiße Suppe zu kühlen; *dein zung ist wankelmütig.*

Man wärmt sich bald bei *großer* Glut,
Doch wer der Weine viel erprobt,
Darum noch nicht jedweden lobt.
Ein schlicht Geschmeid ist bald bereit,
Der Weise lobt Einfältigkeit[4];
Wer einem dient und tut *dem* recht,
Den hält man für den treusten Knecht.
Der Esel starb und ward nie satt,
Der täglich neue Herren hatt'[5].

4. *eynfaltikeyt*, d. h. Einfachheit. – 5. Anspielung auf eine bekannte Fabel vom unzufriedenen Esel.

19.

Wer Mund und Zunge gut behüt't,
Der schirmt vor Angst Seel und Gemüt[1]:
Ein Specht durch Lärm die Brut verriet.

Von vielem Schwatzen

Der ist ein Narr, wer tadeln will,
Wozu sonst jedermann schweigt still,
Und will unnötig Haß vermehren,
Wo er doch schweigen könnt in Ehren.
Wer reden will, wo er nicht soll,
Der taugt zum Narrenorden wohl;
Wer ohne Frage gibt Bescheid,
Der zeiget selbst sein Narrenkleid[2].
An *solcher* Rede hat mancher Freud,
Dem daraus Schaden wächst und Leid.
Mancher verläßt sich auf sein Schwätzen,
Daß er eine Nuß abredet einer Hätzen[3],
Des Worte sind so stark und tief,
Er schwatzt ein Loch in einen Brief[4]
Und richtet an ein Geschwätz gar leicht.
Doch wenn er kommt dann zu der Beicht,
Wo man doch ewigen Lohn verheißt,
Geht ihm die Zunge nicht so dreist.
Noch sind viel Nabal[5] auf der Erde,
Die schwätzen mehr, als gut ihnen werde,
Und mancher würde für klug geschätzt,
Wenn er nicht selbst sich hätte verschwätzt:
Ein Specht verrät mit seiner Zungen
Das eigne Nest mitsamt den Jungen.
Im Schweigen liegt oft Antwort viel,
Und Schaden hat, wer schwatzen will.
Oft trägt die Zunge, ein Glied so klein,

1. Sprüche Salomonis 13, 3. – 2. Sprüche Sal. 18, 13. – 3. Sprichwörtlich: einem Nußhäher eine Nuß aus dem Schnabel schwatzen. – 4. Ur-
kunde, lat. *breve*; d. h., er verdreht den Sinn, verfälscht ein Doku-
ment. – 5. 1. Samuel 25.

Unruhe und Unfrieden ein[6],
Befleckt gar oft den ganzen Mann
Und stiftet Streit, Krieg, Zanken an;
Ein großes Wundern ist in mir,
Daß man bezähmt ein jedes Tier,
Wie hart, wie wild, wie grimm es ist:
Doch kein Mensch seiner Zunge Meister ist!
Die ist ein unruhiges Gut,
Das Schaden oft dem Menschen tut;
Durch sie wird oft gescholten Gott,
Den Nächsten schmähen wir mit Spott,
Mit Fluchen, Nachred und Veracht,
Den Gott nach seinem Bild gemacht;
Gar mancher wird durch sie verraten,
Sie offenbart geheimste Taten.
Vom Schwatzen nährt sich mancher allein,
Nicht kaufen braucht er Brot und Wein.
Die Zunge braucht man vor Gericht,
Daß krumm wird, was zuvor war schlicht[7];
Manch armer Narr verliert die Habe
Durch sie und greift zum Bettelstabe.
Dem Schwätzer kostet das Reden nicht viel,
Er kitzelt sich, lacht, wann er will,
Und redet Gutes in der Welt
Von keinem, wie der auch sei gestellt.
Wer viel Lärm und Geschrei jetzt macht,
Den lobt man und hat seiner acht,
Zumal wer köstlich geht einher
Mit dicken Röcken und Ringen schwer;
Die taugen jetzt wohl für die Leute,

6. Diese und die folgenden Verse nach Jakobus 3, 5 ff. – 7. Einfach,
gerade.

Man achtet dünnen Rocks nicht heute.
Wenn noch auf Erden Demosthenes
Oder Tullius[8] wär oder Aeschines,
Man schätzte nicht ihre Weisheit heute,
Wenn sie nicht könnten bescheißen die Leute
Und reden viele Worte geschmückt[9],
Welche zu hören Narren entzückt.
Wer vieles spricht, sagt oft zuviel
Und muß auch schießen nach dem Ziel,
Werfen den Schlegel fern und weit
Und Ränke schmieden im Widerstreit[10].
Viel Schwätzen sündigt und betrügt,
Und keines Freund ist, wer viel lügt;
Wenn man vom Herren Übles spricht,
So bleibt das lang verschwiegen nicht,
Ob es auch fern geschäh von ihm:
Die Vögel tragen aus die Stimm',
Es nimmt zuletzt kein gutes Ende,
Denn Herren haben lange Hände.
Wer über sich viel hauen will,
Dem fallen Spän' ins Auge viel,
Und wer seinen Mund in den Himmel setzt[11],
Der wird mit Schaden oft geletzt.

8. M. Tullius Cicero († 43 v. Chr.), als römischer Redner ebenso be-
rühmt wie die beiden griechischen Redner Demosthenes und dessen
Gegner Aeschines im 4. Jh. v. Chr. – 9. *reden vil geblümter wort*,
eine Anspielung auf die sog. geblümte Rede der mittelhochdeutschen
Dichter des 13.-14. Jh., die als Geschwätz und Lüge verworfen wird.
– 10. Im Wettstreit. *Schiessen zuo dem zil* und *Werffen den schlegel*
waren ursprünglich Spiele, bezeichneten dann aber bildlich das Nach-
dem-Munde-Reden; *rinckengyessen* bedeutet ursprünglich das Gießen
von Gürtelschnallen und erhält dann die Bedeutung des Verleumdens
und Ränkeschmiedens. – 11. D. h., wer seinem Munde nichts uner-
reichbar glaubt, auch die höchsten Dinge beschwatzt.

Ein Narr den Geist auf *einmal* zeigt,
Der Weise Besseres hofft und – schweigt[12].
Unnützes Wort keinen Nutzen bringt,
Und aus Geschwätz nur Schad' entspringt.
Darum ist besser Stillesein
Als Schwatzen, Reden oder Schrein.
Sotades ward um wenig Wort'
Einst eingekerkert wie um Mord.
Es sprach nur dies Theocritus:
Einäugig sei Antigonus,
Da wars mit ihm im eignen Haus
Wie mit Tullius und Demosthenes aus[13].
Schweigen ist löblich, recht und gut,
Wer weise redet, noch besser tut.

12. Sprüche Salomonis 29, 11; daran angelehnt bei Brant: *Eyn narr syn geist eyns mols uff schytt / Der wis schwigt und beit kunfftig zytt.* – 13. Beiden brachte ihre Redegabe den Tod: Demosthenes beging Selbstmord, um sich der drohenden Hinrichtung zu entziehen, Cicero wurde von den Häschern des Antonius ermordet. Die vorangehenden Beispiele von Sotades und Theocritus stammen aus Plutarchs Schrift *De educatione*, Kap. 14, 26 u. 29 f.

20.

Wer etwas findet und trägt das hin
Und wähnt, Gott schenk's ihm, in seinem Sinn,
So hat der Teufel beschissen ihn.

Vom Schätze finden

Der ist ein Narr, wer etwas findet
Und im Verstand ist so erblindet,
Daß er spricht: „Gott hat mir das beschert;
Ich frag nicht, wem es zugehört!"
Was einer nicht hat ausgesät,
Ist ihm versagt auch, daß ers mäht,
Und jeder weiß, bei seiner Ehre,
Daß dies einem andern zugehöre.
Was, wie er weiß, sein Gut nicht ist,
Das hilft ihm nicht, obs ihm gebrist[1]
Und er es findet ohn Gefährde[2];
Er schau, daß es *dem* wieder werde,
Falls er ihn weiß, der es erworben,
Oder geb es den Erben, wenn jener gestorben,
Und falls man die nicht wissen kann,
Geb man es einem armen Mann
Oder sonst um Gottes Willen aus;
Es soll nicht bleiben in dem Haus,
Denn es ist fortgetragen Gut,
Dadurch verdammt in Höllenglut
Gar mancher um solch Sünden sitzt,
Den man oft reibt, wenn er nicht schwitzt.
Achor[3] behielt, was nicht war sein,
Und bracht dadurch das Volk in Pein,
Zuletzt ward ihm, was er nicht meinte,
Als ohn Erbarmen man ihn steinte.
Wer auf sich nimmt 'ne kleine Bürde,

---

1. Wenn es ihm auch fehlt. – 2. *on geverd*, d. h. ohne Hinterlist, von
ungefähr. – 3. Josua 7: gemeint ist Achan, der im Tal Achor wegen
seines Diebstahls gesteinigt wurde.

Trüg größre auch, wenn sie ihm würde.
Finden und Rauben Gott gleich achtet,
Weil er dein Herz dabei betrachtet.
Nichts finden macht kein Herz betrübt,
Doch Fund, den man nicht wiedergibt.
Denn was man findet und trägt ins Haus,
Das kommt gar ungern wieder heraus.

21.

Wer guten Weg zeigt andern zwar,
Doch bleibt, wo Sumpf und Pfütze war,
Der ist der Sinn' und Weisheit bar.

Vom Tadeln und Selbertun

Der ist ein Narr, der tadeln will,
Was ihm zu tun ist nicht zuviel;
Der ist ein Narr und ungeehrt,
Der jedes Ding zum Schlechten kehrt,
Der einen Lappen an alles hängt[1]
Und nicht der eignen Gebrechen denkt.
Die Hand, die an der Wegscheid steht,
Zeigt einen Weg, den sie nicht geht,
Und wer im Auge den Balken hat,
Tu ihn heraus, eh er gibt Rat[2]:
„Bruder, hab acht, ich seh an dir
Ein Fäserlein, das mißfällt mir!"
Dem, der da lehrt, stehts übel an,
Wenn er sonst tadelt jedermann
Und selbst dem Laster nach doch geht,
Das andern Leuten übel steht,
Und wenn er leiden muß den Spruch:
„Herr Arzt, für *dich* erst Heilung such[3]!"
Mancher den andern Rat zuspricht,
Der sich doch selbst kann raten nicht;
Wie Gentilis und Mesue[4],
Deren jeder starb am selben Weh,
Das er von andern gern vertrieben,
Worüber fleißig sie geschrieben.

---

1. *yedem ding eyn spett anhenckt,* sprichwörtlich. – 2. Vgl. Matthäus
7, 4. 5. – 3. Lukas 4, 23. Vgl. Kap. 111 *(Entschuldigung des Dichters).*
– 4. Gentile Gentili da Foligno war ein bekannter italienischer Arzt
des 14. Jh. († 1348), Johannes Mesue, ein christlich-arabischer Arzt
(† 857); beide schrieben über Fieber und Seuchen. Die Zusammenstellung erklärt sich wohl aus dem Kommentar, den Gentile zu Mesues
Werk verfaßte.

Ein jedes Laster, das geschieht,
Um soviel deutlicher man sieht,
Als man denselben höher acht't,
Der solches Laster hat vollbracht[5].
Tu erst das Werk und darnach lehre,
Willst du verdienen Lob und Ehre.
Einst hatte Israel im Sinn
Zu strafen den Stamm Benjamin[6],
Obschon es lag darnieder doch
Und selbst noch trug der Sünden Joch.

5. Nach Juvenal VIII, 140. – 6. Vgl. Richter 20.

22.

Wer gern die Weisheit hört und lehrt
Und ganz zu ihr sich allzeit kehrt,
Der wird in Ewigkeit geehrt.

Die Lehre der Weisheit

Die Weisheit ruft mit heller Stimm[1]:
„O menschlich Geschlecht, mein Wort
Erfahrung[2] achte stets, mein Kind! [vernimm!
Aufmerket all, die töricht sind!
Sucht die Belehrung, nicht das Geld!
Weisheit ist besser als die Welt
Und alles, was man wünschen mag!
Nach Weisheit trachtet Nacht und Tag!
Nichts ist, was ihr gleicht auf der Erd,
Weisheit im Rate ist gar wert;
Alle Stärke und Fürsichtigkeit[3]
Ist einzig mein", so spricht die Weisheit.
„Durch mich der König die Krone erhält;
Durch mich sind Gesetze mit Recht in der Welt;
Durch mich die Fürsten haben ihr Land,
Durch mich alle Macht ihren Rechtspruch fand.
Wer mich lieb hat, den lieb auch ich;
Wer früh mich sucht, der findet mich.
Bei mir ist Reichtum, Gut und Ehr,
Mich hat besessen Gott der Herr
Von Anbeginn in Ewigkeit.
Durch mich macht Gott all Ding bereit,
Und ohne mich ist nichts gemacht.
Wohl dem, der mich stets hat in Acht.
Drum, meine Söhne, seid nicht träge,
Selig, wer geht auf meinem Wege!

1. Dieses ganze Kapitel ist, mit Ausnahme der letzten 6 Verse, den Sprüchen Salomonis, Kap. 8, entnommen. – 2. *bschydikeit*, d. h. Gescheitheit, Lebensklugheit, Erfahrung. – 3. Bedachtsamkeit, Verständigkeit.

Wer mich findet, hat Glück und Heil,
Wer mich haßt, dem wird Verderben zuteil!" –
    Die Strafe wird über Narren gehn,
Sie werden den Glanz der Weisheit sehn
Und den Lohn, der dafür steht bereit
Und währen wird in Ewigkeit –
Daß sie verbluten[4] und selber sich
In Jammer nagen ewiglich.

4. *jnbluotend*, d. h. nach innen bluten, von innerlichem Schmerz verzehrt werden.

23.

Wer meint, vollkommen sei sein Heil
Und stetes Glück allein sein Teil,
Den trifft zuletzt der Donnerkeil[1].

Von Überschätzung des Glücks

Der ist ein Narr, der Rühmens macht,
Daß ihn das Glück stets angelacht
Und er Glück hab in jeder Sache:
Der harrt des Schlegels[2] auf dem Dache.
Denn der Vergänglichkeit Glücksal
Ein Zeichen ist und ein Merkmal,
Daß Gott des Menschen ganz vergißt,
Den er nicht heimsucht zu der Frist.
Im Sprichwort man gemeinhin spricht:
„Ein Freund den andern *oft* besicht[3]!"
Ein Vater straft oft seine Söhne,
Daß er an Rechttun sie gewöhne;
Ein Arzt gibt sauern und bittern Trank,
Daß desto eher genese der Krank';
Ein Bader sondiert und schneidet die Wunde,
Damit der Sieche bald gesunde,
Und weh dem Kranken, wenn verzagt
Der Arzt und nicht mehr mahnt noch sagt:
„Das sollte der Sieche besser nicht tun,
Und das und das ließ' er besser ruhn!"
Vielmehr spricht: „Gebt ihm nur recht hin
Das, was er will und was lüstet ihn!"
Wen also der Teufel bescheißen will,
Dem gibt er Glück und Reichtum viel.
Geduld ist besser in Armut
Denn aller Welt Glück, Reichtum, Gut.
Bei Glück soll niemand Stolz empfinden,

1. *klüpfel*, wie *schlegel* in V. 4 ein Schlaginstrument, mit dem sprichwörtlich die von Gott gesandten Schicksalsschläge bezeichnet werden.
Der Holzschnitt veranschaulicht dies als Donnerkeil. – 2. Des Blitz-
strahls. – 3. Wörtlich: besieht (besucht).

Denn wenn Gott will, so wird es schwinden.
Ein *Narr* schreit jeden Augenblick:
„O Glück, was läßt du mich, o Glück?
Was tat ich dir[4]? Gib mir recht viel,
Weil ich ein Narr noch bleiben will!"
Drum, größre Narren wurden nie
Denn die Glück hatten allzeit hie!

4. *Was zychstu mich*, d. h. eigentlich: wessen beschuldigst du mich,
was hast du gegen mich?

24.

Wer aller Welt Sorg' auf sich ladet,
Nicht denkt, ob es ihm nützt, ob schadet,
Hab auch Geduld, wenn man ihn badet[1].

Von zu viel Sorge

Der ist ein Narr, der *tragen* will,
Was ihm zu *heben* ist zuviel,
Und der *allein* meint zu vollbringen,
Was ihm *selbdritt* kaum könnt gelingen.
Wer auf den Rücken nimmt die Welt,
In einem Augenblick oft fällt.

Von Alexander kann man lesen,
Daß ihm die Welt zu eng gewesen;
Er schwitzte drin, als ob er kaum
Für seinen Leib drin hätte Raum,
Und fand zuletzt doch seine Ruh
In einem Grab von sieben Schuh[2].
Der Tod allein erst zeiget an,
Womit man sich begnügen kann.
Diogenes mehr Macht besaß,
Und dessen Wohnung war ein Faß;
Wiewohl er nichts hatt' auf der Erde,
Gab es doch nichts, was er begehrte
Als: Alexander möchte gehn
Und ihm nicht in der Sonne stehn.

Wer hohen Dingen nach will jagen,
Der muß auch hoch die Schanze wagen[3].
Was hilfts dem Menschen zu gewinnen

1. Wenn man ihn als Narr behandelt. Die Redensart ist schon im
Mittelalter gebräuchlich; zu den damit verbundenen Synonymen vgl.
die *Verwahrung* Brants, V. 4 ff. – 2. *Mit sibenschuohigem erterich,* als
Bezeichnung der herkömmlichen Grablänge so schon im Alexanderlied
des Pfaffen Lamprecht (um 1150). Die folgende Anekdote nach
Plutarch. – 3. Franz. *la chance,* ursprünglich der Wurf oder Fall der
Würfel (lat. *cadentia*) im Würfelspiel; sein Glück aufs Spiel setzen,
in die Schanze schlagen.

Die Welt und zu verderben drinnen[4]?
Was hilfts dir, daß der Leib käm' hoch
Und die Seele führ' ins Höllenloch?
Wer Gänse nicht will barfuß lassen
Und Straßen fegen rein und Gassen
Und eben machen Berg und Tal,
Der hat keinen Frieden überall[5].

Zu viele Sorg' ist nirgend für,
Sie machet manchen bleich und dürr.
Der ist ein Narr, der sorgt all Tag',
Was er zu ändern nicht vermag.

4. Matthäus 16, 26. – 5. Diese Verstärkung der Negation findet sich
bei Brant häufig; vgl. Kap. 14.

25.

Wer will auf Borg aufnehmen viel,
Dem fressen die Wölfe doch nicht das Ziel[1],
Und der Esel schlägt ihn, wann er will.

Vom Borgen

Der ist mehr Narr als andre Narren,
Wer stets aufnimmt auf Borg und Harren
Und nicht bei sich erwägen will
Das Wort: „Es frißt der Wolf kein Ziel!"
So tun auch die, deren Schlechtigkeit
Gott nachsieht zur Beßrung lange Zeit,
Und die doch täglich mehr und mehr
Sich laden auf, weshalb der Herr
Ihrer wartet, bis kommt ihre Stund
Und sie zahlen bis zum letzten Pfund.
Es starben Frauen, Vieh und Kind,
Als einstmals kam Gomorrhas Sünd[2]
Und Sodoms zu dem letzten Ziel.
Jerusalem zu Boden fiel,
Als Gott gewartet manches Jahr;
Die Niniviten[3] zahlten zwar
Bald ihre Schuld und wurden quitt,
Doch beharrten sie die Länge nit;
Sie nahmen auf noch größre Schand,
Da ward kein Jonas mehr gesandt.

Alle Dinge haben Zeit und Ziel
Und gehn ihre Straße, wie Gott will.
Wer wohl sich fühlt bei seinem Borgen,
Macht ums Bezahlen sich nicht Sorgen.
Sei nicht bei denen, die rasch die Hand
Hinstrecken für dich zum Bürgepfand,

---

1. Den Termin des Zurückzahlens. – 2. *der von Amorreen sünd:* Ezechiel **16** werden die Amorrhäer neben den Sodomiten genannt; doch
liegt hier wohl eine Verwechslung mit Gomorrha vor, da Brant offensichtlich an 1. Mose 18, 20 ff. denkt. – 3. Vgl. Jonas 3; Nahum 2. 3.

94

Denn so man nichts zum Bezahlen hätte,
Nähmen sie 's Kissen von dem Bette[4].
Als Hunger einst Ägypten fraß,
Nahmen sie so viel Korn auf, daß
Sie leibeigen wurden hinterher,
Und mußtens doch bezahlen schwer[5].
Denn wenn der Esel beginnt den Tanz,
Hält man ihn nicht fest bei dem Schwanz[6].

4. Sprüche Salomonis 22, 26 f. (Das Bett gilt sonst als unpfändbar.) –
5. Vgl. 1. Mose 47, 13 ff. – 6. Anspielung auf das bekannte Sprichwort: Wenn dem Esel zu wohl ist, geht er auf dem Eis tanzen.

26.

Wer sich erwünscht, was ihm nicht not,
Und seine Sach nicht setzt auf Gott,
Der kommt zu Schaden oft und Spott.

Von unnützem Wünschen

Der ist ein Narr, der Wünsche tut,
Die ihm mehr schädlich sind als gut;
Denn wenn ers hätt, und würds ihm wahr –
Er blieb der Narr doch, der er war.
Der König Midas[1] wünscht' und wollt,
Was er berührte, würde Gold;
Als das geschah – da litt er Not,
Nun ward zu Gold ihm Wein und Brot.
Daß man nicht säh sein Eselsohr,
Das ihm gewachsen drauf im Rohr,
Verhüllte er mit Recht sein Haar.

   Weh dem, des Wünsche werden wahr!
Viele wünschen, daß sie leben lange[2],
Und machen doch der Seele bange
Mit Praß und Schlemmen im Weinhaus,
Daß sie vorzeitig muß fahren aus;
Dazu, wenn sie schon werden alt,
Sind sie doch bleich, siech, ungestalt;
Ihre Haut ist schlaff, ihre Wangen so leer,
Als ob ein Aff ihre Mutter wär.
Viel Freude hat nur, wer noch jung,
Das Alter ist ohn Abwechselung[3],
Ihm zittern Glieder, Stimm' und Hirn,
Die Nase trieft, kahl ist die Stirn,
Es ist den Frauen zuwider fast,
Sich selbst und seinen Kindern zur Last;

---

1. Vgl. Ovids Metamorphosen XI, 102 ff. – 2. Von hier ab ist das
Kapitel fast gänzlich der X. Satire Juvenals (V. 188 ff.) entnommen,
was die Anknüpfung Brants an den Narrenbegriff der römischen Satire, den *stultus*, zeigt. – 3. *Das altter jn eym wesen stat*, d. h. ist in
einem und demselben Zustande.

Ihm schmeckt und gefällt nichts, was man tut,
Es sieht viel, was ihm dünkt nicht gut.
    Lang leben andre, um in Pein
Und neuem Unglück stets zu sein,
In Trauer und in stetem Leid,
Sie enden ihre Tag' im schwarzen Kleid:
Es konnte Nestor in alten Tagen
Samt Peleus und Laertes klagen,
Daß sie zu lang ließ leben Gott,
Weil sie die Söhne sahen tot[4].
Wär Priamus[5] gestorben eh',
Er hätt erlebt nicht so viel Weh,
Das ihm mit Jammer ward bekannt
An Frau und Kindern, Stadt und Land.
Wenn Mithridat und Marius,
Pompejus, Krösus noch zum Schluß
Nicht so alt geworden wären,
Sie wären gestorben hoch in Ehren[6].
    Wer Schönheit sich und seinem Kind
Erwünscht, der sucht Ursach zur Sünd.
Wär Helena nicht als schön bekannt,
Ließ Paris sie in Griechenland;
Wär häßlich gewesen Lukrezia[7],

4. Nestor, König von Pylos, verlor im Trojanischen Krieg den Sohn
Antilochos; Peleus trauerte um Achilles, Laertes um den totgeglaubten
Odysseus. – 5. Der sagenhafte König von Troja. – 6. Mithridates,
König von Pontos, tötete sich, als er sich von seinem eigenen Sohn
verraten sah; der römische Feldherr und Konsul Marius wurde nach
dem Bürgerkrieg geächtet und entfloh nach Afrika; Pompejus mußte
nach seinem Bruch mit Cäsar nach Ägypten fliehen und wurde dort
ermordet; Krösus, der wegen seines Reichtums berühmte König von
Lydien, starb als Gefangener des persischen Eroberers Cyrus. – 7. Nach
der römischen Sage wurde Lucretia, die schöne und tugendhafte Gemahlin des L. T. Collatinus, von dem Königssohn Sextus Tarquinius
entehrt und erdolchte sich daraufhin.

Dann solche Schmach ihr nicht geschah;
Wär Dina[8] mit Kropf und Höcker beschwert,
Hätt Sichem sie wohl nicht entehrt.
Gar selten hat man noch gefunden
Schönheit und Keuschheit eng verbunden.
Zumal die hübschen Hansen[9] nun
Begehren Büberei zu tun
Und straucheln doch, daß man sie oft
Am Narrenstrick sieht unverhofft.

Mancher wünscht Häuser, Frau und Kind,
Oder daß er viel Gulden find'
Und ähnliche Torheit[10] – von der Gott wohl
Erkennt, wie sie geraten soll;
Drum säumt er, sie uns zu erteilen,
Und was er gibt, nimmt er zuweilen.

Etliche wünschen sich Gewalt
Und Aufstieg ohne Aufenthalt
Und sehen nicht, daß, wer hoch steigt,
Von solcher Höhe fällt gar leicht,
Und daß, wer auf der Erde liegt,
Vorm Fall sich braucht zu fürchten nicht.

Gott gibt uns alles, was er will;
Er weiß, was recht ist, was zuviel,
Auch was uns nütz sei und bekomme,
Und was uns schade und nicht fromme;
Und wenn er uns nicht lieber hätt
Als wir uns selbst, und wenn er tät
Und macht' uns, was wir wünschten, wahr –

8. Vgl. 1. Mose 34: dieses Beispiel aus dem Alten Testament wird von
Brant eingeschoben, während die vorhergehenden aus Juvenals Satire
stammen. – 9. Die Stutzer. – 10. *des glich goückels,* d. h. dergleichen
Gaukelei, Narrheit.

Es reut' uns, eh verging ein Jahr.
Denn die Begierde macht uns blind
Zu wünschen Ding', die schädlich sind.
Wer wünschen will, daß er *recht* lebe,
Der wünsche, daß der Herr ihm gebe
Gesunden Sinn, Leib und Gemüte
Und ihn vor Furcht des Todes hüte,
Vor Zorn, vor bösem Geiz und Gier.
Wer das für sich erwirbet hier,
Legt seine Tage besser an,
Als Herkules je hat getan
Oder Sardanapalus[11] es tät
In Wollust, Prassen und Federbett;
Der hat alles, was ihm ist not,
Braucht nicht zu rufen das Glück statt Gott.
Ein Narr wünscht seinen Schaden oft:
Sein Wunsch wird Unglück unverhofft.

11. Assurbanipal oder Sardanapal, der letzte König von Assyrien
(† 626 v. Chr.), gilt in der klassischen Überlieferung als Typus des
orientalischen Wollüstlings; er soll sich nach der medisch-persischen
Sage bei der Eroberung Ninives mit seinen Weibern, Dienern und
Schätzen verbrannt haben. Hier wieder nach Juvenal X, 360. Vgl.
Kap. 50.

27.

Wer nicht die rechte Kunst[1] studiert,
Derselbe wohl die Schellen rührt
Und wird am Narrenseil geführt.

Von unnützem Studieren

Der Studenten ich auch nicht schone:
Sie haben die Kappe voraus zum Lohne,
Und wenn sie die nur streifen an,
Folgt schon der Zipfel hintendran,
Denn wenn sie sollten fest studieren,
So gehn sie lieber bubelieren[2].
Die Jugend schätzt die Kunst gar klein;
Sie lernt jetzt lieber ganz allein,
Was unnütz und nicht fruchtbar ist.
   Denn dies den Meistern[3] auch gebrist,
Daß sie der rechten Kunst nicht achten,
Unnütz Geschwätz allein betrachten:
Ob es erst Tag war oder Nacht?
Ob wohl ein Mensch einen Esel gemacht?
Ob Sortes[4] oder Plato *gelaufen*?
Die Lehr ist jetzt an den Schulen zu kaufen.
Sind das nicht Narren und ganz dumm,
Die Tag und Nacht gehn damit um
Und kreuzigen sich und andre Leut
Und achten beßre Kunst keinen Deut?
Darum Origenes von ihnen
Spricht, daß sie ihm als die Frösche schienen
Und als die Hundsmücken, die das Land
Ägypten plagten, wie bekannt[5].

1. Wissenschaft. – 2. Sich wie Buben benehmen, liederlich aufführen. –
3. Den Lehrern (lat. *magister*). – 4. Scholastische Abkürzung von Sokrates. Brant bedient sich dieser Form wohl mit Absicht, da er hier Beispiele einer törichten sophistischen Lehrmethode aufzählt, die Zarncke
in den scholastischen Lehrbüchern der Zeit nachgewiesen hat. – 5. Vgl.
2. Mose 8, 1 ff. Origenes, ein berühmter Kirchenschriftsteller († um 253
n. Chr.), verglich in seinen Homilien die *cyniphes et ranas* bereits mit
der Geschwätzigkeit der Dialektiker und ihren sophistischen Argumenten.

Damit geht uns die Jugend hin,
So sind zu Lips[6] wir, Erfurt und Wien,
Zu Heidelberg, Mainz, Basel gestanden
Und kamen zuletzt doch heim mit Schanden.
Ist dann das Geld verzehret so,
Dann sind der Druckerei[7] wir froh,
Und daß man lernt auftragen Wein:
Der Hans wird dann zum Hänselein.
So ist das Geld wohl angelegt:
Studentenkapp gern Schellen trägt!

6. Leipzig. – 7. Gescheiterte Studenten wurden auf Grund ihrer Bildung oft Druckergesellen oder Korrektoren.

28.

Sollt Gott nach unserm Willen machen,
So ging es schlimm in allen Sachen,
Wir würden weinen mehr denn lachen.

Von Wider=Gott=Reden

Der ist ein Narr, der Feuer facht,
Zu mehren des Sonnenscheines Macht,
Oder wer Fackeln setzt in Brand,
Dem Sonnenglanz zum Beistand;
Doch wer *Gott* tadelt um sein Werk,
Der heißt wohl Heinz von Narrenberg,
Die Narren all er übertrifft,
Seine Narrheit gibt er in Geschrift[1].
Denn Gottes Gnad und Fürsichtigkeit
Ist so voll aller Wissenheit,
Daß sie nicht braucht der Menschen Lehre
Oder daß man mit Ruhm sie mehre.
Darum, o Narr, was tadelst du Gott?
Dein Wissen ist vor ihm ein Spott.
Laß Gott tun seinem Willen nach,
Sei's Wohltat, Strafe oder Rach;
Laß wittern[2] ihn, laß machen schön,
Denn ob du auch magst bös aussehn,
Geschieht es doch nicht desto eh',
Dein Wünschen tut allein dir weh;
Dazu versündigst du dich schwer,
So daß dir Schweigen besser wär!
    Wir beten, daß sein Wille werde,
So wie im Himmel, auf der Erde,
Und du Narr willst ihn tadeln lehren,
Als ob er sich an dich müßt kehren!
Gott kann es besser ordinieren[3]
Als durch dein närrisch Phantasieren.

---

1. D. h. gibt er schriftlich, bestätigt nachdrücklich. – 2. Gewitter machen, wettern. – 3. Ordnen, regieren.

Der Juden Volk belehrt uns wohl,
Ob Gott will, daß man murren soll[4];
Wer gab ihm Rat zu jener Zeit,
Als er aus Nichts schuf Herrlichkeit[5]?
Wer etwas ihm gegeben eh'r,
Der rühm' sich des und schelt' ihn mehr!

4. Vgl. 4. Mose 14. – 5. Vgl. Römerbrief 11, 34 f.

29.

Wer sich für fromm hält ganz allein
Und andre richtet als schlecht und klein,
Der stößt sich oft an hartem Stein.

Von felbftgerechten Narren[1]

Ein Narr sich auf den Trost verläßt
Und meint, er sei der Allerbest,
Und weiß nicht, daß in einer Stunde[2]
Die Seel ihm fährt zum Höllengrunde.
Denn diesen Trost hat jeder Narr,
Er meint, noch fern zu sein der Bahr;
Sieht andre er im Sterbekleid,
Hat einen Grund er bald bereit
Und sagt dann wohl: „*Der* lebte so!
Der war zu wild; *der* selten froh!
Der hat dies und *der* jenes getan,
Drum tat ihm Gott das Sterben an[3]!"
Er richtet *den* nach seinem Tod,
Der Gnade fand vielleicht bei Gott,
Während er in größern Sünden lebt,
Wider Gott und seinen Nächsten strebt
Und scheut nicht Strafe drum noch Buß
Und weiß doch, daß er sterben muß.
Wo, wann und wie? ist ihm nicht kund,
Bis ihm die Seel fährt aus dem Mund;
Doch glaubt er nicht an eine Hölle,
Bis er kommt über ihre Schwelle,
Dann wird ihm wohl der Sinn aufgehn,
Wird er inmitten der Flammen stehn!
Einen jeden dünkt sein Leben gut,
Das Herz allein Gott kennen tut;
Für schlecht hält man oft manchen Mann,

1. Wörtlich: *Der ander lut urteilt,* über andere Leute zu Gericht sitzt.
– 2. D. h. einmal, in kurzer Zeit. – 3. *Dar umb hatt jn gott sterben lan.*

Den Gott doch kennt und liebgewann.
Auf Erden mancher wird geehrt,
Der nach dem Tod zur Hölle fährt.
Ein Narr ist, wer es wagt und spricht,
Er sei befleckt von Sünden nicht:
Doch jedem Narren das gebrist,
Daß er nicht sein will, was er ist[4].

4. *Das er nit syn will / das er ist:* eines der grundlegenden Kennzeichen des Narrentums bei Brant, das in Kap. 76 mit Umkehrung der
letzten Zeile aufgenommen wird *(Das er wil sin / das er nit ist).*

30.

Wem nach viel Pfründen hier ist not,
Des Esel fällt oft in den Kot:
Viel Säcke sind des Esels Tod.

Von vielen Pfründen

Ein Narr ist, wer eine Pfründe gewann,
Der er allein kaum gerecht werden kann,
Und lädt noch soviel Säck' auf den Rücken,
Bis daß der Esel muß ersticken.
Eine mäßige Pfründe[1] nährt einen wohl;
Wer *noch* eine nimmt, derselbe soll
Acht haben, daß er *ein* Auge wahre,
Damit ihm das nicht auch ausfahre;
Denn wenn er *noch* eine Pfründe gewinnt,
Wird er auf *beiden* Augen blind,
Dann hat er Tag und Nacht nicht Ruh,
Wie er noch zahllose nehm dazu;
So reißt dem Sack der Boden aus,
Bis daß er fährt zum Totenhaus[2].
Aber man tut jetzt dispensieren[3],
Wodurch sich mancher läßt verführen,
Der meint, daß er sei sicher ganz,
Bis elf[4] und Unglück wird sein' Schanz'.
Viel Pfründen mancher besitzen tut,
Der wär nicht zu *einem* Pfründlein gut,
Dem er könnt recht Genüge tun,
Der tauscht und kauft nun ohne Ruhn,
Daß er wohl irr wird in der Zahl
Und tut ihm also weh die Wahl,

1. *Eyn zymlich pfruond*, d. h., wie sie dem Besitzer angemessen oder wie es nach altem Brauch schicklich ist, wie es sich geziemt. – 2. *gernerhuß*, mittellat. *carnarium*, Karner, das am Kirchhof befindliche Totenbeinhaus. – 3. Von der Verordnung, nur eine Pfründe zu besitzen. Das ganze Kapitel ist gegen diesen Mißbrauch der Zeit und ihren Pfründenschacher gerichtet. – 4. Elf im Würfelspiel ist eine Unglückszahl. Vgl. Anm. 3 zu Kap. 24.

Daß er auch sitz auf der rechten Stelle,
Wo er kann leben als guter Geselle.
Das ist eine sorgenvolle Kollekt[5]:
Wahrlich, der Tod im Hafen steckt[6]!
Wo man Pfründen jetzo verleiht,
Sind Simon und Hiesi[7] nicht weit.
 Merk: will viel Pfründen ein Geselle,
So harrt er der letzten in der Hölle,
Da wird er finden eine Präsenz,
Die mehr bringt als hier sechsmal Absenz[8].

5. Einsammlung, Einziehung der Einkünfte. – 6. D. h., von solchem
Gewinn droht Verderben. Die Redensart geht auf 2. Könige 4, 40 zurück. – 7. Vgl. Apostelgeschichte 8, 18 ff.: der Zauberer Simon bot den
Aposteln Geld an, damit sie ihm durch ihr Handauflegen die Gabe
des Heiligen Geistes verleihen sollten (daher *Simonie* = Schacher mit
geistlichen Ämtern); 2. Könige 5, 21 ff.: Gehasi, Diener des Propheten Elisa, ließ sich für die Wundertat seines Herrn unrechtmäßig
mit zwei Zentnern Silber beschenken und wurde zur Strafe aus-
sätzig. – 8. *presentz* (lat. *praesentia*) ist die Summe der Einkünfte
aus einer Pfründe, bei der ihr Besitzer anwesend zu sein verpflichtet
war. Sie waren durch die damit verbundenen Kosten geringer als bei
einer *absentz* (lat. *absentia*), bei der man dem Ort der Pfründe fern-
bleiben konnte. In der Hölle ist es umgekehrt, da dort die An-
wesenheit ein Übermaß an Höllenqualen einbringt.

31.

Wer singt „cras, cras[1]“ gleichwie ein Rab,
Der bleibt ein Narr bis hin zum Grab;
Hat morgen eine noch größere Kapp.

Vom Aufschubsuchen

Der ist ein Narr, dem Gott gebeut,
Daß er sich bessern soll noch heut
Und soll von seinen Sünden lassen,
Ein besser Leben anzufassen,
Und der nicht gleich sich bessern mag,
Nein, Frist sich setzt zum andern Tag
Und singt „cras, cras!" des Raben Sang,
Und weiß nicht, ob er lebt so lang.
   Viel Narren sind verlorngegangen,
Die allzeit: „Morgen! Morgen!" sangen.
Was Sünd und Narrheit sonst angeht,
Da *eilt* man zu so früh wie spät;
Was Gott betrifft und Rechtes tun,
Das schleicht gar langsam näher nun,
Dem suchen Aufschub stets die Leute.
„Morgen ist besser beichten denn heute!
Wir lernen Rechttun morgen schon!"
So spricht gar mancher verlorne Sohn.
Derselbe Morgen kommt nimmer je,
Er flieht und schmilzt gleichwie der Schnee;
Erst wenn die Seel nicht bleiben kann,
Dann bricht der morgige Tag heran,
Dann wird von Schmerz der Leib bedrängt,
Daß er nicht an die Seele denkt.
So sind auch in der Wüste vergangen
Der Juden viel; es sollte gelangen
Kein einziger in jenes Land,
Das Gott verhieß mit milder Hand[2].

---

1. Morgen (lat. *cras*); schon bei Ovid, Martial u. a. sprichwörtlich.
– 2. Vgl. 4. Mose 14, 22 f.

Wer heut nicht fähig zur Reue ist,
Hat morgen noch mehr, was ihm gebrist[3].
Wen heute beruft die Gottesstimm,
Weiß nicht, ob sie ruft morgen ihm,
Drum sind viel Tausend jetzt verloren,
Die *morgen* sich zu bessern schworen!

3. Vgl. Ovid, *Remedia Amoris* V. 94.

hüt fast

32.

Heuschrecken hütet an der Sonnen[1]
Und Wasser schüttet in den Bronnen,
Wer hütet die Frau, die er gewonnen.

Vom Frauenhüten

Viel Narrentage und viel Verdruß
Hat, wer der Frauen hüten muß;
Denn welche wohl will, tut selbst recht,
Die übel will, die macht bald schlecht[2],
Wie sie zu Wege bring' all Tag
Ihre böse Absicht und ihren Anschlag.
Legt man ein Malschloß[3] schon dafür
Und schließt all Riegel, Tor und Tür
Und setzt ins Haus der Hüter viel,
So geht es dennoch, wie es will.
Was half der Turm, drein Danae ging,
Dafür, daß sie ein Kind empfing?
Penelope[4] war frei und los
Und hatt' um sich viel Buhler groß,
Ihr Mann blieb zwanzig Jahre aus,
Und sie blieb brav in ihrem Haus.

Der sprech allein, daß er noch sei
Von Weiberlist und Trug ganz frei,
Und halt die Frau auch lieb und hold,
Den seine Frau nie täuschen wollt.
Eine hübsche Frau, als Närrin geboren,
Gleicht einem Roß, dems fehlt an Ohren;
Wer mit derselben ackern will,
Der macht der krummen Furchen viel.

1. Sprichwörtlich für etwas Unmögliches oder Vergebliches, wie:
eine Wanne voll Flöhe hüten. – 2. *schlecht* = schlicht; d. h., sie ebnet
die Wege, weiß sich zu helfen. – 3. Vorhängeschloß. – 4. Penelope,
Gattin des Odysseus, wehrte ihre Freier mit dem Hinweis ab, sie
müsse erst das Leichengewand ihres Schwiegervaters Laertes fertig-
stellen, trennte aber nachts das Genähte immer wieder auf, so daß
sie erst der zurückkehrende Odysseus von dieser Arbeit erlöste.

Das sei der braven Frau Betragen:
Die Augen nieder zur Erde schlagen,
Nicht Artigkeiten[5] mit jedermann
Austauschen und jeden gäffeln[6] an,
Noch hören alles, was man ihr sagt:
Denn Kupplern das Schafskleid wohl behagt.
Hätt Helena nicht, als Paris schrieb,
Antwort gegeben, er sei ihr lieb,
Und Dido[7] durch ihre Schwester Ann',
Sie wären beide ohn fremden Mann.

5. *hoffwort*, eigentlich Hofworte, höfliche Komplimente. – 6. *gäff-len an*, von angaffen, wie liebäugeln, anlächeln. – 7. Die fingierten Briefe bei Ovid, *Heroides* ep. XVI-XVII u. VII.

33.

Wer durch die Finger sehen kann
Und läßt die Frau einem andern Mann,
Da lacht die Katz die Maus süß an.

Vom Ehebruch

Ehbrechen wägt man so gering,
Als ob man schnellt' einen Kieseling.
Ehbruch hat jetzt des Gebots nicht acht,
Das Kaiser Julius[1] gemacht.
Man scheut jetzt Straf noch Tadel nicht,
Das macht, die in der Ehe Pflicht
Zerbrechen Krüge und Töpfe *gleich*[2]
Und: „Schweig du mir, so ich dir schweig!"
Und: „Kratz du mich, so kratz ich dich!"
Man kann die Finger halten sich
Vors Auge so, daß man doch sieht,
Und wachen bei geschlossenem Lid[3].
    Man kann jetzt leiden Frauenschmach,
Es folgt nicht Straf noch Rache nach.
Stark ist im Land der Männer Magen,
Viel Schande können sie vertragen
Und tun, was ehmals Cato tat,
Der dem Hortens die Frau abtrat[4].
Gar wenigen gehn jetzt zu Herzen
Aus Ehbruch Leid und Sorg und Schmerzen,
Wie die Atriden[5] straften mit Recht,
Da ihre Frauen man geschwächt,
Oder wie Collatinus[6] tat,

---

1. Gemeint ist die *Lex Iulia de adulterio*, die von Augustus erlassen wurde. – 2. D. h., beide betragen sich gleich leichtfertig. – 3. Bei Brant bildkräftiger: *wachend tuon / als ob man ruß*, als ob man schnarche. – 4. Der jüngere Cato, ein römischer Politiker, überließ dem Hortensius seine Gemahlin Marcia, die nach dessen Tod zu ihm zurückkehrte (nach Plutarch). – 5. Nur Menelaus konnte den Raub der Helena an den Trojanern rächen; Agamemnon wurde nach seiner Rückkehr von Klytämnestra und deren Geliebten Aegisth ermordet. – 6. Gemahl der Lucretia, vgl. Anm. 7 zu Kap. 26.

Als man Lukrezia Schmach antat.
Drum ist der Ehbruch jetzt so groß,
Auf allen Straßen ist Clodius[7] los.
Wer jetzt mit Geißeln die wohl strich',
Die wegen Ehbruchs rühmen sich,
Wie man Salustio[8] gab Lohn –
Trüg mancher Striemen viel davon.
Wär solche Strafe für Ehbruch da,
Wie Abimelech[9] einst geschah,
Sowie den Söhnen Benjamin[10],
Oder würd ihm solcher Gewinn,
Wie David geschah mit Bersabe[11] –
Mancher würd brechen nicht die Eh'.

Wer leiden kann, daß sein Weib sei
Im Ehbruch, und er wohnt ihr bei,
So er das weiß[12] und sieht den Trug,
Den halt ich wahrlich nicht für klug.
Er gibt ihr Ursach mehr zum Fall;
Dazu die Nachbarn munkeln all,
Er hab mit ihr teil und gemein,
Und *ihre* Beute sei auch sein.
Sie sprech zu ihm: „Hans, guter Mann,
Dich seh ich doch am liebsten an!" –
Die Katz den Mäusen gern nachgeht,
Wenn sie das Mausen erst versteht:
Die andre Männer hat versucht,
Wird also schandbar und verrucht,

7. Ein berüchtigter Ehebrecher in Rom (vgl. Juvenal VI, 345). Bei Brant derber: *Clodius beschißt all weg und stroß.* – 8. Dieser wurde, wie Gellius berichtet, beim Ehebruch ergriffen und ausgepeitscht. – 9. 1. Mose 20, 18. – 10. Richter 20. – 11. Bathseba, vgl. 2. Samuel 11. 12. – 12. *wißlich weißt,* d. h. wissentlich weiß, als Verstärkung.

Daß Ehr und Scham sie nicht mehr achtet,
Nach ihrer Lust allein sie trachtet.
　Ein jeder schau, daß er so lebe,
Daß er der Frau nicht Ursach gebe;
Er halt sie freundlich, lieb und schön
Und fürcht nicht jeder Glock Getön[13],
Noch keif er mit ihr Nacht und Tag,
Und schau doch, was die Glocke schlag.
Dann laß dies treuer Rat dir sein:
Führ nicht viel Gäste bei dir ein!
Vor allen schaue *der* genau,
Wer hat 'ne weltlich hübsche Frau,
Denn niemand ist zu trauen wohl,
Die Welt ist falsch und Untreu voll.
Es blieb die Frau dem Menelaus,
Wenn Paris nicht kam in das Haus;
Hätt Agamemnon den Aegisth
Nicht zu Haus gelassen, wie ihr wißt,
Und ihm vertraut Weib, Hof und Gut,
Er hätt verloren nicht sein Blut,
Gleichwie Kandaules, der Tor so groß,
Der zeigte sein Weib einem andern bloß[14].
Wer Freude nicht will haben allein,
Dem geschieht ganz recht, wird sie gemein;
Drum soll man halten das fürs Beste,
Wenn Ehleut nicht gern haben Gäste,
Zumal denen nicht zu trauen ist:
Die Welt steckt voll Betrug und List!
Wer Argwohn hat, der glaubt gar bald,
Man tue, was ihm nicht gefällt,

13. D. h., höre nicht auf jedes Gerede. — 14. Nach Herodot I, 8-13;
bekannt durch Hebbels Tragödie „Gyges und sein Ring".

Wie Jakob mit dem Rock geschah,
Den er mit Blut besprenget sah[15];
Ahasverus dachte, daß Haman meinte
Esther zu schänden, der doch weinte[16];
Um seine Frau einst Abraham bangte,
Bevor er nach Gerare gelangte[17].
Besser ein Knauser in seinem Haus,
Als fremde Eier brüten aus.
Wer viel ausfliegen will zu Wald,
Der wird zu einer Grasmücke[18] bald.
Wer brennende Kohlen im Schoße trägt
Und Schlangen an seinem Busen hegt
Und in der Tasche zieht eine Maus –
Solche Gäste nützen wenig dem Haus.

15. 1. Mose 37, 31 ff. – 16. Esther 7, 7. 8: Haman bat Esther kniend
um sein Leben, als der König hinzukam. – 17. 1. Mose 20, 2: Abraham gab aus Furcht Sara für seine Schwester aus. – 18. Diese brütet
die untergeschobenen Kuckuckseier aus.

34.

Mancher hält sich für weise gern
Und bleibt 'ne Gans doch heuer wie fern[1],
Will nicht Vernunft noch Zucht erlern'n.

Narr heute wie gestern[2]

Ein Narr ist, wer viel Gutes hört
Und doch nicht seine Weisheit mehrt,
Wer allzeit wünscht Erfahrung viel
Und sich davon nicht bessern will,
Und was er sieht, will haben auch,
Damit man merk, er sei ein Gauch.
Denn *das* plagt alle Narren sehr:
Was neu ist, das ist ihr Begehr;
Doch ist die Lust dran bald verloren
Und etwas andres wird erkoren.
Ein Narr ist, wer durchfährt viel Land
Und lernt nicht Tugend noch Verstand,
Der als eine Gans geflogen aus
Und kommt als Gagack heim nach Haus.
Nicht genug, daß einer war vordem
Zu Pavia, Rom, Jerusalem,
Sondern dort etwas gelernt zu haben,
Vernunft und andere Weisheitsgaben[3]:
Das halt ich für ein Wandern gut.
Denn wär voll Kreuze auch dein Hut[4],
Und könntest du scheißen Perlen fein,
So schätzte ich doch nicht allein,
Daß du viel Land besucht und sahst
Und – wie die Kuh ohn Weisheit stahst.

1. *hür als vern,* d. h. heute wie vergangenes Jahr, nach wie vor. Vgl. Firnewein. – 2. *Narr hur als vern:* die nd. Übersetzung bringt im Anschluß an das Kapitel die Bedeutung: hier wie in der Ferne, was auf einem sprachlichen Irrtum beruht. – 3. Bei Brant: *Das man vernunfft / kunst / wißheit kan.* – 4. Die Pilger pflegten von jedem Wallfahrtsort ein Kreuz, das an den Hut gesteckt wurde, mitzubringen.

Denn wandern bringt nicht große Ehre,
Es sei denn, daß man klüger wäre.
Hätt Moses[5] im Ägypterland
Und Daniel nicht erworben Verstand,
Als er war in Chaldäa fern,
Man würde sie nicht also ehrn.
Mancher kommt staubbedeckt zur Beicht,
Der rein zu werden meint und leicht,
Und geht doch wieder fort unrein[6]
Und trägt am Hals den Mühlenstein[7].

5. Vgl. Apostelgeschichte 7, 22. – 6. *berämt*, d. h. beschmutzt, sündenbefleckt. – 7. Anspielung auf Matthäus 18, 6.

35.

Wer stets im Esel hat die Sporen,
Der rutscht ihm oft bis auf die Ohren:
Leicht zürnen paßt zu einem Toren.

Von leichtem Zürnen

Der Narr den Esel allzeit reitet,
Der unnütz wird zum Zorn verleitet
Und um sich knurret wie ein Hund,
Kein gutes Wort geht aus dem Mund,
Keinen Buchstaben kennt er als das R
Und meint, man soll ihn fürchten sehr,
Weil er kann zürnen nach Behagen.
Drum hört man gute Leute sagen:
„Wie tut der Narr sich so zerreißen!
Unglück will uns mit Narrn bescheißen!
Er wähnt, man hab nicht Narren zuvor
Gesehen als Hans Eselsohr!"
    Den Weisen hindert Zorneswut,
Der Zornige weiß nicht, was er tut.
Archytas[1] sprach zu seinem Knecht,
Als ihm von dem geschah Unrecht:
„Ich würd dies jetzt nicht schenken dir,
Wenn ich nicht spürte Zorn in mir!"
Mit Plato solches auch geschah;
An Sokrates nie Zorn man sah.
Wen leicht sein Zorn zu Ungeduld
Bringt, der fällt bald in Sünd und Schuld.
Geduld besänftigt Widrigkeit,
Ein mildes Wort[2] löst Härtigkeit;
All Tugend Ungeduld zerbricht,
Wer zornig ist, der betet nicht.
Vor schnellem Zorn dich allzeit hüte,

---

1. Archytas von Tarent, ein griechischer Philosoph und Staatsmann
des 4. Jh. v. Chr.; die überlieferte Äußerung bei Valerius Maximus
IV, 1. – 2. *Eyn weiche zung,* d. h. eine sanfte Rede.

Denn Zorn wohnt in des Narrn Gemüte.
Viel leichter wär eines Bären Zorn,
Hätt seine Jungen er auch verlorn,
Zu dulden, als was ein Narr dir tut,
Den seine Narrheit setzt in Wut[3].
Der Weise ist bedächtig allzeit,
Ein Jäher billig den Esel reit'!

3. Sprüche Salomonis 17, 12

36.

Wer will auf eignen Sinn ausfliegen
Und Vogelnester sucht zu kriegen,
Der wird oft auf der Erde liegen.

Vom Eigensinn[1]

Der kratzt sich mit den Dornen scharf,
Wen dünkt, daß niemands er bedarf,
Und meint, er sei allein so klug,
In allen Dingen gewitzt genug;
Der irrt gar oft auf ebnem Wege,
Gerät gar leicht auf wilde Stege,
Auf denen Heimkehr nicht wird sein.
Weh dem, der fällt und ist allein!
Zu Ketzern wurden oft verkehrt,
Die rechter Tadel nicht belehrt,
Verlassend sich auf eigne Kunst,
Daß sie erlangten Ruhm und Gunst.

Viel Narren fielen hoch herab,
Die suchten Weg, wo's keinen gab,
Und stiegen Vogelnestern nach;
Ohn Leiter mancher niederbrach.
Verachtung oft den Boden rührt[2],
Vermessenheit viel Schiff' verführt,
Und weder Nutzen hat noch Ehre,
Wer nicht mag, daß man ihn belehre.
Die Welt wollt Noah hören nie,
Bis untergingen Leut und Vieh[3];
Korah wollt tun, was ihn verdarb,
Drum er mit seinem Volke starb[4].
Das sondre Tier[5], das frißt gar viel.

1. *Eygenrichtikeit*, d. h. Eigensinn aus Selbstüberschätzung, Recht-
haberei. – 2. Wer guten Rat verachtet, strandet leicht, läuft auf den
Grund (schon auf die folgende Zeile bezogen). – 3. Vgl. 2. Petrus
2, 5. – 4. Vgl. 4. Mose 16. – 5. Gemeint ist der Eigensinn; vgl.
Psalm 80, 14 (im Vulgatatext *singularis ferus*, was Brant in seinen
Zusätzen zur lat. Ausgabe des Narrenschiffs von 1497 ausdrücklich
auf den Eigensinn deutet).

Wer eignen Kopf gebrauchen will,
Sich zu zertrennen untersteht
Den Rock, der doch nicht ist genäht[6].

Wer hofft, vom Narrenschiff zu weichen,
Muß in die Ohren Wachs sich streichen,
Das tat Ulysses auf dem Meer,
Als er sah der Sirenen Heer
Und ihm durch Weisheit nur entkam,
Womit ihr Stolz ein Ende nahm.

6. Der ungenähte Rock Christi gilt als Symbol der unteilbaren katholischen Kirche.

37.

Wer sitzet auf des Glückes Rade,
Der schaue, daß kein Fall ihm schade
Und daß als Narr er komm zum Bade.

Von Glückes Zufall

Der ist ein Narr, der hochauf steigt,
Daß seine Scham der Welt er zeigt,
Und sucht stets einen höhern Grad
Und denkt nicht an des Glückes Rad.

Was hochauf steigt in dieser Welt,
Gar plötzlich oft zu Boden fällt[1].
Kein Mensch so hoch hier kommen mag,
Der sich verheißt den künftgen Tag,
Und daß er Glück dann haben will,
Denn Klotho[2] hält ihr Rad nicht still,
Oder den sein Reichtum und Gewalt
Vorm Tod einen Augenblick erhalt'.

Wer Macht hat, der hat Angst und Not,
Viel sind um Macht geschlagen tot.
Die Herrschaft hat nicht langen Halt,
Die man muß schirmen mit Gewalt.
Wo keine Lieb und Gunst der Gemein',
Da ist viel Sorge – und Freude klein.
Es muß viel fürchten, wer da will,
Daß *ihn* auch sollen fürchten viel.
Nun ist die Furcht ein schlechter Knecht,
Sie kann nicht lange hüten recht.
Wer innehat Gewalt, der lerne
Liebhaben Gott und ehr ihn gerne.
Wer Gerechtigkeit hält in der Hand,
Des Macht kann haben gut Bestand;
Des Herrschaft war wohl angelegt,

---

1. Sprichwörtlich: *Eyn yedes ding wann es uffkunt / Zuom höchsten / felt es selbst zuo grunt.* Ähnlich schon bei lat. Autoren: Claudian 3, 22; Senecas *Thyestes* V. 615. – 2. Eine der drei griechischen Schicksalsgöttinnen, die den menschlichen Lebensfaden spinnen.

Um dessen Tod man Trauer trägt.
Weh *dem* Regenten, nach des Tod
Man sprechen muß: „Gelobt sei Gott!"
    Wer einen Stein wälzt auf die Höh,
Auf den fällt er und tut ihm weh[3],
Und wer vertrauet auf sein Glück,
Fällt oft in einem Augenblick.

3. Jesus Sirach 27, 28.

38.

Wer krank ist und liegt in der Not
Und folgt nicht eines Arztes Gebot,
Der hab den Schaden, der ihm droht[1]!

Von unfolgſamen Kranken

Der ist ein Narr, der nicht versteht,
Was ihm ein Arzt in Nöten rät,
Und der nicht recht Diät will leben,
Wie ihm der Arzt hat aufgegeben,
Und der für Wein das Wasser nimmt
Und andres, was ihm sonst nicht ziemt,
Und schaut, daß er sein Lüstchen labe,
Bis man ihn hinträgt zu dem Grabe.
Wer *bald* der Krankheit will entgehn,
Der soll dem *Anfang* widerstehn[2],
Denn Arzenei muß wirken lang,
Wenn Krankheit schon nahm Überhang[3].
Wer gern will werden bald gesund,
Der zeig dem Arzte recht die Wund'
Und dulde, daß man sie aufbreche
Oder mit Sonden darein steche,
Sie hefte, wasche und verbinde,
Ob man ihm auch die Haut abschinde,
Damit ihm nur das Leben bleibe
Und man die Seel nicht von ihm treibe.
Ein guter Arzt darum nicht flieht,
Wenn auch der Kranke halb hinzieht[4];
Ein Siecher billig dulden soll

1. Der Holzschnitt ist in der Originalausgabe von 1494 dem
55. Kap. *(Von närrischer Heilkunde)* zugeordnet. Doch kann kein
Zweifel daran sein, daß eine Verwechslung stattfand, denn das Bild
zeigt den unfolgsamen Kranken mit Narrenkappe, während der hier
irrtümlich abgedruckte Holzschnitt den *Arzt* mit Narrenrohren ab-
bildet und auf die ersten Zeilen von Kap. 55 Bezug nimmt. Die
2. Ausgabe von 1495 hat die Bilder bereits ausgetauscht. – 2. Nach
Ovid, *Remedia Amoris*, V. 91. 92, 115. 116. – 3. *uberhanck*, d. h.
Übergewicht erhalten, überhandnehmen. – 4. Schon im Sterben liegt.

Auf Hoffnung, daß ihm bald werd wohl.
Wer einem Arzt in Krankheit lügt
Und in der Beicht den Priester trügt
Und Falsches sagt dem Advokaten,
Der ihm doch soll zum Rechten raten,
Der hat sich ganz allein belogen,
Zu seinem Schaden sich betrogen.

    Ein Narr ist, wer den Arzt befragt
Und nicht beachtet, was der sagt,
Doch alter Weiber Rat hält fest
Und in den Tod sich segnen läßt
Mit Amulett und Narrenwurz[5],
Drum nimmt zur Hölle er den Sturz.
Des Aberglaubens ist jetzt viel,
Womit man Heilung suchen will –
Wenn ich das alles zusammensuch,
Mach ich wohl draus ein Ketzerbuch[6].
Der Kranke nach Gesundheit trachtet,
Woher ihm Hilf kommt, er nicht achtet:
Den *Teufel* riefe mancher an,
Daß er der Krankheit möcht entgahn,
Wenn ihm von dem nur Hilfe würde
Und nicht Besorgnis ärgrer Bürde.
Der wird in Narrheit ganz verrucht,
Wer wider Gott Gesundheit sucht
Und ohne Weisheit doch begehrt,
Daß er will klug sein und gelehrt,
Der ist gesund nicht, sondern blöde[7],

---

5. *Mitt kracter und mitt narren wurtz*, d. h. mit Charakteren, magi-
schen Schriftzeichen, und mit Zauberwurzeln, die man beim Mondschein
suchte; vgl. Kap. 65. – 6. D. h. ein dickes Buch von allen Teufels-
künsten, die in der Heilkunde betrieben werden. – 7. Krank, schwach.
Diese ganze Stelle hat Brant dem Corp. iur. can. entnommen.

Nicht klug, vielmehr in Torheit schnöde;
In steter Krankheit er verharrt,
In Wahn und Blindheit ganz ernarrt.

Krankheit aus Sünden oft entspringt,
Denn Sünde großes Siechtum bringt.
Drum wer der Krankheit will entgehn,
Dem soll Gott wohl vor Augen stehn,
Der soll sich erst der Beichte nahn,
Eh er will Arzenei empfahn,
Und soll zuvor die Seele heilen,
Eh er zum Leibesarzt will eilen.
Aber es spricht jetzt mancher Gauch:
„Was sich beleibt, beseelt sich auch[8]!"
Doch wird es sich zuletzt so leiben,
Daß weder Leib noch Seele bleiben,
Und *ewige* Krankheit ficht den an,
Der hier will *zeitlicher* entgahn.
Viel sind verfault und längst schon tot,
Die besser vorher suchten Gott
Und seine Gnade, Hilf und Gunst,
Ehe sie suchten Ärztekunst
Und Leben hofften ohne Gnaden;
Sie starben zu der Seele Schaden.
Hätt Makkabäus[9] recht vertraut
Auf Gott und nicht auf Rom gebaut,
Wie er zuerst gesonnen war,

---

8. *Was sich gelibt das gesölt sich ouch;* der Sinn des Wortspiels ist:
wenn nur der Leib erhalten wird, so wird sich für die Seele schon
Rat finden (*lib* heißt zugleich Leben). Vielleicht im Anklang an das
Sprichwort: Was sich liebt, das gesellt sich auch, wie die späteren
Nachdrucke des Narrenschiffs seit 1553 fälschlich lesen. – 9. 1. Makkabäer 8. 9 (wo der Tod des Judas Makkabäus allerdings nicht auf
sein Bündnis mit den Römern zurückgeführt wird).

Er hätt gelebt noch lange Jahr'.
Hiskias[10] wär gestorben tot,
Hätt er sich nicht gekehrt zu Gott
Und so erworben, daß Gott wollte,
Daß er noch länger leben sollte.
Hätt sich Manasse[11] nicht bekehrt,
Gott hätt ihn nimmermehr erhört.
Der Herr zu dem Bettsiechen sprach,
Der lange Jahr' gewesen schwach:
„Geh hin, bleib rein und sei kein Narr,
Daß dir nicht Schlimmeres widerfahr[12]!"
Mancher gelobt in Krankheit viel,
Wie er sein Leben bessern will,
Von dem spricht man: „Der Sieche genas
Und wurde schlimmer, als er was!"
Er meinet Gott damit zu äffen:
Bald wird ihn größre Plage treffen!

10. 2. Könige 20, 1-7. – 11. 2. Chronik 33, 12. 13. – 12. Anspielung
auf Matthäus 9, 2.

39.

Wer laut den Anschlag kündet an
Und spannt sein Garn vor jedermann,
Vor dem man leicht sich hüten kann.

Von offenkundigen Anschlägen

Ein Narr ist, wer will fangen Sparrn[1]
Und offenkundig stellt das Garn;
Denn leicht ein Vogel dem entflieht,
Wenn er es offen vor sich sieht.
Wer nichts als drohen tut all Tage,
Da sorgt man nicht, daß er fest schlage;
Wer seinen Plan schlägt offen an,
Vor dem bewahrt sich jedermann.
Hätt nicht verändert sich Nikanor[2]
Und fremder gestellt als wie zuvor,
So hätt ihn Judas nicht erraten
Und sich so rasch bewahrt vor Schaden.

Als weiser Herr erscheint mir der,
Der weiß den Plan, sonst niemand mehr,
Zumal wenn ihm sein Heil liegt an;
Es will jetzt schwatzen jedermann
Und sich in solche Händel stecken,
Die hinten kratzen, vorne lecken[3].
Den acht ich nicht als weisen Mann,
Wer seinen Plan nicht bergen kann.
Denn Narrenplan und Buhlerwerk,
Eine Stadt, erbaut auf einem Berg,
Und Stroh, das in den Schuhen steckt,
Die viere werden bald entdeckt[4].
Ein Armer wahrt wohl Heimlichkeit,
Eines Reichen Sache trägt man weit;
Sie wird durch treulos Hausgesind

---

1. Spatzen. Vgl. Sprüche Salomonis 1, 17. – 2. 2. Makkabäer 14,
30 ff. – 3. D. h., es will jetzt jeder den anderen aushorchen und ein
falsches Spiel treiben. – 4. Anspielung auf ein lateinisches Sprichwort,
das Brant durch Matthäus 5, 14 ergänzt.

Verraten und verschwatzt geschwind.
Ein jedes Ding kommt leicht heraus
Durch die Genossen in dem Haus.
Es schadet uns kein schlimmrer Feind
Als der, der mit uns wohnt vereint;
Vor denen man nicht auf der Hut,
Die bringen viel um Leib und Gut.

40.

Wer einen Narren sieht fallen hart
Und sich darnach doch nicht bewahrt –
Greift einem Narren[1] an den Bart.

An Narren Anstoß nehmen

Täglich sieht man der Narren Fall
Und spottet ihrer überall;
Sie sind verachtet bei den Klugen,
Die selbst die Narrenkapp oft trugen;
Es schilt ein Narr den andern Narren
Und fährt auf dessen Weg den Karren
Und stößt sich dort zu jeder Frist,
Wo erst ein Narr gefallen ist.
Hippomenes² sah manchen Gauch
Vor sich enthaupten, wollte auch
Sich und sein Leben wagen ganz,
Und fast war Unglück seine Schanz³.
Ein Blinder schilt den andern blind,
Wiewohl sie *beide* gefallen sind⁴;
Ein Krebs den andern schalt, weil er
Stets hinter sich gegangen wär,
Ging ihrer keiner vorwärts doch,
Denn einer hinter dem andern kroch⁵.
Dem Stiefvater folgt oft und viel,
Wer nicht dem Vater folgen will.
Hätt Phaethon nicht den Wagen bestiegen,
Wollt Ikarus⁶ so hoch nicht fliegen,

1. Nämlich sich selbst. – 2. Ovids Metamorphosen X, 560 ff.: Hippomenes besiegte mit Hilfe der Göttin Aphrodite die im Wettlauf un-
bezwingliche Atalanta, deren Freier nach ihrer Niederlage stets getötet worden waren. – 3. Sein Spielgewinn. – 4. Vgl. Matth. 15, 14;
Lukas 6, 39. – 5. Nach einer bekannten Fabel des Äsop. – 6. Phaethon, Sohn des Gottes Helios, stürzte mit dem Sonnenwagen, den für
einen Tag zu lenken er sich erbeten hatte; Ikarus, der mit seinem
Vater Dädalus aus der Gefangenschaft im Labyrinth floh, kam der
Sonne zu nahe, so daß das Wachs der Flügel schmolz und er im
Meer den Tod fand.

Wären gefolgt den Vätern beide –
Sie blieben verschont von Tod und Leide.
Noch nie bei Gott zu Gnaden kam,
Wer nachgefolgt Jerobeam[7],
Obschon er sah, daß Plag' und Rach'
Kam stets ohn Unterlaß darnach.

　　Wer einen Narrn sieht fallen hart,
Seh zu, daß er sich selbst bewahrt,
Denn töricht nenn ich nicht den Mann,
Der sich an Narren stoßen kann[8].
Der Fuchs wollt in die Höhl' nicht, da
Er keinen wiederkehren sah[9].

7. Vgl. 1. Könige 13, 33 u. 14, 10 f. – 8. D. h., der Anstoß nehmen
und durch das närrische Beispiel einsichtig werden kann. – 9. Nach
einer Fabel des Äsop: Der Löwe heuchelte eine Krankheit, um die
mitleidigen Tiere zu sich in die Höhle zu locken und dort zu fressen;
nur der Fuchs weigerte sich, da er zwar viele Spuren in die Höhle
hineinführen, aber keine wieder herausführen sah.

41.

Glock ohne Klöppel gibt nicht Ton,
Hängt auch darin ein Fuchsschwanz schon:
Geschwätz im Ohr bringt keinen Lohn.

Nicht auf alle Rede achten

Wer mit der Welt auskommen will,
Der muß jetzt leiden Kummers viel
Und viel vor seiner Türe hören
Und sehn, was er würd gern entbehren.
Darum in großem Lobe stehn,
Die nicht mehr mit der Welt umgehn[1],
Sie sind durchgangen Berg und Tal,
Daß sie die Welt nicht brächt zu Fall
Und sie vielleicht vergingen sich.
Doch läßt die Welt sie nicht ohn Stich,
Wiewohl sie nicht verdienen kann,
Daß man solch Leute bei ihr trifft an.
    Wem recht zu tun ist Herzenspflicht,
Der achte nicht, was jeder spricht,
Bleib vielmehr auf dem Vorsatz steif
Und kehr sich nicht an der Narren Pfeif'.
Hätten Propheten und Weissagen[2]
Sich an Nachred in ihren Tagen
Gekehrt und nicht gesagt Bescheid,
Wärs ihnen jetzt längst worden leid.
Es lebt auf Erden gar kein Mann,
Der jedem Narren recht tun kann;
Wer jedermann könnt dienen recht,
Der müßte sein ein guter Knecht
Und früh vor Tag dazu aufstehn
Und selten wieder schlafen gehn[3].
Der muß Mehl haben mehr denn viel,

1. *Die sich der welt hant ab gethon,* d. h. Einsiedler und Mönche. –
2. *wissagen,* ursprünglich die Verständigen, Weisen; hier synonym zu
Propheten. – 3. Sprichwörtlich, wie das Folgende.

Wer jedem das Maul verstopfen will,
Denn es steht nicht in unsrer Macht,
Was jeder Narr kläfft, schwatzt und sagt.
Die Welt muß treiben, was sie kann,
Sie hats vor manchem mehr getan.
Ein Gauch singt Kuckuck oft und lang
Wie jeder Vogel seinen Sang.

42.

Man kann die Narren gut entbehrn,
Die stets mit Steinen werfen gern
Und sind von Zucht und Weisheit fern.

Von Spottvögeln

Ihr Narren, wollt doch von mir lern'n
Anfang der Weisheit, Furcht des Herrn[1]!
All Kunst[2] der Heiligen liegt bereit
Am Wege der Fürsichtigkeit.
Durch Weisheit wird der Mensch geehrt,
Durch sie die Tage des Lebens gemehrt.
Ein Weiser ist nützlich der Gemeine,
Ein Narr trägt seinen Kolben alleine;
Er dünkt sich weise wie ein Gott
Und treibt mit allen Weisen Spott.
Wer einen Spottvogel lehren will,
Der macht sich selbst Gespött gar viel;
Wer straft[3] den bösgesinnten Mann,
Der hängt sich selbst ein Läpplein an.
Einen Weisen tadle, *der* hört dich gern
Und eilt, daß er von dir mehr lern'.
Wer den Gerechten tadeln will –
Der nimmt den Tadel an, schweigt still;
Der Ungerechte lästert viel
Und ist doch selbst des Schimpfes Ziel.
Der Häher ein Spottvogel ist,
Und doch gar vieles ihm gebrist.
Wirft man den Spötter vor die Tür,
So kommt mit ihm all Spott herfür,
Und was er Zank und Speiwort[4] treibt,
Dasselbe vor der Türe bleibt.
Hätt David ihn nicht selbst geschont,

1. Sprüche Salomonis 9, 10 ff. Das ganze Kapitel beruht bis V. 16 auf dieser Quelle. – 2. Weisheit, Wissen. – 3. D. h. verbessernd zurechtweist. – 4. Schmähreden; vgl. Sprüche Salomonis 22, 10.

Wär Nabals[5] Spott wohl worden belohnt;
Sannabalach[6] den Spott bereute,
Als man Jerusalem erneute.
Von Bären wurde den Kindern vergolten,
Die glatzig den Propheten gescholten[7].
Simei[8] nennt viel Söhne sein,
Die werfen gern mit Kot und Stein.

5. 1. Samuel 25. – 6. Nehemia 4, 1 ff. – 7. Gemeint ist der Prophet
Elisa, den die Kinder als Kahlkopf verspotteten; vgl. 2. Könige
2, 23. 24. – 8. 2. Samuel 16, 5 ff.

43.

Daß ich nur Zeitliches betrachte
Und auf das Ewige nicht achte,
Das schafft, weil mich ein Affe machte.

Verachtung ewiger Freude

Ein Narr ist, wer sich rühmt mit Spott,
Daß er das Himmelreich ließ Gott,
Und wünscht nur, daß er leben mag
In Narrheit bis zum Jüngsten Tag
Und bleiben möge ein guter Gesell,
Fahr er dann hin auch, wo Gott befehl'.
    Ach Narr, gäb es selbst Erdenfreud,
Die Tag und Nacht währt ohne Leid,
Daß sie nicht würd verbittert dir,
So möcht ich denken doch in mir,
Daß du dir wünschest eine Sach,
Die närrisch ist, gering und schwach.
Denn der fürwahr als Tor sich brüstet,
Den hier es lang zu leben lüstet,
Wo nichts ist denn das Jammertal:
Kurz Freud, *lang* Leid steckt überall.
Gedenken soll man wohl dabei,
Daß hier kein bleibend Wesen[1] sei,
Dieweil wir werden all gesandt
Von hinnen in ein fremdes Land.
Viel sind vorauf, uns ruft der Tod,
Wir müssen doch einst schauen Gott,
Es sei zur Freude oder Straf'.
Drum sage an, du töricht Schaf,
Ob größre Narrn je war'n auf Erden,
Als die, so dies mit dir begehrten?
Du wünschst von Gott zu scheiden dich
Und wirst dich scheiden ewiglich.

---

1. *keyn biblich wesen*, d. h. kein beständiges Dasein, nichts Bleibendes.

Ein Tröpflein Honig dir gefällt,
Dort wird dirs tausendfach vergällt;
Einen Augenblick währt hier die Freud,
Dort *ewig* Freude – oder Leid.
Drum, wer mit Frevel braucht solch Wort,
Den trügt sein Anschlag hier wie dort.

44.

Wer Vogel und Hund zur Kirche führt
Und andre Leute im Beten beirrt,
Derselbe den Gauch wohl streicht und schmiert.

Lärm in der Kirche

Man braucht nicht fragen, wer die seien,
Bei denen die Hund' in der Kirche schreien,
Während man Messe hält, predigt und singt,
Oder bei denen der Habicht schwingt[1]
Und läßt seine Schellen[2] so laut erklingen,
Daß man nicht beten kann noch singen.
Da muß behauben man die Hätzen[3],
Das ist ein Klappern und ein Schwätzen!
Durchhecheln muß man alle Sachen
Und Schnippschnapp mit den Holzschuhn
Und Unfug treiben mancherlei.   [machen,
Da lugt man, wo Frau Kriemhild sei,
Ob sie nicht wolle um sich gaffen
Und machen aus dem Gauch 'nen Affen?
Ließ jedermann den Hund im Haus,
Daß man nicht stehle etwas draus,
Dieweil zur Kirche man gegangen,
Ließ man den Gauch[4] stehn auf der Stangen
Und brauchte Holzschuh auf der Gassen,
Wo etwas Dreck[5] man möchte fassen,
Und betäubte nicht jedermann die Ohren:
So kennte man wohl nicht die Toren.
Doch die Natur gibts jedem ein:
Narrheit will nicht verborgen sein[6].

1. Mit den Flügeln schlägt. — 2. Man pflegte dem Habicht eine
Schelle umzuhängen und eine Lederhaube aufzusetzen. — 3. Häher
oder Elstern, hier verächtlich vom Falken gesagt, da jene als
schwatzhafte Vögel galten. — 4. Kuckuck, wieder verächtlich für
Falke. — 5. *ein pfeningwert drecks*, nur eine Kleinigkeit, im ironi-
schen Sinne. — 6. *Doch die natur gybt yedem jn / Narrheyt will nit
verborgen syn*, d. h., die Natur versteckt sich nicht, verrät sich
überall.

Es gab uns Christus das Exempel,
Der trieb die Wechsler aus dem Tempel,
Und die da hatten Tauben feil,
Trieb er in Zorn aus mit dem Seil[7].
Sollt er *jetzt* offen Sünd' austreiben,
Wer würde in der Kirch' wohl bleiben!
Er fing' wohl meist beim Pfarrer an
Und ginge bis zum Mesner dann!
Dem Gotteshaus ziemt Heiligkeit,
Das sich der Herr zur Wohnung weiht.

7. Vgl. Matthäus 21, 12 f.

45.

Wen Mutwille ins Feuer bringt,
Und wer von selbst in den Brunnen springt,
Dem geschieht schon recht, wenn er ertrinkt.

Von mutwilligem Mißgeschick

Es betet ständig mancher Narr
Und, wie ihm dünkt, mit Andacht gar
Und ruft zu Gott oft überlaut,
Daß er komm aus der Narrenhaut;
Doch er die Kapp nicht missen kann,
Er zieht sie täglich selber an
Und meint, Gott woll ihn hören nicht:
So weiß er selbst nicht, was er spricht.
Wer in den Brunnen keck erst springt
Und dann, voll Furcht, daß er ertrinkt,
Laut schreit, daß man ein Seil ihm brächt,
Des Nachbar spricht: „Geschieht ihm recht!
Er ist gefallen selbst darein,
Er könnt wohl draußen geblieben sein!"
Empedokles[1] in solch Narrheit kam,
Daß er sprang in des Ätnas Flamm'.
Hätt jemand ihn daraus befreit,
Der tät ihm Unrecht an und Leid:
Denn er war worden Narr so sehr,
Er hätt es doch versucht noch mehr.
So tut, wer meint, Gott solle ihn
Mit Wort und Gewalt recht zu sich ziehn,
Ihm geben Gnad und Gaben viel,
Und doch sich drein nicht schicken will.
So kürzt sich mancher die Lebensspann',
Daß Gott ihn nicht mehr erhören kann,
Weil er ihm nicht die Gnad verleiht,

---

1. Ein griechischer Philosoph aus der Stadt Agrigent auf Sizilien (um 490-430 v. Chr.), der sich in den Krater des Ätna gestürzt haben soll. Wohl nach Horaz, *Ars poetica*, V. 458-469.

Daß er erfleht, was ihm gedeiht.
Wer betet, wie ein Tor gesinnt,
Der schlägt den Schatten, bläst den Wind[2].
Mancher mit Bitten von Gott begehrt,
Was, ihm verliehn, nur Leid gewährt.
Drum, wer da lebt im Stand voll Sorgen,
Trag seinen Schaden heut wie morgen!

2. Vgl. Jesus Sirach 34, 2.

46.

Die Narrheit hat ein großes Zelt;
Es lagert bei ihr alle Welt,
Zumal wer Macht hat und viel Geld[1].

Von der Narren Macht

Notwendig man viel Narren findet,
Denn viel sind an sich selbst erblindet,
Die mit Gewalt wollen weise sein,
Da jedermann mit klarem Schein
Wohl ihre Narrheit sieht. Doch wagt
Es keiner, daß „du Narr!" er sagt.
Und wenn sie großer Weisheit pflegen,
Ists fast nur solcher Gäuche wegen;
Und wenn sie niemand loben will,
So loben *sie* sich oft und viel,
Da doch der weise Mann gibt Kunde,
Daß Lob stinkt aus dem eignen Munde.

Die in sich selbst Vertrauen setzen,
Sind Narren und törichte Götzen,
Wer aber klug im Wandel ist,
Der wird gelobt zu aller Frist[2].
Das Land ist selig, dessen Herrn
Die Weisheit leitet wie ein Stern,
Des Rat auch ißt zur rechten Zeit
Und sucht nicht Gier noch Üppigkeit[3].
Weh, weh dem Erdreich, das gewinnt
Einen Herren, der noch ist ein Kind,
Des Fürsten essen in der Früh
Und achten nicht der Weisheit Müh[4]!

---

1. Die Narrheit als eine Heerführerin, die ihre Gefolgsleute um sich sammelt und mit ihnen zu Felde zieht, ist eine schon im Mittelalter beliebte Vorstellung. In diesem Sinne ist auch das Aufschlagen des Zeltes zu verstehen, vgl. V. 68 ff. – 2. Vgl. Sprüche Salomonis 28, 26. Von hier an bis V. 42 liegen dem Kapitel Stellen aus den Sprüchen und dem Prediger Salomo zugrunde. – 3. Prediger Sal. 10, 17. – 4. Prediger Sal. 10, 16.

Ein armes Kind, das weise ist,
Ist besser noch zu jeder Frist
Als ein König, der – ein alter Tor –
Die Zukunft nicht bedenkt zuvor[5].
Weh dem Gerechten über weh,
Wenn Narren steigen in die Höh!
Jedoch wenn Narren untergehn,
Gar wohl Gerechte dann bestehn[6].
Das ehrt ein Land so nah wie fern,
Wenn ein Gerechter wird zum Herrn,
Aber sobald ein Narr regiert,
So werden viel mit ihm verführt[7].

　　Der tut nicht recht, wer bei Gericht
Nach Freundschaft und nach Ansehn spricht,
Der selbst auch um den Bissen Brot
Wahrheit und Recht zu lassen droht[8].
Gerechtes Urteil steht Weisen wohl,
Ein Richter niemand kennen soll[9].
Gericht soll sein für Freundschaft blind;
Susannen-Richter[10] noch viel sind,
Die Mutwill treiben und Gewalt;
Gerechtigkeit, die ist ganz kalt.
Die Schwerter sind verrostet beide[11]
Und wollen nicht recht aus der Scheide;
Sie schneiden nicht, wo es ist not:
Gerechtigkeit ist blind und tot!
Dem Geld ist alles untertan;

---

5. Prediger Sal. 4, 13. – 6. Vgl. Sprüche Sal. 28, 28. – 7. Sprüche Sal.
28, 12 (hier ist der Vulgatatext zu vergleichen). – 8. Vgl. Sprüche
Sal. 28, 21. – 9. Sprüche Sal. 24, 23. – 10. Vgl. Anm. 5 zu Kap. 5. –
11. Die Zeichen der kaiserlichen und der päpstlichen Gewalt.

Jugurtha[12], als er Abschied nahm
Von Rom, sprach: „O du feile Stadt,
Wie wärst du bald so schach und matt,
Wenn sich ein Käufer stellte ein!"
Man findet Städte groß und klein,
Wo man Handschmierung[13] gerne nimmt
Und alsdann tut, was sich nicht ziemt.
Freundschaft und Lohn Wahrheit verkehrt,
Wie Moses' Schwäher[14] schon ihn lehrt,
Neid, Pfennige, Freundschaft, Macht und Gunst
Zerbrechen jetzt Recht, Siegel und Kunst[15].

Die Fürsten einstmals weise waren,
Die Räte alt, gelehrt, erfahren,
Da stand es wohl in jedem Lande,
Da ward gestrafet Sünd und Schande
Und Friede war rings in der Welt.
Jetzt hat die Narrheit ihr Gezelt
Geschlagen auf und liegt zur Wehr[16];
Sie zwingt die Fürsten und ihr Heer,
Daß Weisheit sie und Kunst aufgeben
Und nur nach eignem Nutzen streben
Und sich wählen kindische Rät'.
Darum es leider übel steht
Und künftig hat noch schlimmre Gestalt:
Groß Narrheit ist bei großer Gewalt.

---

12. Ein König Numidiens († 104 v. Chr.), der den Krieg mit Rom durch Bestechung der römischen Gesandten und Feldherren verzögern konnte; nach Sallust, *Bellum Jugurthinum,* cap. 35. – 13. Bestechung. – 14. Vgl. 2. Mose 18, 21: gemeint ist Moses' Schwiegervater Jethro, der die Einsetzung von weisen und gottesfürchtigen Männern als Richter empfahl. – 15. *brieff und kunst,* d. h. alle Urkunden (verbriefte Rechte) und erfahrene Kenntnis. – 16. *lyt zuor wer,* d. h. liegt zu Felde, ist kampfbereit.

Gar mancher Fürst hätt lang regiert
Durch Gottes Gnade, wenn nicht verführt
Und karg er würde und ungerecht
Auf Anreiz falscher Räte und Knecht'.
Die nehmen Gaben, Geschenk und Miete[17];
Vor solchen ein Fürst sich billig hüte!
Wer Gaben nimmt, der ist nicht frei,
Geschenk bewirkt Verräterei,
Wie von Ehud geschah Eglon[18]
Und Dalida verriet Samson[19].
Andronicus güldne Gefäße nahm,
Drob Onias[20] zu Tode kam;
Um Benhadads Bündnis wars geschehn,
Als er die Gaben angesehn[21];
Tryphon voll Trug bewirken wollte,
Daß Jonathas ihm glauben sollte[22],
Drum schenkt' er Gaben ihm vorher,
Daß jener würd beschissen sehr.

17. Lohn, Bezahlung. – 18. Richter 3, 15 ff.: Ehud verbarg ein Schwert
unter dem Kleide und tötete den König der Moabiter, als er ihm Geschenke überbrachte. – 19. Richter 16, 4 ff. – 20. 2. Makkabäer 4, 32 ff.
– 21. 1. Könige 15, 18 ff. – 22. 1. Makkabäer 12, 42 ff.

47.

In Torheit will man *hier* beharren
Und ziehen einen schweren Karren,
Dort wird der Wagen nachgefahren.

Vom Weg der Seligkeit

Gott läßt die Narren nicht verstehn
Die Wunder, die von ihm geschehn
Gestern wie heut; darum verdirbt
Gar mancher Narr, der zeitlich stirbt
Hier, und dort ist er ewig tot,
Weil er nicht lernte kennen Gott
Und leben nach dem Willen sein.
Hier hat er Plag, dort trägt er Pein,
Hier muß er Karrenbürde tragen,
Dort wird er ziehen erst im Wagen.
Drum, Narr, nicht frage nach dem Steg,
Der führet auf der Hölle Weg!
Gar leicht dahin man kommen mag,
Der Weg steht offen Nacht und Tag
Und ist gar breit und glatt zu sehn,
Denn viele Narren auf ihm gehn.
Aber der Weg zur Seligkeit
– Der Weisheit nur ist er bereit –,
Der ist gar eng, schmal, steil und hart,
Und wenige wagen drauf die Fahrt
Und haben drauf zu gehn den Mut[1].
    Der Narren Frag', die man oft tut,
Will ich damit beschlossen haben:
Warum man Narren mehr sieht traben
Oder fahren zu der Hölle
Denn Volks, das nach der Weisheit stelle?
Die Welt in Üppigkeit ist blind,
Viel Narren, wenig Weise sind.
Viel sind berufen zum Mahl der Nacht,

1. Vgl. Matthäus 7, 13. 14.

Wenig erwählt – nimm dich in acht[2]!
Sechshunderttausend *Mann* allein,
Ohne die Frauen und Kinder klein,
Führt' Gott einst durch des Meeres Sand:
Zwei kamen ins Gelobte Land[3].

2. *Vil sint berueffl zuo dem nachtmol / Wenig erwelt / luog für dich wol*; vgl. Matthäus 20, 16. – 3. Vgl. 2. Mose 12, 37 und 4. Mose 14, 30 ff.

170

48.

Ein Gesellenschiff[1]

Ein Gesellenschiff fährt jetzt daher,
Das ist von Handwerksleuten schwer,
Von allem Gewerbe und Hantieren,
Sein Gerät tut jeder mit sich führen.

Kein Handwerk hat mehr seinen Wert,
Überlastet ist jedes und beschwert;
Ein jeder Knecht will Meister werden,
Drum sind jetzt Handwerk viel auf Erden.
Mancher zum Meister sich erklärt,
Dem nie das Handwerk ward gelehrt.
Einer dem andern werkt zu Leide
Und treibt sich selbst oft über die Heide[2];
Daß wohlfeil er es schaffen kann,
Sieht er die Stadt mit dem Rücken an[3].
Was *dieser* nicht will wohlfeil geben,
Da sieht man zwei oder drei daneben,
Die meinen das zu liefern wohl,
Doch die Arbeit ist nicht, wie sie soll:
Man sudelt Ware jetzt in Eil,
Daß man sie billig halte feil.
Dabei kann man nicht lange bleiben:
Teuer kaufen und wohlfeil vertreiben!

---

1. Da im Originaldruck der Holzschnitt eine ganze Seite einnimmt, fehlt das Motto; auch der Titel ist aus dem Register ergänzt: *Eyn gesellen schiff*, d. h. eigentlich ein Gesellschafts- und Passagierschiff, im Gegensatz zu Marktschiffen oder Frachtschiffen. Doch läßt sich beim Inhalt des Kapitels auch an Zunftgesellen denken. – 2. D. h. muß Schulden halber das Weite suchen. – 3. *Des muoß er offt zuom thor uß gan*; eine spätere Bearbeitung setzt drastischer: *die statt mit den hindern kyssen.*

Mancher erleichtert das Kaufen andern
Und muß dann selbst zum Tor auswandern.
Wohlfeilen Kauf liebt jedermann,
Und ist doch keine Bürgschaft[4] dran;
Denn wenig Kosten legt man an,
Wenn man es schnell nur schaffen kann,
Und wenn es nur ein Ansehn habe.
Das Handwerk trägt man so zu Grabe,
Es kann kaum noch ernähren sich.
„Was *du* nicht tust, das tu nun ich
Und seh nicht Zeit noch Kosten an,
Wenn ich nur recht viel liefern kann!"

Ich selbst, daß ich die Wahrheit sage,
Vertrieb mit solchen Narrn viel Tage,
Bevor ich dieses hab gedichtet.
Noch sind sie nicht recht zugerichtet,
Ich hätt gebraucht noch manchen Tag:
Kein gut Werk Eile leiden mag.

Ein Maler, der Apelles[5] brachte
Ein Werk, das er in Eile machte,
Und sprach, er hätt geeilt damit,
Fand die gewünschte Antwort nit.
„Das Werk", sprach jener, „zeigt wohl an,
Du wandtest wenig Fleiß daran;
Daß du nicht *viel* in kurzer Frist
Dergleichen schufst, ein Wunder ist!"
Der Arbeit nützt nicht eilige Hand,
Denn welcher Prüfung hält das stand:
An einem Tag zwanzig Paar Schuh',

4. *keyn werschafft*, d. h. keine Gewähr, Garantie für den Wert. –
5. Der größte Maler des griechischen Altertums, Zeitgenosse Alexanders des Großen; nach Plutarch, *De educatione* IX, 20.

Ein Dutzend Degen ohne Scharten?
Viel schaffen und auf Zahlung warten
Vertreibt gar manchem oft das Lachen.
Schlechte Zimmerleut viel Späne machen,
Die Maurer tun gern große Brüche[6],
Die Schneider machen weite Stiche,
Da wird die Naht gar schwach davon.
An *einem* Tag den Wochenlohn
Die Drucker in der Schenk' verzehren,
Das ist so ihre Lebensart,
Ist doch die Arbeit schwer und hart
Mit Drucken und mit Bosselieren[7],
Mit Setzen, Schlichten, Korrigieren,
Auftragen mit der Schwarzen Kunst[8],
Farb' brennen in des Feuers Brunst,
Dann reiben und die Stäbchen spitzen[9].

　　Viel sind, die lang bei der Arbeit sitzen
Und schaffen doch kein besser Werk,
Das macht, sie sind von Affenberg
Und haben die Kunst nicht besser begriffen.
Mancher fährt gern in solchen Schiffen,
Denn es sind gute Lehrlinge drin,
Haben viel Arbeit und magern Gewinn
Und verzehren den doch geschwind,
Weil ihre Kehlen gern weinfeucht sind[10].

6. D. h. entweder: machen beim Mauern weite Zwischenräume zwischen den Steinen, oder: brechen im Steinbruch große Stücke auf einmal, um schneller voranzukommen. – 7. Vielleicht das Ausarbeiten der Druckstöcke; sonst allgemein: bosseln, kleinere Arbeiten verrichten. – 8. Mit der Druckerschwärze, die z. T. aus gebranntem Elfenbein oder Knochen hergestellt wurde; zugleich der übliche Ausdruck für die Buchdruckerkunst. – 9. Die Spatien, die zwischen die einzelnen Wörter gesetzt wurden. – 10. Bei Brant: *und verzeren das doch licht / Dann jnn ist wol by der wynfücht.*

Um Künftiges haben sie wenig Sorgen,
Will man nur heut noch ihnen borgen.
Einen Restkauf[11] mancher machen kann,
Wo er nicht viel gewinnt daran.
Man kann jetzt nichts verkaufen mehr,
Man hab denn Gott geschworen vorher;
Und schwört man lange ein und aus,
So wird ein Fischerschlag[12] dann draus.
Dabei merkt man, daß alle Welt
An kölnischem Gebot[13] festhält:
„Dat half ab!" ist jetzt Zeitgeschmack[14];
„Berat dich Gott!" bricht keinem den Sack.
    So fahren die Zünfte all daher,
Und noch sind viele Schiffe halb leer.

11. *bletzschkouff*, d. h. Kauf von Flecken, Resten, Trödlerwaren. –
12. Zuschlag beim Kaufen; die Fischer standen in dem Ruf, besonders
hohe Preise zu fordern und sie dann herunterhandeln zu lassen. –
13. *köllschen böttchen*, d. h. ein kleines Gebot, wie es zu Köln üblich
ist: nämlich den Kaufpreis um die Hälfte herunterzuhandeln. Daher
im niederdeutschen Dialekt: *„Dat halff ab!"* die Hälfte ab! – 14. *ist
yetz vast der schlagk*, d. h., dieser Parole gilt der Zuschlag beim
Handeln.

49.

Den Eltern gleicht der Kinder Gesicht,
Wo man vor ihnen schämt sich nicht
Und Krüg' und Töpfe vor ihnen zerbricht.

Schlechtes Beispiel der Eltern

Wer vor Frauen und Kindern viel
Von Buhlschaft, Leichtsinn reden will,
Dem wird nicht unvergolten bleiben,
Was er vor ihnen wagt zu treiben.

Nicht Zucht noch Ehre ist mehr auf Erden:
Es lernen Frau und Kind Gebärden
Und Wort; die Frau von ihrem Mann,
Das Kind nimmts von den Eltern an,
Und wenn der Abt die Würfel leiht,
So sind die Mönche spielbereit[1].

Die Welt ist jetzt voll schlimmer Lehre,
Man findet keine Zucht noch Ehre:
Die Väter tragen Schuld daran,
Die Frau lernt es von ihrem Mann,
Der Sohn zum Vater sich gesellt,
Die Tochter zu der Mutter hält.
Darum sich niemand wundern soll,
Ist alle Welt der Narren voll.
Der Krebs gleichwie sein Vater tritt,
Es zeugt der Wolf kein Lämmlein nit,
Brutus und Cato sind beide tot,
Drum mehrt sich Catilinas[2] Rott'.
Sind Väter klug und tugendreich,
Die zeugen Kinder ihnen gleich.
Diogenes[3] einen Jungen sah
Betrunken; zu dem sprach er da:
„Das ist des Vaters Art, mein Sohn,

---

1. Ein sehr verbreitetes altes Sprichwort. – 2. Vgl. Anm. 4 zu Kap. 6.
Brutus und Cato werden als Muster altrömischer Sitte genannt. –
3. Nach Plutarch, *De educatione* III, 3.

Ein Trunkenbold erzeugt' dich schon!"
Drum sehe man bedachtsam zu,
Was man vor Kindern red' und tu';
Gewohnheit – andere Natur[4] –
Führt Kinder leicht auf schlechte Spur.
Drum lebe jeder recht im Haus,
Daß Ärgernis nicht komm daraus!

4. *Consuetudo altera natura*, ein lateinisches Sprichwort.

50.

Wollust durch Einfalt manchen fällt,
Manchen sie auch am Flügel hält,
Viel haben ihr Ende darin erwählt.

Von Wollust[1]

Irdische Lust vergleichet sich
Einem üppigen Weib, das öffentlich
Sitzt auf der Straß und schreit sich aus,
Daß jedermann komm in ihr Haus
Und die Gemeinschaft mit ihr teil,
Weil sie um wenig Geld sei feil,
Begehrend, daß man mit ihr übe
In Leichtsinn sich und falscher Liebe[2].
Drum gehn die Narren in ihren Schoß
Gleichwie zum Schinder geht der Ochs
Oder ein harmlos Schäflein geil[3],
Das nicht versteht, wie es ans Seil
Gekommen ist und an den Strang,
Bis ihm der Pfeil sein Herz durchdrang[4].
    Denk, Narr, es gilt die Seele dein!
Du fällst tief in die Höll' hinein,
Wenn es in *ihren* Arm dich zieht.
Der wird *dort* reich, wer Wollust flieht.
Such nicht der Zeiten Lust und Freude
Wie einst Sardanapal, der Heide,
Der meinte, daß man leben soll
In Wollust, Prassen freudenvoll:
Des Toten keine Freuden harren!
Das war der Rat recht eines Narren,
Der nach so flüchtger Freude jagt;

---

1. *Von wollust*, noch nicht in der heutigen Bedeutung, sondern verstanden als unbekümmerter, ganz dem Irdischen zugewandter Lebens-
genuß; so auch V. 1: *Wollust der welt* = irdische Lust. – 2. Vgl.
Sprüche Salomonis 7, 10 ff. – 3. D. h. munter, ausgelassen, übermütig.
– 4. Sprüche Salomonis 7, 22. 23. An diese Bibelstelle knüpfen auch
die Mottoverse und der Holzschnitt an.

Doch hat er selbst sich wahrgesagt[5]!
Wer sich mit Wollust will beladen,
Kauft kleine Freude mit Schmerz und Schaden.
Keine Erdenlust ist also süße,
Daß nicht zuletzt ihr Gall' entfließe;
Die Freude dieser ganzen Zeit
Endet zuletzt mit Bitterkeit,
Wiewohl der Meister Epikur[6]
Setzt höchstes Gut in Wollust nur.

5. Nämlich mit dem Ausspruch, daß es nach dem Tode keine Freuden mehr gäbe. Vgl. Anm. 11 zu Kap. 26. – 6. Der griechische Philosoph Epikur († 271 v. Chr.) gilt dem ganzen 15. und 16. Jh. als Anwalt der Weltkinder und Vertreter einer materialistischen Genußlehre.

51.

Wer kein Geheimnis kann bewahren
Und jeden Plan muß offenbaren,
Dem wird bald Schaden widerfahren.

Der ist ein Narr, wer offenbart
Der Frau, was er geheim bewahrt,
Der starke Samson[1] büßte ein
Dadurch die Haar und Augen sein.
Es ward auch ebenso verraten
Der Seher Amphiaraus[2] mit Schaden.
Die Schrift schon sagt, daß man den Frauen
Nicht Heimlichkeit soll anvertrauen;
Wer Heimliches nicht kann verschweigen,
Wer pflegt Betrügerei zu zeigen
Und krümmt die Lippen wie ein Tor,
Bei dem seh sich der Weise vor[3]!

    Gar mancher rühmt sich großer Sache,
Wo er des Nachts auf Buhlschaft wache,
Will man sein Wort dann recht ergründen,
Wird man ihn auf dem Mist oft finden;
Daraus gar oft ersieht man auch
Und merket, wo er atzt den Gauch[4].

    Willst du, daß ich etwas nicht sage,
So schweig, weil solches leicht ich trage;
Kannst du nicht Heimlichkeit bewahren,
Die du mir mußtest offenbaren,
Was forderst Schweigen du von *mir*,
Da du's nicht halten kannst bei dir?

---

1. Vgl. Richter 16, 4 ff.: Simson entdeckte Delila das Geheimnis seiner Kraft; diese schnitt dem Schlafenden die Haarlocken ab und rief die Philister herbei, die ihm die Augen ausstachen und ihn in Ketten legten. – 2. Amphiaraos wurde von seiner bestochenen Gattin Eriphyle verraten, als er sich vor dem Feldzug gegen Theben versteckt hatte, dessen unglücklichen Ausgang er voraussah und auf dem er später sein Leben verlor. – 3. Vgl. Sprüche Salomonis 20, 19. – 4. D. h., er verrät sich selbst durch seine Prahlerei.

Hätt Ahab nicht der Jezabel
Vertrauet sein Geheimnis schnell,
Hätt er verschwiegen Naboths Wort,
Es wär geschehen nicht ein Mord[5].

    Wer etwas will im Herzen tragen,
Der hüte sich, es auszusagen,
Dann ist er sicher, daß man nicht
Es inne wird und davon spricht.
Der Prophet[6] sprach: „Nicht allgemein,
Nein, *mein* soll das Geheimnis sein!"

5. Vgl. 1. Könige 21. – 6. Jesaja 24, 16: *secretum mihi, secretum meum mihi* (nach der Vulgata, bei Luther weggefallen).

52.

Wer nicht aus anderm Grunde je
Als Geldes wegen schritt zur Eh',
Der hat viel Zank, Leid, Hader, Weh.

Freien des Geldes wegen

Wer in den Esel kriecht um Schmer[1],
Ist an Vernunft und Weisheit leer;
Ein guter Tag nur ist dem bestimmt,
Wer ein alt Weib zur Ehe nimmt,
Er wird auch wenig Freude sehn,
Weil keine Kinder ihm erstehn,
Und hat auch *keinen* guten Tag,
Außer er sieht den Pfennigsack,
Und der fliegt oft ihm um die Ohren,
Durch den er worden ist zum Toren.
Daher denn oftmals es geschehn,
Daß wenig Glück dabei zu sehn,
Wenn den Besitz man nur betrachtet,
Auf Ehr und Frömmigkeit nicht achtet.
Hat man sich übel dann beweibt,
Nicht Fried noch Freundschaft fürder bleibt.
Man wär wohl lieber in der Wüste,
Als daß man lange wohnen müßte
Bei einem zornigbösen Weib[2],
Die bald dürr macht des Mannes Leib.
Dem möge trauen, wems beliebt,
Wer um das Geld die Jugend gibt!
Weil ihm der Schmerduft wohlbehagt,
Den Esel er auch zu schinden wagt,
Und wenn viel Zeit vergangen ist,
Find't er doch nichts als Kot und Mist.

1. Sprichwörtlich für törichtes Handeln, wie: einer Sau des Fettes wegen in den Hintern greifen, oder: aus einem Esel Met melken wollen. Vgl. V. 23 ff. – 2. Sprüche Salomonis 21, 19.

Viel stellen Ahabs Tochter[3] nach
Und fallen wie er in Sünd und Schmach.
Der Teufel Asmodeus[4] fand
Viel Macht jetzt in der Ehe Stand.
Doch selten ist ein Boas[5] jetzt,
Der eine Ruth begehrt und schätzt,
Drum hört man nichts als Ach und Weh
Und „criminor te!" „kratznor a te!"[6]

3. Vgl. 2. Könige 8, 18: gemeint ist Athalja. – 4. Nach Tobias 3, 8
tötete Asmodeus, ein böser Dämon, die sieben Ehemänner der Sara;
unter diesem Namen versteht man zu Brants Zeiten den Eheteufel
überhaupt. – 5. Vgl. Ruth 2 ff.: man findet niemanden, der wie Boas
ein armes, rechtschaffenes Mädchen unter seinem Stand heiratet. –
6. „Ich beschuldige dich (des Ehebruchs)", sagt die Frau. „Ich werde
von dir gekratzt", erwidert der Mann. Die scherzhafte Wortformel
(*kratznor* = deutsch mit lat. Flexion) zur Bezeichnung ehelichen Zan-
kes ist durch Brant im ganzen 16. Jh. populär geworden.

53.

Mißgunst und Haß füllt alle Land',
Man findet Neid in jedem Stand:
Den Neidhart[1] deckt noch nicht der Sand.

Von Neid und Haß

Feindschaft und Neid macht Narren viel,
Von denen ich hier reden will.
Der Neid den Ursprung daher nimmt:
Du mißgönnst das, was mir bestimmt,
Und hättest gerne selbst, was mein,
Oder magst sonst nicht hold mir sein.
Der Neid ist solche Todeswund,
Die nimmermehr wird recht gesund;
Er hat die Eigenschaft bekommen,
Wenn er sich etwas vorgenommen,
So hat nicht Ruh er Tag und Nacht,
Bis er den Anschlag hat vollbracht.
So lieb ist ihm nicht Schlaf noch Freud,
Daß er vergäß sein Herzeleid;
Drum hat er einen bleichen Mund,
Ist dürr und mager wie ein Hund,
Die Augen rot, und niemand kann
Mit vollem Blick er sehen an[2].
Das ward an Saul mit David klar,
An Josephs Brüdern offenbar.
Neid lacht nur, wenn versinkt das Schiff,
Das er gesteuert selbst ans Riff;
Und nagt und beißt der Neid recht sehr,

---

1. *Der nythart,* ein personifizierter Neider (wie *Dinghart, Freyhart, Nothart*), aber wohl mit besonderer Anspielung auf die volkstümlichen Schwankerzählungen vom Neithart Fuchs. Daraus erklärt sich auch der Holzschnitt, der auf eine dieser Erzählungen zurückgreift. – 2. Diese und einige folgende Stellen sind angelehnt an die Schilderung der Mißgunst *(Invidia)* in Ovids Metamorphosen II, 775 ff. Daher spricht Brant im Originaltext vom Neid als einem weiblichen Wesen *(So lieb ist jr keyn schloff noch freyd / das sie vergeß jrs hertzen leyd . . .).*

Frißt er nur sich und sonst nichts mehr,
Wie Ätna sich verzehrt allein:
Drum ward Aglaurus[3] auch zum Stein.
Welch Gift trägt in sich Neid und Haß,
An Brüdern spürt man besser das;
Das zeigen Kain und Esau, nicht minder
Thyest[4], Eteokles[5], Jakobs Kinder;
Die waren von größerm Neid entbrannt,
Als wenn sie *nicht* sich Brüder genannt:
Entzündet sich verwandt Geblüt,
Dann es viel mehr als fremdes glüht.

3. Die Tochter des Cecrops, die wegen ihrer Habgier auf Anweisung
von Pallas Athene durch Invidia, die Göttin der Mißgunst, bestraft
und schließlich von Merkur in einen dunklen Stein verwandelt wurde;
Ovids Met. II, 752 ff. – 4. Bruder des Atreus; nach der griechischen
Sage setzte ihm dieser, um sich für eine ihm angetane Schmach zu rächen, seine eigenen Söhne als Speise vor. – 5. Bruder des Polynikes,
mit dem er in Streit um die Herrschaft in Theben geriet; beide fielen
im Zweikampf.

54.

Wem Sackpfeifen Freud und Kurzweil macht,
Daß Harf' und Laut' er drob verlacht,
Der wird auf den Narrenschlitten gebracht.

Tadel nicht dulden wollen

Daß Narrheit sich im Herzen regt,
Zeigt dies: ein Narr es nie erträgt
Noch mit Geduld es leiden kann,
Spricht über weise Dinge man.
Ein Weiser gern von Weisheit hört,
Wodurch ihm Weisheit wird gemehrt.
Die Sackpfeif' ist des Narren Spiel,
Der Harfen achtet er nicht viel.
Kein Gut dem Narren in der Welt
Mehr als sein Kolben und Pfeif' gefällt.
Kaum läßt sich tadeln, wer verkehrt;
Der Narren Zahl ohn End sich mehrt.
    O Narr, bedenk zu aller Frist,
Daß du ein Mensch und sterblich bist
Und nichts als Lehm, Asch, Erd und Mist.
Denn unter aller Kreatur,
Die hat Vernunft in der Natur,
Bist die geringste *du*, ein Schaum,
Ein Hefensack[1] und Bastard kaum.
Was rühmst du doch an dir Gewalt
Und Adel, Jugend, Geld, Gestalt,
Da alles unter der Sonne ist
Unnütz, wenn Weisheit ihm gebrist.
Besser, daß dich ein Weiser straf',
Als daß dich anlach' ein närrisch Schaf;

---

1. *truosensack*, entsprechend etwa unserm Madensack. Die eindringlichen Verse Brants lauten im Original: *O narr gedenck zuo aller fryst / Das du eyn mensch und tötlich bist / Und nüt dann leym äsch erd und myst / Und under aller creatur / So hat vernunfft jn der natur / Bist du das mynst und eyn byschlack / Eyn abschum und eyn truosensack.*

Denn wie eine brennende Distel kracht,
So ist ein Narr auch, wenn er lacht[2].

Drum selig der Mensch, der in sich hat
Die Furcht des Herrn an jeder Statt.
Des Weisen Herz auch Trauer betrachtet,
Ein Narr allein auf Pfeifen achtet[3].
Man sing und sag mit Bitten und Flehn,
Er solle von seinen elf Augen abgehn[4]:
Er wird nicht Lehre noch Tadel verstehn.

2. Prediger Sal. 7, 6. 7. – 3. Prediger Sal. 7, 5. – 4. D. h. von seiner
Hartnäckigkeit ablassen; vgl. Anm. 4 zu Kap. 30.

55.

Wer der Arzneikunst sich nimmt an
Und doch kein Siechtum heilen kann,
Der ist ein guter Gaukelmann[1].

Von närrischer Arzneikunst

Der geht wohl heim mit andern Narrn,
Wer dem Todkranken beschaut den Harn
Und spricht: „Wart, bis ich dir verkünde,
Was ich in meinen Büchern finde!"
Dieweil er geht zu den Büchern heim,
Fährt der Sieche hin gen Totenheim.

  Viel maßen sich der Arztkunst an,
Von denen keiner etwas kann,
Als was das Kräuterbüchlein lehrt
Und man von alten Weibern hört.
Die treiben Kunst, die ist so gut,
Daß sie all Bresten heilen tut,
Und ist kein Unterschied dabei,
Ob jung, alt, Kind, Mann, Frau es sei,
Ob feucht, ob trocken, heiß und kalt[2].
Ein Kraut hat solch Kraft und Gewalt,
Gleichwie die Salbe im Alabaster,
Daraus der Scherer macht sein Pflaster
Und *alle* Wunden heilt damit,
Es sei Geschwür, Stich, Bruch und Schnitt:
Herr Kukulus[3] verläßt sie nit.
Wer zu der Heilung nur *ein* Unguent[4]
Für Augen rot, blind, triefig kennt,
Purgieren will ohn Wasserglas,
Der ist ein Narr, wie Zuohsta[5] was.

---

1. Der Holzschnitt wurde in der Originalausgabe vertauscht; vgl.
Anm. 1 zu Kap. 38. – 2. Aufzählung der vier Elemente, die für die
Grundlage der vier Temperamente gehalten wurden. Diese spielten
in der Arzneikunst bis ins 17. Jh. hinein eine bedeutende Rolle. –
3. Lat. *cuculus* = Kuckuck, Gauch, Narr. – 4. Salbe (lat. *unguentum*). –
5. Vermutlich der Name eines Quacksalbers jener Zeit.

Dem gleichet wohl ein Advokat,
Der in keiner Sache gibt uns Rat;
Ein Beichtvater gleicht dem sicherlich,
Der nicht kann unterrichten sich,
Was denn bei jeder Art von Sünden
Und Übeln Mittel sei'n zu finden[6],
Und ohne Vernunft geht um den Brei.
    Durch Narren wird gar mancher verführt,
Der eher verdirbt, als er es spürt.

---

6. Die geistlichen Bußbestimmungen in den sog. *libri poenitentiales* waren damals ebenso vielfältig und kasuistisch differenziert wie die juristischen Strafgesetze.

56.

Nie Macht so groß auf Erden kam,
Die nicht beizeiten ein Ende nahm,
Wenn ihr das Ziel und Stündlein kam.

Vom Ende der Gewalt

Man findet Narren mannigfalt,
Die sich verlassen auf Gewalt,
Als ob sie ewig sollte stehn,
Die doch wie Schnee pflegt zu zergehn.
Der Kaiser Julius war genug
Reich, mächtig und an Sinnen klug,
Ehe er mit Gewalt gebracht
An sich der Römer Reich und Macht.
Als er das Zepter an sich nahm,
Ihm Sorg und Angst in Haufen kam;
Da war er nicht an Rat so klug:
Denn bald darob man tot ihn schlug.
Darius hatte ein großmächtig Land
Und konnte bleiben daheim ohn Schand
Und hätte behalten Gut und Ehr,
Doch da er wollte suchen mehr
Und haben das, was sein nicht war,
Verlor er auch das Seine gar.
Xerxes, der bracht nach Griechenland
Des Volks soviel wie Meeressand,
Das Meer mit Schiffen er bedeckte,
Daß er die ganze Welt erschreckte.
Und doch, was wars, das er gewann?
Er griff Athen so grausig an,
Wie sonst der Löwe packt ein Huhn
Und – floh doch, wie die Hasen tun.
Als König Nabuchodonosor[1]
Mehr Glück zufiel denn je zuvor
Und er Arphaxad überwand,

1. Nebukadnezar; vgl. Judith 1. 2.

Wollt er erst haben alle Land!
Nach Gottes Macht hatt er Begier
Und – ward verwandelt in ein Tier.
Gar leicht ich euch noch viele nennte
Im Alten und Neuen Testamente,
Aber mich dünkt, das tut nicht not.
Gar wenig sind in Ruhe[2] tot
Und sterben auf dem eignen Bette,
Die man nicht sonst getötet hätte.
Drum merket ihr Gewaltigen all:
Ihr sitzet wahrlich in Glückes Fall[3]!
So seid nun weise und achtet aufs Ende,
Daß Gott das Rad euch nicht umwende!
Fürchtet den Herrn und dienet ihm!
Wenn euch sein Zorn ergreift und Grimm,
Der bald schon wird entflammen sehr,
Wird eure Macht nicht bleiben mehr,
Sie wird vielmehr mit euch zergehn.
Ixions Rad[4] bleibt nimmer stehn,
Denn es läuft um von Winden klein,
Drum selig, wer hofft auf Gott allein!
Es fällt und bleibt nicht in der Höhe
Der Stein, den wälzt mit Sorg und Wehe
Den Berg auf Sisyphus[5], der Narr.
Glück und Gewalt währt nicht viel Jahr',

2. *jn ruowen*, d. h. sind eines ruhigen Todes gestorben; vielleicht aber auch Druckfehler für *ruewen*, d. h. in Reue. – 3. D. h. dem Zufall preisgegeben, wie das Glück es will. – 4. Ixion, König der Lapithen in Thessalien, entbrannte in Liebe zur Göttin Hera und wurde zur Strafe in der Unterwelt an ein sich ewig drehendes, feuriges Rad geschmiedet. Vgl. Vergils Georgica IV, 484. – 5. Nach der griechischen Sage war Sisyphus König von Korinth und berüchtigt als verschlagener Straßenräuber; als Strafe mußte er in der Unterwelt ein Felsstück auf einen Berg wälzen, von dessen Gipfel es immer wieder herabrollte.

Denn nach der Alten Spruch und Sage
Wächst Haar und Unglück alle Tage.
Unrechte Macht nimmt gründlich ab,
Das zeigt mit Jezabel Ahab[6],
Und hat ein Herr sonst keinen Feind,
So muß er fürchten sein Gesind
Und die ihm nächste Freunde sind,
Die bringen ihn um seine Macht.
So hat des Herren Reich gebracht
An sich Zambri[7] durch Mord und Schlag
Und ward ein Herr auf sieben Tag'.
Alexander die ganze Welt bezwang:
Er starb durch eines Dieners Trank.
Darius entfloh aus aller Not:
Sein Diener Bessus stach ihn tot.
So endet Macht und stolzer Mut:
Cyrus, der trank sein eigen Blut.
Auf Erden Macht so hoch nie kam,
Die nicht ein End mit Trauern nahm.
So mächtge Freunde hat kein Mann,
Daß *einen* Tag er vorausgewann
Und sicher wär *einen* Augenblick,
Daß er sollt haben Macht und Glück.
Denn was die Welt aufs höchste schätzt,
Das wird verbittert doch zuletzt;
Und wer sich stolz erhob und stand,
Der schau und gleit' nicht auf den Sand,
Daß ihm nicht werde Spott und Schand.
    So ist es närrisch um Macht bestellt[8],
Da man sie selten lange behält!

6. 1. Könige 21. 22. – 7. Simri; vgl. 1. Könige 16, 9 ff. – 8. *Groß narr-heyt ist umb grossen gwalt:* ein Selbstzitat Brants aus Kap. 46.

Und wenn ich durchforsche die Reiche bisher:
Assyrien, Meder und Persier,
Mazedonien und Griechenland,
Karthago und der Römer Stand,
So haben sie alle gehabt ihr Ziel.
Das *Römsche Reich*[9] bleibt, solang Gott will;
Gott hat gesetzt ihm Maß und Zeit,
Der geb, es werde so groß und weit,
Daß ihm sei untertan die Welt,
Wie sichs nach Fug und Recht verhält[10].

9. D. h. das Heilige Römische Reich Deutscher Nation, als Erbe der
früheren Weltreiche. – 10. Im Original: *Das jm all erd sy underthon /
Als es von recht und gsatz solt han.*

57.

Wer unverdienten Lohn will sehn,
Auf einem schwachen Rohr bestehn,
Des Anschlag wird auf Krebsen gehn.

Von Gottes Vorsehung

Man findet manchen Narren auch,
Der aus der Schrift schön färbt den Gauch[1]
Und dünkt sich vornehm und gelehrt,
Wenn er die Bücher *umgekehrt*
Und hat verzehrt den Psalter schier
Bis an den Vers: Beatus vir[2],
Und meint, hab Gott ihm Gut beschert,
So werde ihm das nie versehrt.
Soll er dann fahren zu der Hölle,
So will er sein ein guter Geselle
Und leben recht mit andern wohl,
Ihm werde, was ihm werden soll.
    Narr, laß von solcher Phantasei,
Du steckst sonst bald im Narrenbrei!
Daß Gott ohn Arbeit Lohn verspricht,
Verlaß dich drauf und backe nicht[3]
Und wart, bis dir 'ne Taube gebraten
Vom Himmel könnt in den Mund geraten!
Denn sollt *so* einfach es zugehn,
So würde jeder Knecht besehn
– Er arbeit' oder sei ein Gauch –
Denselben Lohn: das ist nicht Brauch!
Was sollte Gott mit ewigem Dank
Dir lohnen deinen Müßiggang,
Oder einem Knecht, der schlafen wollt,
Mit seinem Reich und großem Sold?

1. D. h. seine Narrheit ausstaffiert, ausschmückt. – 2. „Wohl dem
Manne . . .“; damit *beginnt* der Psalter. – 3. Sprichwörtlich für: die
Hände in den Schoß legen. Die Aufforderung ist natürlich ironisch
gemeint.

Ich sag, daß niemand auf Erden lebe,
Dem Gott ohn Gnade etwas gebe,
Oder bei dem er stehe in Pflicht[4],
Denn er ist uns verschuldet nicht.
Ein freier Herr schenkt, wem er will,
Und gibt uns wenig oder viel,
Wie ihm beliebt; wen geht es an?
Er weiß, warum er es getan.
Ein Töpfer aus dem Erdkloß macht
Geschirr, wie er sich hat erdacht[5],
Formt Kacheln, Häfen, Wasserkrüge,
Damit es jedem Wunsch genüge,
Die Kachel spricht ihm nicht darein:
„Ich sollt ein Krug, ein Hafen sein!“
Gott weiß, dem es allein zukommt,
Wie jedes Ding dem Menschen frommt,
Warum er Jakob hat erwählt
Und Esau ihm nicht gleichgestellt,
Warum er Nebukadnezar,
Der viel gesündigt manches Jahr,
Gestraft und dann zur Reu ließ kommen
Und in sein Reich hat aufgenommen,
Doch Pharao mit Geißeln hart
Bestraft, der doch nur schlechter ward[6].
Eine Arznei macht den einen gesund
Und macht den andern noch mehr wund.
Denn der eine, nachdem er empfand
Die Strafe aus Gottes mächtiger Hand,

---

4. *dem er sy pflychtig üt,* zu etwas verpflichtet sei; mit Anspielung
auf ein dienstpflichtiges Verhältnis. – 5. Vgl. Römerbrief 9, 20 ff. Im
Original heißt es in stärkerer Anlehnung daran: *Eyn erlich gschyrr /
sunst vil veracht.* – 6. In dieser Zusammenstellung dem Decretum
Gratiani des Corp. iur. can. entnommen (II, 23, 4).

Gedachte der Sünden mit Seufzen im stillen;
Der andre folgte dem freien Willen
Und merkte Gottes Gerechtigkeit,
Weil er mißbraucht seine Barmherzigkeit.
Denn Gott hat immer an jeden gedacht,
Er weiß, warum ers also gemacht.
Wenn es als billig ihm gefallen,
Hätte er Rosen gemacht aus allen,
Aber auch Disteln er haben wollte,
Dran man Gerechtigkeit sehen sollte.
Der war ein neidisch-boshafter Knecht,
Der meinte, ihm täte sein Herr nicht recht,
Da er ihm gab den bedungenen Sold
Und einem andern, was er wollt;
Der wenig Arbeit hatte getan,
Den ließ er gleichen Lohn empfahn[7].
Man findet viel gerechte Leut,
Die haben auf Erden schlechte Zeit,
Gott läßt es ihnen also gehn,
Als wäre viel Sünd von ihnen geschehn.
Dagegen findet man Narren oft,
Die haben viel Glück und unverhofft
Und sind in ihren Sünden so frei,
Als ob ihr Werk ganz heilig sei.
    Drum ist verborgen Gottes Gericht,
Seine letzten Gründe weiß man nicht,
Je mehr man die zu erforschen begehrt,
Je weniger man davon erfährt,
Und wer da wähnt, er hab sie enthüllt,
Ist recht mit Finsternis erfüllt.

7. Anspielung auf das Gleichnis von den Arbeitern im Weinberg, vgl.
Matthäus 20, 1-16.

Denn alles wird uns aufgespart
Für künftige, unsichere Hinfahrt.
Drum lasse Gottes Allwissenheit,
Die Ordnung seiner Fürsichtigkeit
Stehn, wie sie steht! Tu recht und wohl!
Gott ist barmherzig, gnadenvoll!
Laß wissen ihn alles, was er weiß:
Tu recht! Den Lohn ich dir verheiß;
Harr aus! So geb ich dir mein Wort,
Du kommst nicht in die Hölle dort[8]!

8. Im Original: *Beharr / so gib ich dir myn sel / Zuo pfand / du kumbst nit jnn die hell.*

58.

Wer löschen will eines andern Feuer
Und brennen läßt die eigne Scheuer,
Der ist gut auf der Narrenleier.

Seiner selbst vergessen

Wer große Müh und Ungemach
Hat, um zu fördern fremde Sach',
Sucht, wie er *andern* Nutzen schaffe,
Der ist mehr als ein andrer – Affe,
Wenn er nicht in der eignen Sache
Schaut, daß er fleißig sei und wache.
Der Narren Büchlein billig liest,
Wer klug ist und sein selbst vergißt.
Wer rechte Liebe will gewinnen,
Der soll bei sich zuerst beginnen,
Wie auch Terentius[1] ermahnt:
„Ich bin mir allernächst verwandt!"
Ein jeder schau auf seine Schanze[2],
Bevor er sorg', wie ein andrer tanze.
Der will verderben, sobald es geht,
Wer andern schneidet und sich nicht sät
Und wer eines andern Kleid gern putzt
Mit Fleiß und *seins* derweil beschmutzt.
Wer löschen will eines andern Haus,
Wenn *ihm* die Flamm schlägt oben aus
Und seines brennt mit aller Macht,
Hat seines Nutzens wenig acht.
Wer vorwärts bringt eines andern Karren
Und hindert *sich*, der wird zum Narren.
Will einer fremde Sachen laden
Und sich versäumen, der hab' Schaden.
Wer darin Überredung leidet,
Was Schaden ihm und Spott bereitet,

1. Andria IV, 1, 12. – 2. Was er im Spiel geworfen hat; hier schon
der heutigen Bedeutung von Chance angenähert.

Der kann die Länge sich nicht wehren:
Der Narr erwischt ihn bei den Geren[3],
Wird Weisheit ihn mit Schaden lehren.
Den kommt der Tod am härtsten an,
Den sonst erkannte jedermann
Und der, an seines Lebens End,
Stirbt, ohne daß er selbst sich kennt[4].

3. Bei den Rockschößen. – 4. Die kaum übertragbaren Verse Brants
lauten im Original: *Dem lydt syn dott am hertsten an | Den sunst
erkennet yederman | Und er styrbt und syn leben endt | Das er sich
selbst nit hatt erkent.*

59.

Wer Dienst begehret alle Tage,
Ob er auch Dank und Lohn versage,
Ist wert, daß ihn die Pritsche schlage.

Von Undankbarkeit

Der ist ein Narr, wer viel begehrt
Und nicht tut, was der Ehre wert,
Und macht *dem* Müh und Arbeit viel,
Dem er doch wenig lohnen will.
Wer von der Sach' will haben Gewinn,
Der setzt auch billig in seinen Sinn,
Daß er die Kosten lege an,
Will anders er mit Ehren stahn.
In gutem Zustand selten bleibt
Ein müdes Pferd, das man noch treibt,
Und störrisch wird ein willig Pferd,
Wenn man das Futter ihm verwehrt.
Wer einem viel zumutet zwar,
Doch lohnt ihm nicht, der ist ein Narr.
Und wer nicht schätzen kann für gut,
Was man um billigen Lohn ihm tut,
Der darf sich dann auch nicht beklagen,
Will man die Arbeit ihm versagen:
Man soll ihn mit der Pritsche schlagen.
Was einer will, daß er genieße,
Der schau, daß er auch wiederschieße[1].
Undankbarkeit nimmt bösen Lohn,
Sie macht den Brunnen Wassers ohn.
Aus alter Zisterne[2] kein Wasser fließt,
Wenn man nicht Wasser drein auch gießt.
Ein Türenangel sehr bald quiert[3],
Wenn man ihn nicht mit Öl auch schmiert.

1. D. h. eine Gegenleistung biete (wie vorschießen, zuschießen). –
2. *Eyn altt Cystern*, lat. *cisterna*, Behältnis für Regenwasser; im Gegensatz zu *brunnen* = Quelle. – 3. *kyerrt*, d. h. knarrt.

Wer kleiner Gaben nicht gedenkt,
Verdient nicht, daß man Großes schenkt;
Und *dem* versagt man alle Gabe,
Der für die kleine weiß kein Lob;
Denn der ist ohn Verstand und grob.
Abstoßend stets der Weise fand,
Wen er als undankbar erkannt[4].

4. Im Original: *All wysen ye gehasset hant / Den / der undanckbar wart erkant.*

60.

Des Narrenbreis ich nie vergaß,
Da mir gefiel das Spiegelglas;
Hans Eselsohr mein Bruder was.

Von Selbstgefälligkeit

Der rühret wohl den Narrenbrei,
Wer wähnet, daß er weise sei,
Und wer sich selbst gefällt gar wohl.
In den Spiegel sieht er stets wie toll[1]
Und kann doch nicht bemerken das:
Daß er 'nen Narren sieht im Glas.
Doch sollt er schwören einen Eid,
Fragt man nach Weisen um Bescheid,
So meint er doch, *er* wärs allein,
– Wo sollte sonst noch einer sein? –
Und schwür auch, daß ohn Fehl er wär,
Sein Tun und Lassen gefällt ihm sehr.
Der Spiegel ständig ihn begleitet,
Wo er auch sitzt, liegt, geht und reitet,
Gleichwie der Kaiser Otto[2] tat,
Der vor dem Kampf zum Spiegel trat
Und schor die Backen täglich zwilch[3]
Und wusch sie dann mit Eselsmilch.
Solch Ding gefällt den Weibern gut[4],
Ohn Spiegel keine etwas tut;
Bis daß der Schleier sitzt im Haar
Und überm Putz vergeht ein Jahr.
Wem so gefällt Gestalt und Werk,
Das ist der Aff von Heidelberg[5].

---

1. *yemertol*, gegen Goedekes Abschwächung (= immerdar) übersetzt
schon Locher sinngemäß: *vesania ductat*. – 2. Gemeint ist der römische
Kaiser Otho († 69 n. Chr.); nach Juvenal II, 99 ff. und Suetons
Otho 12. – 3. Zweimal. – 4. *Das ist eyn wibertäding guot*, d. h. eine
gute Weiberbeschäftigung, ein Treiben, wie es Weibern ansteht. –
5. Auf der alten Neckarbrücke in Heidelberg stand als Wahrzeichen ein
Affe, der mit scherzhaften Versen die Gaffer auf sich selbst verwies.

Pygmalion[6] gefiel sein Bild,
Er ward in Narrheit drob ganz wild;
Und blieb Narziß[7] vom Wasser weit,
Er hätt gelebt noch lange Zeit.
Mancher blickt stets zum Spiegel hin,
Der doch nichts Hübsches sieht darin.
Wer so sehr ist ein närrisch Schaf,
Der will auch nicht, daß man ihn straf',
Närrisch lebt er dahin auf Erden[8],
Will mit Gewalt nicht klüger werden.

6. Pygmalion verliebte sich in die von ihm geschaffene Statue; nach Ovids Metamorphosen X, 243 ff. – 7. Narcissus, ein schöner Hirtenjüngling, verliebte sich in sein eigenes Spiegelbild, das ihm aus dem Quellwasser entgegentrat, und ging an seiner unerfüllbaren Sehnsucht zugrunde; nach Ovids Met. III, 407 ff. – 8. *Jo gatt er jnn sym wesen hyn,* d. h. lebt unverändert dahin.

61.

Das Best' am Tanzen ist, daß man
Nicht immerdar nur geht voran,
Sondern beizeit umkehren kann.

Vom Tanzen

Die hielt ich fast für Narren ganz,
Die Lust und Freude haben am Tanz
Und springen herum grad wie die Tollen,
Im Staub sich müde Füße zu holen.
Aber wenn ich bedenke dabei,
Wie Tanz mit Sünde entsprungen sei[1],
So kann ich merken und betrachte,
Daß ihn der Teufel wohl aufbrachte,
Als er das Goldne Kalb erdachte,
Und schuf, daß man Gott ganz verachte.
Noch viel damit zuweg er bringt;
Aus Tanzen Unheil oft entspringt:
Da ist Hoffart und Üppigkeit
Und Vorlauf[2] der Unlauterkeit,
Da schleift man Venus bei den Händen,
Da tut all Ehrbarkeit sich enden.
Drum weiß ich auf dem Erdenreich
Keinen Scherz, der so dem Ernst sei gleich,
Als daß man Tanzen hat erdacht,
Auf Kirchweih und Primiz[3] gebracht:
Da tanzen Pfaffen, Mönch' und Laien,
Die Kutte muß sich hinten reihen;
Da läuft man, wirft umher wohl eine,
Daß man hoch sieht die bloßen Beine;
Ich will der andern Schande schweigen.

1. Daß der Tanz teuflischen Ursprungs sei, weil er mit dem Tanz um
das Goldene Kalb seinen Anfang nahm, war schon im Mittelalter eine
verbreitete Auffassung; vgl. 2. Mose 32. – 2. *für louff*, was zuerst aus
dem Faß läuft, hier mit Anspielung aufs Vortanzen. – 3. Die erste
Messe eines Geistlichen, lat. *prima missa*, wird noch heute besonders
gefeiert.

Der Tanz schmeckt süßer da als Feigen.
Wenn Kunz mit Greten tanzen kann,
Ficht Hunger ihn nicht lange an,
Bald sind sie einig um den Preis[4],
Wie man den Bock geb um die Geiß.
Soll das nun Kurzweil sein genannt,
So hab ich Narrheit viel erkannt.
Viel warten lange auf den Tanz,
Die doch der Tanz nie sättigt ganz.

---

4. *Inn hungert nit eyn gantzen dag / So werden sie des kouffes eyns,*
d. h., es dauert keinen Tag, dann werden sie schon handelseins.

62.

Wer Lust verspürt, daß er hofiere[1]
Nachts auf der Gasse vor der Türe,
Den treibts, daß wachend er erfriere.

Von nächtlichem Hofieren

Jetzt wär schier aus der Narrentanz,
Aber das Spiel doch noch nicht ganz,
Wenn nicht hier wären auch die Löffel[2],
Die Gassentreter und die Göffel[3],
Die in der Nacht nicht ruhen können,
Wenn sie nicht auf die Gasse rennen
Und schlagen Laute vor der Tür,
Ob nicht das Mädchen schau herfür.
Nichts andres von der Straß sie bringt,
Bis man mit Kammerlaug' sie zwingt
Oder bewirft mit einem Stein.
Es ist die Freud in Wahrheit klein:
In Winternächten zu erfrieren,
Wenn sie der Gäuchin so hofieren
Mit Saitenspiel, mit Pfeifen, Singen,
Am Holzmarkt über die Blöcke springen.
Das tun Studenten, Pfaffen, Laien,
Die pfeifen zu dem Narrenreihen,
Und jeder schreit, jauchzt, brüllt und plärrt,
Als würd zur Schlachtbank er gezerrt.
Ein Narr es da dem andern kündet,
Wo man ihn hinbeschieden findet,
Dort muß man ihm ein Hofrecht machen[4].
So heimlich hält er seine Sachen,
Daß jedermann davon muß sagen,
Die Fischer es auf Kübeln schlagen.
Gar mancher läßt die Frau im Bette,

1. Den Hof machen, Ständchen bringen. – 2. Liebhaber, Laffen. –
3. Gaffer (die nur Augen für die Weiber haben). – 4. D. h., dort müssen die Musikanten und Sänger auf seinen Befehl ein Ständchen bringen.

Die lieber Kurzweil mit ihm hätte,
Und tanzt dafür am Narrenseil.
Wenn *das* gut endet, braucht es Heil[5]!
Ich schweige derer, die es freut,
Daß sie stolziern im Narrenkleid;
Doch wenn man Narren jene hieße,
Gar mancher sich am Namen stieße.

5. *darff es heyl*, d. h. wäre ein besonders glücklicher Zufall nötig.

63.

Voll Furcht, mir gingen Narren ab,
Hab ich durchsucht den Bettelstab[1],
Wenig Weisheit ich gefunden hab.

Von Bettlern

Der Bettel hat auch Narren viel,
Man schafft sich Geld durch Bettelspiel
Und will mit Betteln sich ernähren.
Mönchsorden, Pfaffen sich beschweren,
Daß sie, die Reichsten, wären arm.
Ach, Bettel, daß sich Gott erbarm!
Bist für die Armut auserdacht
Und hast viel Geld zusammenbracht.
Doch schreit der Prior: „Mehr ins Haus!"
Dem Sack, dem ist der Boden aus.
Desgleichen tun die Heiltumführer[2],
Die Stirnenstoßer[3], Stationierer[4],
Die keiner Kirmes vorübergehn,
Wo sie nicht öffentlich ausstehn
Und schrein, sie führten in dem Sack
Das Heu, das tief vergraben lag
Unter der Krippe zu Bettelheim[5],
Oder von Bileams Esel ein Bein,
Eine Feder aus Sankt Michels Flügel
Und von Sankt Jörgens Roß den Zügel
Oder die Bundschuh von Sankt Claren.
Mancher treibt Bettel in solchen Jahren,
Wo jung er ist, stark und gesund
Und werken könnte jede Stund,
Nur daß er sich nicht gern mag bücken,

1. Diejenigen, die den Bettelstab tragen. Brant greift in diesem Kapitel ein besonders verbreitetes Unwesen der Zeit an, das in zahlreichen Schriften des 15. und 16. Jh. angeprangert wird. – 2. Reliquienträger. – 3. Wohl Pilger, die sich beim Beten vor die Stirne stoßen, um besonders fromm zu scheinen. – 4. Von Ort zu Ort ziehende Verkäufer von Heiligenbildern und Reliquien. – 5. Für Bethlehem.

Ihm steckt ein Schelmenbein im Rücken.
Seine Kinder müssens jung verstehn,
Ohn Unterlaß zum Bettel gehn
Und lernen wohl den Bettelschrei,
Sonst bräch er ihnen den Arm entzwei
Oder ätzte ihnen Wunden und Beulen,
Damit sie könnten schrein und heulen.
Ihrer sitzen vierundzwanzig noch
Zu Straßburg in dem Dummenloch[6],
Und weitere im Waisenkasten[7].
Aber Bettler pflegen selten zu fasten:
Zu Basel auf dem Kohlenberg[8]
Da treiben sie ihr Bubenwerk.
Ihr Rotwelsch[9] sie im Terich[10] haben,
Ernährn bequem sich von den Gaben;
Jeder Stabil[11] ein Hornlüten[12] hat,
Die foppt, färbt, ditzet[13] durch die Stadt,
Wie sie dem Predger[14] Geld gewinne,
Der lugt, wo sei der Joham grimme[15],
Und läuft durch alle Schöchelboß[16],
Wo Rübling junen[17] ist recht los;
Hat er besevelt[18] hier und dort,
So schwänzt[19] er sich dann wieder fort,
Veralchend[20] über den Breithart[21]
Stiehlt er die Breitfüß[22] und Flughart[23],

6. Eine enge Straße, in der die Pockenkranken lagen. – 7. In den
Findelhäusern. – 8. Ein verrufener Stadtteil, der als Freistätte der
Bettler diente. – 9. Gaunersprache, aus der die folgenden Ausdrücke
stammen. – 10. Im Lande. – 11. Brotsammler. – 12. Zuhälterin. –
13. Lügen, betrügen, sich krank stellen. – 14. Bettler, Pracher. –
15. Wo der Wein gut sei. – 16. Wirtshäuser. – 17. Würfel spielen. –
18. Betrogen, beschissen. – 19. Macht sich davon. – 20. Wandernd, sich
fortpackend. – 21. Ins Weite, über die Heide. – 22. Gänse, Enten. –
23. Hühner.

Damit er sie flößle²⁴ und Lüßling²⁵ abschneide;
Grantner, Klantvetzer²⁶ geben ihm Geleite.
    Gar wunderlich gehts jetzt in der Welt:
Wie trachtet man doch so nach Geld!
Herolde, Sprecher, Parzivante²⁷,
Tadelten einstmals öffentlich Schande
Und hatten dadurch Ehre viel;
Jetzt jeder *Narr* laut sprechen will
Und tragen Stäblein rauh und glatt²⁸,
Damit er werde vom Bettel satt.
Einem wärs leid, wenn heil das Gewand –
Bettler bescheißen jetzt alle Land –,
Aber sein Kelch muß silbern sein,
Gehn täglich sieben Maß hinein;
Der geht auf Krücken im Tageslicht,
Wenn er allein ist, braucht er sie nicht;
Dieser kann fallen²⁹ vor den Leuten,
Daß jedermann möcht auf ihn deuten;
Der borget andern die Kinder ab,
Daß er einen großen Haufen hab,
Belädt einen Esel mit Körben schwer,
Als wenn er Sankt Jakobs³⁰ Pilger wär.
Der geht hinkend, *der* muß sich bücken,
Der bindet sich ein Bein auf Krücken
Oder ein Totenbein unters Wams.
Wenn man recht schaute nach den Wunden,
Säh man, wie das wär angebunden.

24. Ertränke, töte. – 25. Ohr, Kragen, Hals. – 26. Bettler, die Krank-
heiten vortäuschen, und Kirchweihstrolche. – 27. Persevanten (franz.
poursuivant), d. h. Herolde unteren Grades ohne Wappenrock. – 28.
Wie sie die Herolde als Zeichen ihres Amtes tragen. – 29. D. h. versteht es, sich epileptisch zu stellen. – 30. St. Jakobus von Compostella
in Spanien, als fernster Wallfahrtsort genannt.

Noch bin ich nicht am Bettelziel[31],
Denn es sind leider Bettler viel
Und werden stets noch mehr und mehr,
Denn Betteln – das schmerzt niemand sehr,
Nur den, der es aus Not muß treiben;
Sonst ists gar gut ein Bettler bleiben:
Vom Bettelwerk verdirbt man nit,
Viel schaffen Weißbrot sich damit
Und trinken nicht den schlichten Wein:
Es muß Reinfall[32], Elsässer sein.
Gar mancher verläßt auf Betteln sich,
Der spielt, hurt, hält sich üppiglich;
Denn hat er verschlemmt sein Gut und Hab,
Schlägt man ihm Betteln doch nicht ab:
Ihm ist erlaubt der Bettelstab[33].

    Mit Betteln nähren viele sich,
Die reicher sind als du und ich!

---

31. *Zuom bättel loß ich mir der wile*, d. h., hierbei will ich etwas ausführlicher verweilen, ich lasse mir Zeit. – 32. Schwerer süßer Wein
von Rivoglio in Istrien; auch der Elsässer stand in besonders gutem
Rufe. – 33. Die Bettler trugen weiße Stäbe.

64.

Mancher, der ritte gern spat und fruh,
Käm er vor Frauen nur dazu:
Die lassen dem Esel selten Ruh.

Von bösen Weibern

In meiner Vorred hab ich schon
Erklärt, getan Protestation[1],
Ich wollte der *guten* Frauen nicht
Mit Arg gedenken in meinem Gedicht;
Aber man würde bald über mich klagen,
Wollte ich nichts von den *bösen* sagen.

Eine Frau, die gern von Weisheit hört,
Die wird nicht leicht zur Schande betört;
Eine gute sänftigt des Mannes Zorn.
Ahasverus[2] hatt' einen Eid geschworn,
Doch Esther machte ihn weich und lind;
Abigail beschwichtigte David geschwind.

Eine böse Frau gibt bösen Rat,
Wie Ochosias Mutter[3] tat;
Herodias[4] ihre Tochter hieß,
Daß man den Täufer köpfen ließ;
Durch Frauen Rat ward so verkehrt
Salomo, daß er Abgötter ehrt'[5].

Eine Frau wird bald zu einer Hätze[6],
Wenn ihr sonst wohl ist mit Geschwätze,
Sie schnattert „lip lep" Tag und Nacht.
Pieris[7] hat viel Junge gebracht,
Deren Zunge ist so wohl vergiftet,
Daß sie wie Kohle Feuer stiftet;
Die klagt, *die* klatscht, die dritte lügt

---

1. D. h. Verwahrung eingelegt, beteuert; vgl. *Vorrede* V. 123 ff. –
2. Vgl. Esther 8, 3 ff. – 3. Gemeint ist Athalja; vgl. 2. Könige 11, 1 ff.
– 4. Vgl. Matthäus 14, 6 ff. – 5. Vgl. 1. Könige 11, 1 ff. – 6. Elster. –
7. Die Pieriden ließen sich mit den Musen in einen Wettkampf ein
und wurden nach ihrer Niederlage, als sie sich in Schimpfreden er-
gingen, in Elstern verwandelt; nach Ovids Metamorphosen V, 295 ff.

Und hechelt durch, was kriecht und fliegt,
Die vierte zankt auf der Lagerstatt,
Der Ehmann selten Frieden hat,
Muß hören oft noch Predigt an,
Wenn ein Barfüßer[8] liegen und schlafen kann.
Es zieht die Strebkatz[9] mancher Mann,
Der doch das Mehrteil nie gewann.
Manche Frau ist fromm und verständig genug
Und ist dem Mann allein zu klug,
Weil sie's von ihm nicht leiden mag,
Daß er sie lehr, ihr etwas sag.
Es kommt ein Mann gar manche Stund
Ins Unglück durch der Gattin Mund,
Amphion[10] dies zu Theben geschah,
Als er die Kinder all sterben sah.
Wenn Frauen sollten reden viel,
Dann käm Calpurnia[11] bald ins Spiel.
Eine böse Frau zur Bosheit neigt,
Die Herrin Josephs[12] uns dies zeigt.
Keinen größern Zorn man jemals spürt,
Als wenn ein Weibsbild zornig wird,
Die wütet, wie die Löwin schnaubt,
Der man die Jungen hat geraubt,
Wie eine Bärin, die da säugt:

---

8. Die Mönche müssen nachts zur Hora in die Kirche. – 9. Ein Kinder-
spiel, bei dem die Köpfe zweier Kinder mit einem Tuch zusammengebunden werden und eines das andere mit dem Nacken vom Platze
wegzuziehen sucht; sprichwörtlich für zanken, raufen. – 10. Durch
Niobe, nach Ovids Met. VI, 146 ff. – 11. Im alten deutschen Recht
eine berufene Frau, deren ungebührliches Betragen vor Gericht die
Bestimmung veranlaßte, daß Frauen nicht ohne einen Fürsprecher vor
Gericht auftreten durften. – 12. Frau des Potiphar, vgl. 1. Mose
39, 7 ff.

Medea dies und Prokne[13] zeigt.
Wenn man die Weisheit ganz ergründet,
Kein bittrer Erdenkraut man findet,
Als Frauen, deren Herz ein Garn
Und Strick, darein viel Toren fahrn[14].

Durch drei Dinge wird die Erde erregt,
Das vierte sie nicht mehr erträgt:
Ein Knecht, der Herr geworden ist,
Ein Narr, der sich gern überfrißt,
Ein neidisch, bös und giftig Weib,
Wer die vermählet seinem Leib;
Das viert' all Freundschaft ganz verderbt:
Eine Dienstmagd, die ihre Frau beerbt[15].

Drei Dinge man nicht sättigen kann,
Das vierte schreit: „Trag mehr heran!"
Eine Frau, die Hölle, das Erdenreich,
Die schlucken des Wassers Güsse sogleich,
Nie sagt das Feuer: „Nun höre auf!
Ich habe genug; trag nimmer zu Hauf[16]!"

Drei Dinge ich nicht erkennen kann,
Ins vierte Einsicht ich nie gewann:
Wie in der Luft ein Adler fliegt,
Auf glattem Fels die Schlange kriecht,
Ein Schiff einherfährt auf dem Meere,
Und wie ein Mann folgt kindischer Lehre.
Der Weg einer Frau dem ähnlich ist,
Die sich zum Ehbruch hat gerüst't,
Die schleckt und wischt den Mund sich noch
Und spricht: „Nichts Böses tat ich doch[17]!"

13. Gattin des Tereus, die ihre vergewaltigte Schwester Philomela
rächte, indem sie Tereus den eigenen Sohn zur Speise vorsetzte; Ovids
Met. VI, 587 ff. – 14. Prediger Salomo 7, 26. 27. – 15. Sprüche Sal. 30,
21–23. – 16. Sprüche Sal. 30, 15. 16. – 17. Sprüche Sal. 30, 18–20.

Ein rinnend Dach zu Winters Frist
Gleicht einer Frau, die zänkisch ist[18];
Es hat an Höll' und Teufel genug,
Wer mit einer solchen zieht am Pflug.
Vasthi[19] der Nachkommen viel gewann,
Die wenig achten ihren Mann.
Von *solchem* Weib sei nichts gesagt,
Das anzurichten ein Süpplein wagt,
Wie Agrippina und Pontia[20],
Die Beliden[21] und Klytämnestra,
Die ihren Mann erstach im Bett,
Wie mit Pheräus[22] die Hausfrau tät.
Gar selten ist eine Lukrezia
Oder des Cato Porzia;
Leichtfertige Frauen findet man viel,
Denn Thais[23] treibt gar oft ihr Spiel.

18. Sprüche Sal. 19, 13 (nach der Vulgata). – 19. Vgl. Esther 1, 12 ff.
– 20. Berühmte Giftmischerinnen des römischen Altertums, die ihre
Männer ermordeten; nach Juvenal VI, 620 u. 638. – 21. Die 50 Töchter des Danaos, daher auch Danaiden genannt, töteten bis auf eine
ihre Verlobten und mußten dafür in der Unterwelt endlos Wasser in
ein durchlöchertes Faß füllen; hier wieder nach Juvenal VI, 655 ff. –
22. Alexander Pheraeus; nach Ovids Elegie *Ibis*, V. 321 f. – 23. Name
verschiedener Buhlerinnen; hier nach Ovids *Remedia amoris*, V. 383 ff.

65.

Viel Aberglauben man jetzt braut;
Aus Sternen man die Zukunft schaut;
Ein jeder Narr fest darauf baut.

Von Beobachtung des Gestirns

Der ist ein Narr, der mehr verheißt,
Als er in seinen Kräften weiß
Oder er je vollbringen kann.
Verheißen steht den Ärzten an,
Doch ein Narr verspricht an einem Tag
Mehr, als die Welt je leisten mag.

  Das Künftge füllt jetzt jedes Hirn,
Was Firmament sowie Gestirn
Und der Planeten Lauf uns sage
Oder Gott in seinem Rat anschlage.
Man meinet, daß man wissen solle,
Was Gott all mit uns wirken wolle,
Als ob Gestirn Notwendiges bringe
Und *ihm* nachgingen alle Dinge
Und Gott nicht Herr und Meister wär,
Der eines leicht macht, andres schwer,
Und schafft, daß manch Saturnuskind[1]
Doch fromm-gerecht sein Heil gewinnt,
Dagegen Sonn' und Jupiter[2]
Oft böse Kinder haben mehr.

  Einem Christenmenschen nicht zusteht,
Daß er mit Heidenkunst umgeht
Und merkt auf der Planeten Lauf,
Ob dieser Tag sei gut zum Kauf,
Zum Bauen, Kriegen, Eheschließen,
Zur Freundschaft und was ähnlich diesen.
All unser Wort, Werk, Tun und Lassen
Soll sein aus Gott und Gott umfassen.

---

1. Das Gestirn des Saturnus galt als unheilvoll. – 2. Jupiter und die
Sonne sollten den in ihren Zeichen geborenen Kindern Glück bringen.

Darum auch *der* Gott nicht vertraut,
Wer so auf die Gestirne baut,
Daß Stunden, Monde, Tag und Jahre
So glücklich seien, daß man wahre
Sich vor und nach und läßt das sein,
Was nicht zu *dieser* Zeit kann sein,
Daß es nur nicht geschehen mag
An einem unglücksvollen Tag[3].
Denn wer nicht etwas Neues bringt
Und um das Neujahr geht und singt
Und Tannengrün steckt an sein Haus,
Der meint, er leb' das Jahr nicht aus;
Das hielt Ägypten[4] schon für wahr!
Desgleichen, wem zum neuen Jahr
Von anderen nichts wird geschenkt,
Der meint, daß schlecht das Jahr anfängt.
So gibts Unglauben allerlei
Mit Wahrsagung und Vogelschrei,
Mit Formeln, Segen, Träumenbuche,
Und daß man bei dem Mondschein suche[5]
Oder der schwarzen Kunst nachjage;
Nichts gibt es, dem man nicht nachfrage.
Ein jeder schwört, es fehl ihm nit,
Doch fehlts um einen Bauernschritt[6].
    Nicht daß der Sterne Lauf allein
Sie deuten – jedes Ding so klein,
Das Allerkleinste im Fliegenhirn
Will man jetzt lesen aus dem Gestirn,

3. *verworffen tag*, lat. *dies nefastus*, der unter einer unheilvollen
Konstellation steht. – 4. Die Ägypter galten als besonders abergläu-
bisch. – 5. *Mitt caracter / sägen / treümerbuoch / Und das man by
dem mondschyn suoch*, vgl. Anm. 5 zu Kap. 38. – 6. Sprichwörtlich
für eine tüchtige Länge.

Und was man reden, raten werde,
Wie einer Glück hab – die Gebärde
Und Absicht, Unfall, Kränklichkeit
Wird frevelnd aus Gestirn prophezeit.
In Narrheit ist die Welt ertaubt[7]
Und jedem Narren man jetzt glaubt.
Viel Praktik[8] und Weissagekunst
Verbreitet jetzt der Drucker Gunst;
Die drucken alles, was man bringt
Und was man schändlich sagt und singt.
Da schaut nun niemand strafend drein,
Die Welt, die will betrogen sein!

　　Wenn man *die* Kunst jetzt trieb und lehrte
Und nicht so sehr zur Bosheit kehrte
Und was sonst Schaden bringt der Seel,
Die Moses trieb und Daniel,
So wärs nicht eine böse Kunst,
Sie wäre Ruhmes wert und Gunst.
Jetzt weissagt man, das Vieh werd sterben,
Oder wie Korn und Wein verderben,
Wann es geb Regen oder Schnee,
Wann schön es sei, der Wind wohl weh'.
Die Bauern fragen nach solcher Schrift,
Dieweil es ihren Gewinn betrifft,
Daß sie Korn hinter sich und Wein
Behalten, bis die teurer sei'n.

　　Als Abraham las in *solchem* Buche,
In Chaldäa auf der Sternensuche[9],
Entbehrte Licht und Trost er sehr,
Die sandt in Kanaan ihm der Herr.

---

7. D. h. unsinnig, toll geworden. – 8. So nannte man die Kalender-
regeln und Wetterprophezeiungen. – 9. Vgl. 1. Mose 15.

Mit ernstem Sinn verträgt sichs nicht,
Wenn man von solchen Dingen spricht,
Als wollte man Gott damit zwingen,
Sie *so*, nicht anders zu vollbringen.
Erloschen ist Gottes Lieb und Gunst,
Drum sucht man jetzt des Teufels Kunst.
Als König Saul verlassen war
Von Gott, rief er des Teufels Schar[10].

10. *rüfft er den tüfel an,* vgl. 1. Samuel 28, 5 ff.

66.

Wer ausmißt Himmel, Erd und Meere
Und darin sucht Lust, Freud und Lehre,
Der schau, daß er dem Narren wehre.

Alle Länder erforschen wollen

Ich halt auch den nicht für ganz weis,
Der allen Sinn braucht, allen Fleiß,
Wie er erkunde Städt und Land,
Und nimmt den Zirkel in die Hand,
Daß er dadurch berichtet werde,
Wie breit, wie lang, wie weit die Erde,
Wie tief und fern sich zieh das Meer,
Was festhalte die letzte Sphär[1];
Wie sich das Meer am Ende der Welt
Hält, daß es nicht zu Tal abfällt;
Ob um die Welt man fahren kann;
Welch Volk man treffe gradweis[2] an;
Obs unter unsern Füßen gebe
Auch Leute, ob dort nichts mehr lebe,
Und wie man sich dort aufrecht hält,
Daß man nicht in die Lüfte fällt;
Wie man mit einem Stab schlägt an[3],
Daß man die Welt durchmessen kann.

Archimenides[4], der wußte viel,
Der macht' im Sande Kreis und Ziel,
Daß ihm durch Rechnen würd viel kund,
Und wollte nicht auftun seinen Mund;
Er fürchtete, es könnt sein Hauch
Verwehen seine Kreise auch,

---

1. *den letsten spör*, d. h. den äußersten Erdkreis (mhd. *spoere*, lat. *sphaera*; in Lochers lat. Übersetzung mit *circinus* = Zirkel, Kreis wiedergegeben). – 2. *under yeder schnuor*, d. h. unter den einzelnen Graden. – 3. Berechnet. – 4. Archimedes, einer der bedeutendsten griechischen Mathematiker und Physiker, der bei der Eroberung von Syrakus 212 v. Chr., in mathematische Probleme vertieft, von einem römischen Soldaten erschlagen wurde.

Und eh er reden wollte ein Wort,
Ertrug er lieber selbst den Mord.
In Meßkunst war er sehr behende,
Konnt doch ausecken nicht sein Ende.

Dikäarchus[5] befliß sich dessen,
Die Höhe der Berge auszumessen,
Und fand, daß Pelion höher was
Denn alle Berge, die er maß;
Doch maß er nicht mit seiner Hand
Die Alpen hoch im Schweizerland
Und maß auch nicht, wie tief das Loch,
Da er hin mußt und sitzet noch.

Ptolemäus[6] wußte auf den Grad,
Welch Länge und Breite das Erdreich hat;
Die Länge zieht er vom Orient
Und endet sie im Okzident,
Daß hundertachtzig Grad er macht,
Sechzig und drei gen Mitternacht
Die Breite vom Äquinoktial[7];
Nach Mittag hin ist sie mehr schmal:
Er findet fünfundzwanzig Grad
Des Lands, so man erkundet hat.
Das rechnet Plinius[8] schrittweis aus,
Und Strabo[9] machte Meilen draus.
Doch hat man noch gefunden viele

---

5. Griechischer Philosoph und Geograph, Schüler des Aristoteles (um 320 v. Chr.). – 6. Claudius Ptolemäus (um 85–160 n. Chr.), der berühmteste Geograph, Astronom und Mathematiker des Altertums, dessen geozentrisches Weltsystem bis ins 16. Jh. hinein beherrschend blieb. – 7. Die ältere Bezeichnung des Äquators. – 8. Plinius d. Ä. (23–79 n. Chr.), römischer Gelehrter und Naturforscher, der eine umfangreiche naturwissenschaftliche Enzyklopädie in 37 Büchern schrieb, die *Historia naturalis*. – 9. Ein weitgereister griechischer Geograph († 20 n. Chr.).

Der Länder hinter Norwegen und Thyle[10]:
Wie Island und Pylappenland[11],
Die vordem man noch nicht gekannt.
Man hat seitdem von Portugal
Und von Hispanien überall
Goldinseln gefunden und nackte Leut,
Von denen gewußt man keinen Deut.

Marinus[12] hat nach dem Meer die Welt
Berechnet und darin arg gefehlt;
Plinius, der weise Meister, spricht[13],
Es zeuge von Verständnis nicht,
Wolle man die Größe der Welt verstehn
Und drüber hinaus vorzeitig gehn
Und rechnen weit bis hinters Meer.
Denn Menschengeist irrt darin sehr,
Daß er solches berechnet alle Zeit
Und weiß mit eignem Maß nicht Bescheid[14]
Und meint, *die* Dinge zu verstehn,
Welche die Welt nie in sich gesehn.

Herkules soll haben ins Meer
Gesetzt zwei eherne Säulen schwer,
Die eine, wo Afrika begann,
Die andre fängt Europa an;
Er hatte wohl acht auf das Ende der Erd
Und wußt nicht, was ihm für ein Ende beschert,
Denn der all Wunderwerk veracht't,
Der ward durch Frauenlist umgebracht[15].

10. Thule, im Altertum eine sagenhafte Insel im äußersten Norden. –
11. Lappland. – 12. Marinos von Tyros (um 100 v. Chr.), ein griechischer Geograph, der von Ptolemäus berichtigt wurde. – 13. Vgl.
Historia naturalis II, 1. – 14. Im Original: *Und kan sich selb uß rächen nitt.* – 15. Durch das Nessushemd, das ihm Dejanira schickte, um
seine Liebe wiederzugewinnen; Ovids Met. IX, 152 ff.

Bacchus zog um mit großem Heer
Durch die Lande der Welt und durch das Meer;
Es war sein Vorsatz ganz allein,
Daß jeder lernte trinken Wein,
Und wo's nicht Wein gab oder Reben,
Lehrt' er bei Bier und Met zu leben.
Silenus[16] blieb auch nicht zu Haus,
Fuhr mit im Narrenschiffe aus
Und sonst Gesindel und Metzen viel
Mit großer Freude und Saitenspiel.
Er mußte ein Trunkenbold wohl sein,
Daß ihm so wohl war bei dem Wein.
Er brauchte sich nicht abzumühn,
Man lernt' das Trinken auch ohne ihn.
Man treibt mit Prassen noch viel Schande;
Jetzt fährt er erst recht um im Lande
Und macht gar manchen im Praß verrucht,
Des Vater nie den Wein versucht.
Aber was ist dem Bacchus geschehn?
Er mußte zuletzt von den Seinen gehn
Und fahren hin, wo er jetzt trinkt,
Was ihm mehr Durst als Freude bringt;
Wiewohl die Heiden ihn dennoch
Verehrten als Gott und hielten hoch,
Von denen gekommen ist hernach,
Daß man feiert im Land den Bacchustag[17],

16. Nach der antiken Sage der Erzieher des Bacchus, ein fast immer
vom Wein berauschter und auf einem Esel reitender Satyr. – 17. *Von
denen kumen ist sytthar / Das man jm landt umb bächten far:* gemeint ist der Tag der Frau Berchta, an dem man umherzog und Geld
zu einem Festgelage sammelte; die Kirche gestaltete das Fest später
zu dem der Heiligen Drei Könige um. Brant leitet das Wort (bechten
= fechten als Ausdruck der Handwerkergesellen) in scherzhafter Ety-
mologie von Bacchus ab.

Und hat nach dem Tode *dem* Ehre erdacht,
Der uns viel Übles nur gebracht.
Die schlechten Gewohnheiten währen lang,
Was Unrecht ist, nimmt Überhang,
Denn stets der Teufel dazu treibt,
Daß man in seinem Dienste bleibt. –
    Doch will ich jetzt auch wieder kommen
Auf das, was ich mir vorgenommen;
Welche Not wohnt einem Menschen bei,
Daß er Größres suche, als er sei?
Er weiß nicht, was ihm Guts entspringe,
Wenn er erfährt so hohe Dinge
Und seines Todes Zeit nicht kennt,
Die wie ein Schatten von hinnen rennt[18].
Ist auch die Kunst[19] gewiß und wahr,
So ist das doch ein großer Narr,
Der es im Sinn wägt so geringe,
Daß er will wissen fremde Dinge
Und die erkennen eigentlich[20]
Und kann doch nicht erkennen sich,
Denkt auch nicht, wie er sich belehre.
Er sucht nur Erdenruhm und Ehre
Und denkt nicht an das ewige Reich,
Wie weit das ist und wundergleich,
Drin Wohnungen so viele sind.
Das Irdische macht Narren blind,
Die suchen Freud und Lust darin,
Zum Schaden mehr als zum Gewinn.
Viel haben erkundet fremdes Land,
Von denen keiner sich selbst erkannt.

18. Vgl. Psalm 144, 4. – 19. Die Wissenschaft, von der dieses Kapitel handelt. – 20. D. h. nach ihren Eigenschaften.

Wer klug wird, wie Ulysses ward,
Der lange fuhr auf seiner Fahrt
Und sah viel Land, Leut, Städt und Meere
Und mehrte in sich gute Lehre;
Oder wie tat Pythagoras[21],
Der aus Memphis geboren was,
Oder wie Plato durch Ägypten kam,
Den Lauf dann nach Italien nahm,
Damit er täglich sich belehrte
Und seine Kunst und Weisheit mehrte;
Wie Apollonius[22] durchfuhr die Land',
Wo ihm Gelehrte waren bekannt
Und suchte sie auf und stellt' ihnen nach,
Daß er würd weiser jeden Tag,
Und überall fand, was ihn belehrte,
Von dem er vorher niemals hörte –
Wer jetzt *solch* Reisen und Fahrten tät,
Daß er zunehme an Weisheit stet,
Dem wäre das besser zu übersehn[23],
Und doch wär nicht genug geschehn,
Denn wer den Sinn aufs Reisen richt't,
Der kann Gott gänzlich dienen nicht[24]!

21. Griechischer Philosoph und Mathematiker (um 580-496 v. Chr.),
der aus Samos stammte; die Angabe des Geburtsortes beruht wohl auf
einer Verwechslung mit den von Porphyrius und Jamblichus überlie-
ferten Studien, die Pythagoras für einige Jahre in Memphis betrieben
haben soll (*De Vita Pythagorae* 7). – 22. Apollonius von Tyana, griechischer Philosoph und Wanderprediger zur Zeit Kaiser Neros; er
wurde von der Nachwelt als Prophet und Wundertäter angesehen und
in einem umfangreichen Werk Philostrats verherrlicht. – 23. Nämlich
die fehlende Selbsterkenntnis und Hinwendung auf das Reich Gottes
(die Verse beziehen sich noch auf den *kursiv* gedruckten Text zurück).
– 24. Diese für Brant charakteristischen Verse, die man mit Kap. 34
vergleichen möge, lauten im Original: *Dann wem syn synn zuo wandeln stot / Der mag nit gentzlich dienen got.*

67.

Die Haut mitsamt dem Haar verlor
Besiegt Marsyas[1] einst, der Tor,
Und blies die Sackpfeif' nach wie vor.

Kein Narr sein wollen

Die Eigenschaft hat jeder Narr,
Daß er es nicht kann nehmen wahr,
Wie man sein spottet; drum verlor
Marsyas Haut und Haar, der Tor.
Denn Narrheit ist oft also blind,
Daß Narren stets der Meinung sind,
Sie seien weise, wenn man lache
Und Possenspiel mit ihnen mache;
Stellt er sich ernstlich zu der Sache,
Man ihn *so* lang für weise hält,
Bis ihm die Pfeif aus dem Ärmel fällt.

Viel Freunde hat, wer reich an Gut,
Dem hilft man, daß er Sünde tut,
Und jeder lugt, wie er ihn schinde;
Dies währt so lang, bis er wird arm,
Dann spricht er: „Ach, daß Gott erbarm!
Wie hatt' ich vordem Nachlauf viel,
Und jetzt – kein Freund mich trösten will!
Hätt ich beizeiten das betrachtet,
Ich wär noch reich und nicht verachtet!"
Die größte Torheit ist fürwahr,
Wenn man verschlemmt in einem Jahr,
Womit man seine Zeit soll leben;
Wenn man durch Üppigkeit im Geben
Bald Feierabend hofft zu sehn,
Um dann – dem Bettel nachzugehn.
Wenn ihm dann stößt in seine Händ'

---

1. Der Satyr Marsyas forderte einst Apollo zum Wettkampf im
Flötenspiel heraus und wurde besiegt an einem Baum aufgehängt und
enthäutet; vgl. Ovids Metamorphosen VI, 382 ff.

Verachtung, Armut, Spott, Elend,
Und er zerrissen läuft und bloß,
So kommt ihm wohl der Reue Stoß;
Wohl dem, der Freunde sich erwirbt
Mit Gütern, die er, wenn er stirbt,
Muß lassen; jene stehn ihm bei,
Wie er auch sonst verlassen sei.

Dagegen ist manch Narr auf Erden,
Der annimmt närrische Gebärden[2],
Und zöge man ihm ab das Fell,
Blieb' doch der frühere Gesell[3],
Der etwa nur die Ohren schüttelt,
Will närrisch sein mit allem Fleiß,
Und doch lobt niemand seine Weis!
Wiewohl er gleich dem Narren tut,
Scheint doch sein Scherz niemandem gut.
Drum sprechen etliche Gesellen:
„Der Narr will sich gern närrisch stellen
Und kann nicht Weise noch Gebärd'!
Er ist ein Narr und gar nichts wert!"

Das ist ein seltsam Ding auf Erden:
Mancher will sein ein kluger Mann,
Der sich doch nimmt der Torheit an
Und meint, daß man ihn rühmen soll,
Sagt man: „Der kann die Narrheit wohl!"
Dagegen sind viel Narren auch,
Die ausgebrütet hat ein Gauch;
Die wähnen, daß sie klug gesprochen,
Es sei gehauen oder gestochen;

2. D. h. Betragen, Gebaren. – 3. Im Original: *Und wann man jnn joch
schünd und süt* (schindete und siedete) / *So kund er doch gantz nütz
dar mitt* (so würde er doch gar nichts davon verstehen).

Sie dünken sich für klug gezählt,
Da man sie doch für Narren hält.
Quetscht man auch einen Narren klein,
Wie Pfeffer in einem Mörserstein,
Und stößt ihn darin lange Jahr' –
Er bleibt ein Narr doch, wie er war[4].
Denn jedem Narren das gebrist,
Daß Wahnolf Trugolfs Bruder ist[5].

　　Es ließ' sich mancher gern halb schinden,
An allen vieren mit Seilen binden,
Erwüchse ihm nur Geld daraus
Und hätt er Goldes viel im Haus;
Er litt' auch, daß er läg zu Bett,
Wenn er der *Reichen* Siechtum[6] hätt;
Er ließ' sich einen Buben schelten,
Wollt mans mit Zins und Gab entgelten.
Mit wenigem niemand sich begnügt,
Wer viel hat, mehr dazu noch fügt.
Aus Reichtum Übermut entspringt,
Denn Reichtum selten Demut bringt.
(Was soll ein Dreck, wenn er nicht stinkt?)

　　Viel sind allein und ohne Kind;
Ohn Bruder, ohne Freund sie sind,
Die werden nicht von Arbeit matt,
Ihr Auge macht kein Reichtum satt,
Sie denken nicht: „Wem wirk ich vor;
Wem spare ich, ich Gauch und Tor?"
Gott gibt gar manchem Gut und Ehr,
Und seiner Seele fehlt nichts mehr,

---

4. Sprüche Salomonis 27, 22. – 5. *Das wonolff / btriegolfs bruoder ist;* sprichwörtlich für: daß Wahn oder Einbildung den Menschen ständig täuschen und betrügen. – 6. Das Podagra.

Als daß ihm Gott nicht auch verleiht,
Daß er es brauch zur rechten Zeit
Und hab mit Maßen von *dem* Genuß,
Was fremden Prassern er lassen muß.
Auch Tantalus[7] sitzt in Wassersflut
Und löscht doch nicht des Durstes Glut,
Und sieht er gleich die Äpfel an,
Hat er doch wenig Freude dran –
Dieweil sich selbst nichts gönnt der Mann!

7. Nach der griechischen Sage wurde Tantalus, weil er die Geheimnisse der Götter ausplauderte und, um ihre Allwissenheit zu erproben, ihnen den zerstückelten Leichnam seines Sohnes als Mahl vorsetzte, in der Unterwelt dazu verdammt, im Wasser stehend Durst zu leiden und unter einem Baum mit Äpfeln zu hungern, da Wasser und Zweige vor seinem Zugriff immer wieder zurückweichen. Die Schlußfolgerung Brants *(Das schafft / das er jm selbs nit gan)* erklärt sich nur aus dem Vergleich mit dem geizigen Narren, auf den er in der letzten Zeile wieder Bezug nimmt.

68.

Wer mit Kindern und Narren sich befaßt,
Dem sei ihr Scherz auch nicht verhaßt,
Weil er sonst zu den Narren paßt.

Keinen Spaß verstehn

Ein Narr allein bemerkt wohl nicht,
Wenn er mit einem Narren spricht;
Ein Narr ist auch, wer widerbillt
Und sich mit einem Trunknen schilt,
Mit Narrn und Kindern scherzen will
Und übelnehmen Narrenspiel.
Wer will mit Jägern gehn, der hetze,
Wer kegeln will, derselb' aufsetze;
Der heule, der bei Wölfen ist,
Der sprech, ich lüg, dem nichts gebrist.
Denn Wort auf Wort ist Narrenweise,
Guts geben für Böses steht hoch im Preise.
Wer Böses gibt für Gutes aus,
Dem kommt das Böse nicht aus dem Haus;
Wer lacht, damit ein andrer weint,
Den trifft das gleiche, eh ers meint.
Ein Weiser gern bei Weisen steht,
Ein Narr mit Narren gern umgeht;
Daß keinen leiden kann ein Narr,
Macht seinen Hochmut offenbar.
Mehr Leid dem Narren dadurch geschieht,
Daß er noch etliche vor sich sieht,
Als Freud er hat, daß ihm die andern
Zu Füßen fallen und nachwandern.
Und daß du merkst, wie ich es meine:
Ein Stolzer wär gern Herr alleine!
Haman[1] fand nicht Gefallen dran,
Daß ihn verehrte jedermann,
Viel mehr der Kummer ihn beschwerte,

1. Vgl. Esther 3, 2 ff.

Daß Mardochai ihn nicht ehrte.
Man braucht auf Narren nicht zu merken,
Man kennt sie wohl an ihren Werken;
Wer weise sein wollt (wie jeder soll),
Der bleibt von Narren verschonet wohl.

69.

Der in die Höhe wirft den Ball
Und glaubt nicht, daß zurück er fall',
Wer will die Leut erzürnen all.

Ungestraft Böses tun wollen[1]

Der ist ein Narr, wer andern tut,
Was *ihm* von keinem scheint als gut.
Schau jeder, was er andern tu',
Damit man es auch ihm füg' zu.
Was einer rufet in den Wald,
Dasselbe ihm allzeit widerhallt;
Wer andre stößet in den Sack,
Wart selbst auch auf den Backenschlag.
Wer vielen sagt, was jedem gebrist,
Der hört gar oft auch, wer *er* ist.
Was Adonisedech[2] war gewohnt
An andern, so ward ihm gelohnt;
Berillus sang selbst in der Kuh,
Die er gerüstet andern zu[3];
Das gleiche geschah auch Busiris[4],
Dem Diomed[5] und Phalaris[6];
Mancher gräbt andern wohl ein Loch,
Darein er dann fällt selber doch.
Einen Galgen Haman andern baute,
Daran man ihn bald selber schaute[7].
Trau jedem wohl, doch sieh dich für!

1. *Bos dun und nit warten*, d. h. nicht erwarten, daß es auf den Urheber zurückfalle. – 2. Adonibesek; vgl. Richter 1, 6. 7. – 3. Berillus fertigte dem sizilischen Tyrannen Phalaris einen eisernen Stier an, aus dem das Geschrei der darin zum Feuertode Verurteilten wie Rindergebrüll erschallte. Phalaris ließ den Erfinder zuerst hineinwerfen. Vgl. Ovids *Tristia* III, 11, 39 ff. – 4. Ein ägyptischer König, der die Fremden, die in sein Land kamen, opferte; vgl. Ovids *Ars amatoria* I, 645 ff. – 5. Ein thrakischer König, der seine Pferde mit Menschenfleisch fütterte und von Herkules den eigenen Pferden vorgeworfen wurde; vgl. Ovids Metamorphosen IX, 194 ff. – 6. Dieser wurde nach einem Aufstand ebenfalls im eisernen Stier verbrannt; nach Cicero und Plinius. – 7. Vgl. Esther 7, 10.

Vertraun ist mißlich jetzt, glaub mir!
Schau erst, was hinter jedem steck':
Denn *Trauwohl* ritt viel Pferde weg[8]!
Iß nicht mit einem neidischen Mann;
Geh nicht zu Tisch mit ihm heran,
Denn er von Stund an Pläne macht,
An die du nie bei dir gedacht.
Er spricht: „Freund, iß und trink mit mir!"
Doch ist sein Herz weit weg von dir[9],
Als ob er spräch: „Wohl gönn ichs dir,
Als hätt's ein Dieb gestohlen mir!"
Es lacht dich mancher an im Scherz,
Der insgeheim gern äß dein Herz.

8. Ein sehr verbreitetes Sprichwort, mit dem Sinn: allzuviel Vertrauen bringt Schaden. – 9. Sprüche Salomonis 23, 6. 7.

70.

Du mußt im Sommer die Heugabel drehn,
Willst du im Winter nicht hungrig gehn
Und oft den Bären tanzen sehn[1].

Nicht beizeiten vorsorgen

Man findet hier gar manchen Toren,
Der ist ins Trödeln so verloren[2],
Daß er sich nie recht schicken kann
Zu allem, was er je fängt an.
Kein Ding beizeiten er bestellt,
Nichts über Nacht hin er behält,
Als daß er so gleichgültig ist
Und nicht bedenkt, was ihm gebrist,
Und was er haben muß zur Not.
Selbst wenn ihm diese es gebot,
Denkt er nicht weiter alle Stund
Als von der Nase bis zum Mund.
Nur wer im Sommer sammelt mit Fleiß,
Daß er im Winter zu leben weiß,
Den nenn ich einen weisen Mann[3].
Doch wer im Sommer ruhen kann
Und schlafen allzeit an der Sonnen,
Muß haben Güter schon gewonnen,
Oder muß durch den Winter sich
Behelfen schlecht und kümmerlich,
Muß saugen an den eignen Pfoten,
Bis er dem Hunger Halt geboten.
Wer nicht im Sommer machet Heu,
Der läuft im Winter mit Geschrei,
Hat wohl zusammengebunden das Seil
Und ruft, daß man ihm Heu geb' feil.

1. D. h. vor Hunger an den Fingern saugen wie die Bären, von denen man erzählte, daß sie sich im Winter in ihren Höhlen das Fett aus den Pfoten saugten. – 2. *eyn wättertrentsch*, d. h. einer, der jedesmal das geeignete Wetter, die rechte Zeit vertrödelt. – 3. Vgl. Sprüche Salomonis 10, 5.

Der Träge im Winter ungern pflügt,
Im Sommer er am Bettel liegt[4]
Und muß manch böse Zeit ertragen,
Viel heischen, wenig nur erjagen.
Geh hin zur Ameis, Narr, und lern!
Bei guter Zeit versorg dich gern,
Daß du nicht müssest Mangel leiden,
Wenn andre nachgehn ihren Freuden[5].

4. Vgl. Sprüche Sal. 20, 4; daher treffen die Verse eigentlich nur für
das Klima Palästinas zu und widersprechen den vorhergehenden. –
5. Vgl. Sprüche Sal. 6, 6–8.

71.

Gar oft die Hechel der empfind't,
Wer immer zanket wie ein Kind
Und machen will die Wahrheit blind.

Von solchen Narrn will ich auch sagen,
Die in jeder Sache wollen tagen[1]
Und nicht mit Güte sich vergleichen,
Um einem Zank gar auszuweichen;
Damit die Sache lang sich ziehe,
Man der Gerechtigkeit entfliehe,
Lassen sie bitten sich, treiben, mahnen,
Ächten, ausläuten und verbannen[2],
Versteifen sich drauf, daß sie das Recht
Wohl biegen, daß es nicht bleib schlecht[3],
Als ob es wär eine wächserne Nase.
Sie denken nicht, daß *sie* der Hase,
Der in der Schreiber Soße schwimmt.
Vogt, Advokat, wer sonst noch stimmt
Und hat Gewalt[4], will auf dem Tisch
Auch haben einen Zuber Fisch.
Die können dann die Sache breiten,
Ihr Garn wohl nach dem Wildbret spreiten,
So daß ein Sächlein wird zur Sache,
Ein kleines Rinnsal wird zum Bache.
Man muß jetzt teure Redner dingen
Und sie von fernen Landen bringen,
Daß sie die Sache wohl verklügen[5]
Und mit Geschwätz die Richter trügen.

1. D. h. einen Gerichtstag anberaumen, prozessieren. – 2. Die Ächtung erfolgte durch das weltliche Gericht, die Verbannung durch das geistliche. Der Kirchenbann wurde durch Glockengeläut bekanntgegeben. – 3. D. h. schlicht, gerade. – 4. *Der vogt / gwalthaber / und fürmundt / Und advocat:* der erstere bezeichnet den Richter, während zwischen dem Bevollmächtigten, dem Fürsprecher und dem Advokaten kein wesentlicher Unterschied besteht. – 5. D. h. durch spitzfindige Reden drehen und wenden.

Dann muß man viele Tag' anstellen,
Damit der Tagsold mög' anschwellen
Und werd verritten und verzehrt,
Mehr, als die Sache selbst ist wert.
In Petterle[6] verzehrt mancher mehr,
Als der Prozeß ihm bringt nachher,
Und meint die Wahrheit doch zu blenden,
Wenn er die Sach nicht bald läßt enden.

    Ich wollt, wem wohl mit Zanken wär,
Daß der am Arsch trüg Hecheln schwer!

6. In Petersilie; aber mit Anspielung auf die lat. Wendung *in petito-rio* = in Sachen des Klägers.

72.

Wüst, schandbar Wort reizt auf und rüttelt
An guten Sitten unvermittelt,
Wenn man zu fest die Sauglock schüttelt[1].

Von groben Narren

Ein neuer Heilger heißt *Grobian*[2],
Den will jetzt feiern jedermann
Und ehren ihn an jedem Ort
Mit schändlich wüstem Werk und Wort,
Und will das ziehn zu einem Schimpf[3],
Wiewohl der Gürtel hat wenig Glimpf[4].
Herr Glimpfius[5] ist tot für die Welt:
Der Narr die Sau bei den Ohren hält
Und schüttelt sie, daß die Sauglock klingt
Und sie den Moringer[6] ihm singt.
Die Sau führt jetzt allein den Tanz,
Sie hält das Narrenschiff am Schwanz,
Daß es nicht untergeh vor Schwere,
Was schade doch auf Erden wäre;
Denn wenn die Narren nicht tränken Wein,
Gält er jetzt kaum ein Örtelein[7].
Aber die Sau jetzt viel Junge macht,
Die wüste Rotte der Weisheit lacht;
Sie läßt niemand beim Brettspiel sein,

1. D. h. derbe und unflätige Reden führt. – 2. Eigentlich: grober Johann; wohl von Brant zuerst als Schutzpatron aller rohen, sich unflätig benehmenden Menschen erfunden. Der Grobian wurde zu einer Lieblingsfigur der Zeit; von diesem Kapitel des Narrenschiffs ausgehend, bildete sich im 16. Jh. eine eigene satirische Literaturgattung, die den Grobianismus, namentlich in Form negativer Tischzuchten, zur Zielscheibe des Spottes machte. Vgl. Kap. 110 a. – 3. Zu einem Scherz machen. – 4. Wenig Anstand. Glimpf bezeichnete auch ein Anhängsel der männlichen Bekleidung, das am Gürtel der Geistlichen, dem Ordensgewand, fehlte; der Sinn der vieldeutigen Anspielung auf den neuen Orden der Grobiane ist also: Roheit verträgt sich nicht mit Scherz. – 5. Ebenfalls eine Wortbildung Brants = Herr Anstand. – 6. Das Lied vom edlen Moringer war ein bekanntes Volkslied; hier ist zugleich ein *Saulied* gemeint (zu mhd. *môre* = schwarze Sau). – 7. Einen Heller.

Die Krone trägt die Sau allein;
Wer gut die Sauglock läuten kann,
Der muß jetzt immer sein vornan.
Wer jetzt kann treiben solches Werk,
Wie einst der Pfaff vom Kalenberg[8],
Oder Mönch Eilsam[9] mit seinem Bart,
Der meint, er tu eine gute Fahrt.
Von manchem ist Wort und Tat geschehn,
Wenn das Orestes gehört und gesehn,
Der doch der Sinne war beraubt,
Er hätt es von keinem Verständgen geglaubt.
Sauberinsdorf[10] ist worden blind,
Das macht, die Bauern jetzt trunken sind.
Herr *Ellerkunz*[11] den Vortanz hat
Mit *Wüstgenug* und *Seltensatt.*
Ein jeder Narr will Sauwerk treiben,
Daß ihm die Büchse möge bleiben,
Die man umträgt mit Eselsschmer.
Die Eselsbüchse wird selten leer,
Wiewohl ein jeder drein will greifen
Und damit schmieren seine Pfeifen[12].
Die Grobheit breitet jetzt sich aus
Und wohnt beinah in jedem Haus,
Daß man nicht viel Vernunft mehr treibt.
Was man jetzt redet oder schreibt,

8. Der Pfaffe vom Kalenberg bei Wien trieb allerlei Schwänke und
Possen, die im 15. Jh. gesammelt und aufgeschrieben wurden. Der
erste bekannte Druck stammt aus dem Jahre 1550. – 9. Ilsan aus dem
Rosengarten, ein kampflustiger Mönch der deutschen Heldensage, dessen Doppelrolle zu vielen burlesken Späßen Anlaß gab. – 10. *Sufer
jns dorff,* sprechender Name eines ordentlichen Bauern, auf ein Sprichwort zurückführend. – 11. *Herr Ellerkuontz,* d. h. grober Klotz, ha-
nebüchener Kerl. Ähnliche Wortbildungen bei *wüst genuog* und *seltten
satt.* – 12. Die Sackpfeife, die er als Narr spielt; vgl. Kap. 54.

Das ist aus dieser Büchs entnommen.
Zumal wenn Prasser zusammenkommen,
Dann hebt die Sau die *Mette*[13] an:
Die *Prim'* erschallt im Eselston,
Die *Terz* ist von Sankt Grobian,
Hutmacherknechte[14] singen die *Sext*,
Von groben Filzen ist der Text;
Die wüste Rott sitzt in der *Non'*,
Die schlemmt und demmt aus vollem Ton,
Darnach die Sau zur *Vesper* klingt,
Unflat und Schamperjan[15] dann singt,
Bis die *Complet* den Anfang nimmt,
In der man „All sind voll!" anstimmt[16].
Das Eselsschmalz ist ohne Ruh,
Mit Schweinefett vermischt dazu;
Das streichet einer dem andern an,
Den er möcht haben zum Kumpan,
Der wüst will sein und es nicht kann.
Man schont nicht Gott noch Ehrbarkeit,
Vom Wüstesten weiß man Bescheid;
Wer kann der Allerschlimmste sein,
Dem bietet man ein Glas mit Wein.
Das Haus erdröhnt, man lacht und johlt
Und bittet, daß ers wiederholt.
Man ruft: „Das ist ein guter Schwank,
Dabei wird uns die Zeit nicht lang!"

13. Dieser und die folgenden Namen bezeichnen die *septem horae canonicae*, die sieben verschiedenen Gebetszeiten, die in den Klöstern zur Erinnerung an die Leiden Christi innegehalten werden mußten. Zu jeder gab es eine Anzahl von Liedern und Gebeten. – 14. D. h. grobe Burschen, da sie es mit *groben fyltzen* zu tun haben. – 15. *Unflot und schamperyon*, wieder als sprechende Namen von Brant gebildet. – 16. *all vol*, ein bekanntes Lied des 15. Jh.

Ein Narr den andern schreiet an:
„Sei ein guter Gesell! Und lustig, Mann!
Feti gran schier, e belli schier[17]!
Welch Erdenfreud sonst haben wir
Als bei so guten Gesellen sein?
Drum laßt uns fröhlich prassen und schrein!
Uns bleibt nur wenig Zeit auf Erden,
Die möge uns vergnügt doch werden;
Denn wer einst Todes stirbt, liegt so
Und ist zu keiner Zeit mehr froh!
Wir haben von keinem je vernommen,
Der von der Hölle sei wiederkommen
Und uns nun sagte, wie's da stünde!
Gesellig sein ist keine Sünde!
Die Pfaffen reden, was sie wollen,
Daß dies und jenes wir nicht sollen[18];
Wär es so sündig, wie sie schreiben,
Sie täten es nicht selber treiben!
Wenn nicht der Pfaff vom Teufel sagte,
Der Hirt vom Wolf sein Leiden klagte,
Wo bliebe denn dann ihr Gewinn?"
Das ist der Narren Wort und Sinn,
Die leben mit der groben Rott,
Der Welt zur Schande und auch Gott –
Doch werden sie zuletzt zum Spott!

---

17. *Faites grand chère et belle chère,* d. h., laßt etwas drauf gehen, seid lustig! – 18. *Die pfaffen reden was sie went / Und das sie diß und jhens geschend;* der Sinn ist durchaus doppeldeutig: und dies und jenes mögen sie (die Pfaffen, da sie nun einmal reden, was sie wollen) schänden (wir kehren uns nicht daran!), oder: möge sie (die Pfaffen) dies und jenes schänden, verflucht mögen sie sein!

73.

Mancher trachtet nach Geistlichkeit,
Nach Pfaffen- und nach Klosterkleid,
Dann reut es ihn und wird ihm leid.

Vom Geistlichwerden

Noch anderes wird jetzt gelehrt,
Das auch ins Narrenschiff gehört,
Des jedermann bedient sich gern:
Jeder Bauer will einen geistlichen Herrn[1],
Der sich mit Müßiggang ernähr',
Ohn Arbeit leb' und sei ein Herr.
Nicht, daß er dies aus Andacht wähle,
Oder aus Achtung fürs Heil der Seele,
Sondern er möchte nur einen Herrn,
Der die Geschwister kann ernährn.
Er läßt ihn wenig sehn ins Buch,
Man spricht: „Er weiß dazu genug!
Braucht nicht auf größre Kunst zu sinnen,
Kann er nur eine Pfründe gewinnen!"
Man schätzt die Priesterschaft gering,
Als ob sie sei ein leichtes Ding.
Drum gibt es jetzt viel junge Pfaffen,
Die so viel können wie die Affen,
Und Seelsorg sieht man treiben die,
Denen man vertraute kaum ein Vieh;
Sie wissen so viel vom Kirchenregieren,
Als Müllers Esel kann quinternen[2].
Die Bischöfe sind schuld daran,
Die sollten nehmen zum Ordensmann
Oder für die Seelsorg auslesen
Nur einen Mann von tüchtgem Wesen[3],
Daß einer sei ein weiser Hirt,
Der seine Schafe nicht verführt.

---

1. D. h. in seiner Familie haben. – 2. Auf der Quinterna (= Gitarre,
Laute) spielen. – 3. *gantz dapferlüt*, d. h. wackere Leute.

Aber jetzt wähnen die jungen Laffen,
Wenn sie nur einmal wären Pfaffen,
So hätt ihrer jeder, was er wollt.
Doch ist fürwahr nicht alles Gold,
Was man am Sattel gleißen sieht,
Mancher beschmutzt die Hände damit
Und läßt sich jung zum Priester weihn,
Um später sich selbst zu maledein[4],
Daß er nicht länger hat geharrt;
Gar mancher von ihnen Bettler ward.
Wenn er eine rechte Pfründe gewann,
Eh er die Priesterschaft nahm an,
Er wär so weit gekommen nit[5].
Viel weiht man um der Herren Bitt'
Oder auf dieses und jenes Tisch[6],
Davon er doch ißt wenig Fisch.
Man borget Brief'[7] einander ab,
Damit man einen Titel hab,
Und wähnt den Bischof zu betrügen,
Um ins Verderben *sich* zu lügen.
Kein ärmer Vieh auf Erden ist
Als Priesterschaft, der Brot gebrist:
Sie hat schon Abzüge überall.
Vikar, Bischof mitsamt Fiskal,
Der Lehnsherr, dann die Freunde sein,
Die Wirtschafterin, die Kinder klein,
Die geben ihm erst rechte Püff,
Daß er komm in das Narrenschiff
Und damit aller Freude vergesse.

---

4. Verfluchen. – 5. Bezieht sich auf die Unsitte, die Priesterweihe zu
nehmen, ehe man Amt und Einkommen hatte. – 6. Auf Bitte vorneh-
mer Herren oder auf sogenannte Tischpfründen hin. – 7. Bestallungen.

Ach Gott, es hält gar mancher Messe,
Dem besser wär, er dächt nicht dran
Und rührte den Altar nimmer an;
Denn Gott gedenkt des Opfers nicht,
Das in Sünden und mit Sünden geschicht.
Einst hörte Moses[8] Gott den Herrn:
„Ein jedes Tier, das halt sich fern
Und komm dem heilgen Berg nicht nah,
Daß es nicht Plage treffe da!"
Wo angerühret Usas Hand
Die Arche[9], dort den Tod er fand;
Mit Dathan starb und Abiran
Korah[10], der's Weihrauchfaß rührt' an.
Geweihtes Fleisch[11] scheint oft nicht teuer;
Es wärmt sich gern am Klosterfeuer,
Dem doch zuletzt wird Höllenglut.
Man predigt *klugen* Leuten gut[12]!
Jetzt stößt manch Kind man in den Orden,
Eh es ein Mensch noch ist geworden;
Eh es versteht, ob ihm das sei
Gut oder bös, steckt es im Brei.
Wenn auch Gewohnheit viel vermag,
Reut es doch viele manchen Tag,
Die fluchen *denen* aller Orten,
Die Ursach des Gelübdes worden.
Gar wenig jetzt ins Kloster gehn
Zu solcher Zeit, wo sie's verstehn;
Gar wenig kommen um Gottes Willen,
Die meisten um ihren Hunger zu stillen.

8. Vgl. 2. Mose 19, 12. 13. – 9. Die Bundeslade; vgl. 2. Samuel 6, 7. –
10. Vgl. 4. Mose 16. – 11. D. h. Klosterkost. – 12. *Verstanden lüten
ist predigen guot*, d. h., Narren wollen doch nicht hören.

Des Standes haben sie nicht acht
Und tuen alles ohn Andacht,
Zumeist in all den Orden ganz,
Wo man nicht hält die Observanz[13].
Solch Klosterkatzen sind gar geil,
Das macht, es bindet sie kein Seil.
Doch besser gehört keinem Orden an,
Als daß unrecht tut ein Ordensmann.

13. Die strenge Ordensregel.

74.

Mancher wendet viel Kosten aufs Jagen,
Das ihm doch wenig Nutzen wird tragen,
Kann er auch manchen Weidspruch sagen.

Von unnützem Jagen

Auch Jagen nicht ohn Narrheit bleibt,
Die Zeit man nur damit vertreibt;
Wiewohl es sein soll Scherz und Spiel,
So macht es doch der Kosten viel;
Denn Spür- und Windhund', Rüden, Bracken,
Die füllen nicht mit Luft die Backen;
Jagdvögel auch und Federspiel
Bringen wenig Nutzen und kosten viel.
Nicht Has noch Rebhuhn fängt der Hund,
Den Jäger kostets stets ein Pfund.
Dazu braucht man viel Müh und Zeit,
Wie man ihm nachlauf', geh' und reit',
Durchsuche Berg, Tal, Wald und Hecken,
Wo man sich kann bergen, warten, verstecken.
Mancher verscheucht mehr als er jagt,
Das macht, er hat nicht recht gehagt[1];
Ein andrer nennt einen Hasen sein,
Den kaufte er auf dem Kornmarkt ein.
Mancher, der will gar mutig sein,
Wagt sich an Löwen, Bären und Schwein',
Oder steigt nach den Gemsen gar,
Und sein letzter Lohn ist – große Gefahr.
    Die Bauern jetzt im Schnee oft jagen,
Des Adels Vorzug will nichts mehr sagen:
Der kann dem Wildbret lang nachlaufen –
Der Bauer tät es heimlich verkaufen.
Nimrod[2], der erste Jäger, war
Von Gott verlassen offenbar;

1. Das Wild eingehegt, d. h. mit Netzen oder Treibern umstellt. –
2. Vgl. 1. Mose 10, 9.

Esau[3], der jagte stolzvermessen,
Weil er in Sünde Gott vergessen.
Denn Jäger wie Eustachius
Und Humbert[4] lang man suchen muß,
Die meinten nicht zu dienen Gott,
Wenn sie nicht ließen der Jäger Rott.

3. Vgl. 1. Mose 25, 27. – 4. Nach der Legende soll Hubertus, der
Schutzpatron der Jäger, auf einer Hirschjagd bekehrt und später Bischof von Lüttich geworden sein; ähnliches wurde von dem Römer
Placidus berichtet, der nach seiner Bekehrung den Namen Eustachius
erhielt.

75.

Willst schießen du, so ziel und triff!
Denn tust du nicht den rechten Griff,
So schießt du in das Narrenschiff.

Von schlechten Schützen

Wollt es die Schützen nicht verdrießen,
Ich stellt' auch an ein Narrenschießen,
Macht' einen Schießplatz am Gestade,
Wer den verfehlte, dem wärs schade.
Dazu wärn Preise auch bestellt:
Der nächst dem Ziel kam, sie erhält,
Zumindest könnts ein *Stechen*[1] werden.
Drum hüt er sich, halt nicht zur Erden
Noch in die Höh, vielmehr aufs Ziel,
Wenn er den *Zweck*[2] berühren will,
Und tu den Anschlag nicht zu eilig!
Viele schießen zu hoch, sich zum Verdruß,
Dem bricht der Bogen, die Sehn oder Nuß[3],
Der tut beim Anschlag manchen Schlipf[4],
Dem wird verrückt Stuhl oder Schipf[5],
Des Armbrust geht los, wenn er sie nur rührt,
Das macht, die Sehne ist geschmiert;
Dem steckt das Ziel[6] nicht so wie eh'r,
Den Merkpunkt findet er nicht mehr,
Der hat gemacht der Schüsse viel,
Doch sind sie alle weit vom Ziel,
So daß er wohl die Sau[7] gewinnt,
Wenn man das Stechen dann beginnt.
    Kein Schütze auf der weiten Welt,
Der nicht stets wüßte, was ihm fehlt,

---

1. *verstechen*, ein Stichkampf zwischen gleichwertigen Schützen. –
2. Den Stift im Mittelpunkt der Zielscheibe. – 3. Der Drücker an der
Armbrust. – 4. Die Sehne gleitet ihm beim Spannen ab. – 5. Das Gestell und der Pflock, auf denen die Armbrust beim Anlegen ruht. –
6. Das Ziel hat sich scheinbar verlagert. – 7. Als Trostpreis für den
schlechtesten Schützen war häufig eine Sau ausgesetzt.

Bald dies, bald jenes, damit er hätte
Ein Wehrwort[8], das die Ehre rette,
Und hätte er nicht gefehlt darin,
Dann freilich wäre der Preis *sein* Gewinn.

Sodann weiß ich noch Schützen mehr,
Die hören, daß fern ein Schießen wär,
Zu dem von allen Landen Leut
Hinziehen zur bestimmten Zeit,
Die besten, die man finden kann,
Von denen keiner den Preis gewann,
Es sei denn, jeder Schuß ging ins Ziel –
Nun kenn ich doch der Gecken viel,
Die wissen, daß sie nichts gewinnen
Und ziehen dennoch kühn von hinnen,
Dort zu versuchen auch ihr Heil:
Ich nehm sein Zehrgeld, nicht sein Teil[9],
Vom Einsatz[10] will ganz still ich sein:
Die Sau wird ihm im Ärmel schrein!
Manche wählen sich Weisheit als Ziel,
Doch getroffen haben es nicht viel,
Das macht, man zielt nicht recht aufs Feld,
Zu niedrig oder zu hoch man hält,
Der läßt sich bringen aus dem Visier
Und *dem* zerbricht der Anschlag[11] schier,
Der tut wie Jonathan einen Schuß[12]
Und *dem* fährt ganz heraus die Nuß.
Wer Weisheit richtig treffen will,

8. Eine Ausrede. Nach einem alten Gedicht gab es 142 solcher Schüt-
zenausreden. – 9. D. h., seine Ausgaben wären mir lieber als sein Anteil am Gewinn. – 10. *des gelts jnn doppel,* das eingezahlte Geld, das
jeder Schütze entrichten mußte, um überhaupt zum Wettbewerb zu-
gelassen zu werden. – 11. Das Gestell zum Auflegen. – 12. D. h. über
das Ziel hinaus; vgl. 1. Samuel 20, 36.

Bedarf wohl solcher Pfeile viel,
Mit denen Herkules[13] sich bewehrte
Und alles traf, was er begehrte,
Und was er traf, fiel tot zur Erde.
Wer recht auf Weisheit schießen will,
Der schau, daß er halt Maß und Ziel,
Denn fehlt er oder hält nicht drauf,
So muß er zu der Narren Hauf.
Wer schießen will und fehlt den Rain[14],
Der trägt die Sau im Ärmel heim;
Wer jagen, stechen, schießen will,
Hat wenig Nutzen und Kosten viel.

13. Herkules galt als Herr der unfehlbaren Pfeile; vgl. Ovids Metamorphosen XIII, 51 f. – 14. Die Schießbahn.

76.

Ritter Peter von Altenjahren,
Ich muß Euch greifen an die Ohren!
Mich dünkt, daß *beid'* wir Narren waren,
Wiewohl Ihr führet Rittersporen.

Von großem Rühmen

Die Gecken-Narren ich auch bringe,
Die sich stets rühmen hoher Dinge
Und wollen sein, was sie nicht sind,
Und wähnen, alle Welt sei blind
Und sie ihr fremd und unbekannt.
Mancher will edel sein genannt,
Des Vater doch machte bumblebum[1]
Und mit dem Küferwerk ging um,
Oder hat sich so durchgebracht,
Daß er mit stählernen Stangen focht[2],
Oder rannte mit einem Judenspieß[3],
Daß er gar viele zu Boden stieß,
Und will, daß man ihn Junker nenne,
Als ob man nicht seinen Vater kenne,
Daß man spreche: Meister Hans von Menz[4],
Und auch sein Sohn, Junker Vincenz.
Viel rühmen hoher Dinge sich
Und prahlen stets zu Widerstich[5]
Und sind doch Narren in der Haut,
Wie Ritter Peter von Pruntraut[6],
Der will, daß man zu ihm Ritter sage,
Dieweil er im Stechen am Murtener Tage[7]

1. Nachahmung der Küferschläge am Faß. – 2. „Stangenfechter" waren
Händler, die die Sachen Gepfändeter billig aufkauften; der Anspruch
der Meistbietenden hieß *stangen-recht*, der gerichtliche Zuspruch an den
neuen Besitzer *stangen urtail*. Die Redewendung Brants glossiert zugleich
das Adlig-sein-Wollen, denn im Stangenstechen bestand die Hauptbe-
lustigung beim Ritterturnier. – 3. Trieb Wucher. – 4. Mainz (die Mainzer
galten als Aufschneider). – 5. Um die Wette. – 6. Wohl eine fingierte
Persönlichkeit. Die Einwohner von Pruntrut (franz. Porrentruy) waren
seit dem burgundischen Kriege, in dem sie für Karl den Kühnen ge-
fochten hatten, in Basel schlecht angeschrieben. – 7. In der Schlacht bei
Murten 1476, in der die Schweizer den burgundischen Herzog schlugen.

Gewesen sei, wo ihm so not
Zu fliehen war, daß ihm der Kot
Die Hosen hat so hoch beschlämmt,
Daß man ihm waschen mußt' das Hemd.

Doch Schild und Helm er zeigen kann
Als Zeugnis, er sei ein Edelmann:
Er führt einen Habicht, gefärbt wie ein Reiher,
Und auf dem Helme ein Nest voll Eier,
Wobei ein Hahn in der Mauser sitzt,
Der möchte die Eier brüten itzt.

Derselben Narren findet man mehr,
Die wollen haben große Ehr,
Daß man sie hat *vornan* gesehn.
Ja, da es wollt ans Fliehen gehn,
Lugten sie hinter sich lange Zeit,
Ob ihnen folgten auch andre Leut?

Mancher rühmet sein Fechten groß,
Wie er *den* erstach und *jenen* erschoß,
Der doch von ihm so weit wohl war,
Daß keine Büchse ihm brachte Gefahr.

Noch andre trachten nach edeln Wappen,
Wie sie führen mögen viel Löwentappen,
Einen gekrönten Helm und ein gülden Feld:
Die sind des Adels von Bennefeld[8].

Gar manche sind edel durch ihre Frauen,
Deren Väter saßen in Ruprechtsauen[9];
Seiner Mutter Schild gar mancher führt,
Weil er vielleicht im Vater irrt.

---

8. Mhd. *benne* = Bauernkarren. Bennfeld ist ein kleiner Ort bei
Straßburg, der hier die bäuerische Herkunft bezeichnen soll (etwa:
aus dem Hause derer von Bauernfeld). – 9. Ruprechtsau bei Straßburg, ein Dorf, dessen Besuch nach Murners *Narrenbeschwörung* (1512)
eine Frau um ihren guten Ruf brachte.

Viel haben Brief' und Siegel gut,
Als seien sie von edlem Blut;
Sie wollen die ersten sein nach Recht,
Die adlig sind in ihrem Geschlecht,
Und dieses ich weder tadle noch acht':
Aus *Tugend*[10] ist aller Adel gemacht!
Wer Ehr und Sitte wahren kann,
Den halt ich für einen Edelmann,
Aber wer hat keine Tugend nit,
Nicht Zucht, Scham, Ehr, noch gute Sitt,
Den halt ich alles Adels leer,
Und wenn ein Fürst sein Vater wär.
Adel allein bei Tugend steht,
Aus Tugend aller Adel geht. –

Desgleichen will mancher Doktor sein,
Der nie Clementin noch Sext sah ein,
Nie Institut, Dekret, Digest[11] geschaut,
Nur daß er hat 'ne pergamentne Haut[12],
Drauf steht sein Recht geschrieben an:
Der Brief zeigt alles, was er kann,
Und daß er gut sei auf der Pfeif.
Drum stehet hier Herr Doktor Greif[13],

10. D. h. aus Tüchtigkeit, edler Gesinnung. – 11. Die Hauptquellen des römischen Rechts. – 12. *eyn pyrment hut,* d. h. einen Doktorbrief, dessen Pergament aus Eselshaut gemacht wurde. – 13. *doctor Gryff,* eine fingierte Gestalt, die auch auf den Holzschnitten des Titelblatts und zu Kap. 108 abgebildet wird. Ob zugleich auf eine historische Persönlichkeit angespielt wird, bleibt unklar; jedenfalls wird auch diese Figur durch das Narrenschiff populär und in der satirischen Literatur des 16. Jh. wiederholt zitiert. Brant erklärt den Namen hier selbst: *Er grifft eym yeden die oren an,* d. h. ist einer, der zugreifen, vielleicht auch sonst allerlei Kunstgriffe kann. Sollte daneben eine Anspielung auf den Büchernarren von Kap. 1 vorliegen, dessen Platz vornan im Narrenschiff mit einem *sundren gryff* begründet wurde?

Ein sehr gelehrter und kluger Mann,
Der greift einen jeden beim Ohre an,
Weiß mehr als mancher Doktor kann.
Der ist in vielen Schulen gestanden
In nahen und in fernen Landen,
Wo nie ein Gauch ging aus noch ein,
Der doch mit Gewalt will Doktor sein;
Man muß zu ihnen „Herr Doktor" sagen,
Dieweil sie rote Röcke tragen
Und weil ein Aff ihre Mutter ist.

   Ich weiß noch einen, heißt Hans Mist[14],
Der alle Welt will überreden,
Er sei zu Norwegen und Schweden,
Zu Algier gewesen und zu Granat[15],
Und wo der Pfeffer wächst und staht;
Der doch nie kam so weit hinaus:
Hätt seine Mutter daheim zu Haus
Pfannkuchen oder Würst gebacken,
Er hätt's gerochen und hören knacken.

   Des Rühmens ist so viel auf Erden,
Daß es kann aufgezählt nicht werden;
Denn jedem Narren das gebrist,
Daß er sein will, was er nicht ist[16].

14. Ein bekannter Name aus den Fastnachtsspielen; die nd. Übersetzung von 1497 setzt bereits *Hans Worst* ein. – 15. Granada. – 16. *Das er wil sin / das er nit ist;* vgl. die Schlußverse von Kap. 29.

77.

Viel sind aufs Spielen so versessen,
Daß andre Kurzweil sie vergessen,
Künftgen Verlust auch kaum ermessen.

Von Spielern

Noch find ich närrischer Narren viel,
Die haben Freude nur am Spiel
Und wähnen, sie könnten leben nit,
Sollten sie nicht umgehn damit
Und spielen Tag und Nacht im Saus
Mit Karten und Würfeln in vollem Braus;
Die ganze Nacht hindurch sie säßen,
Daß sie nicht schliefen und nicht äßen,
Aber ein Trunk muß sein zur Hand,
Denn Spielen setzt die Leber in Brand,
So daß man ausdörrt, Durstes voll.
Des Morgens drauf spürt man das wohl:
Einer welken Birn gleicht des einen Gesicht,
Der andre hinter der Türe sich bricht,
Ein Dritter hat solche Farb angenommen,
Als sei er aus dem Grab just gekommen,
Oder erglänzt im Antlitz recht
Wie morgens früh ein Schmiedeknecht[1].
So eingenommen ist ihm sein Kopf –
Den ganzen Tag muß gähnen der Tropf,
Als ob er Fliegen fangen wollt;
Wenn einer verdienen könnt viel Gold,
Indem er bei einer Predigt säße
Eine Stunde und des Schlafs vergäße –
Er hüllte den Kopf tief in die Geren[2],
Als sollte der Prediger aufhören.
Aber sitzt man lange beim Spiel,
Dann achtet man des Schlafs nicht viel!

---

1. *vor tag*, d. h. bevor er sich gewaschen hat. – 2. In die Rockschöße.

Viel Frauen, die sind auch so blind,
Daß sie vergessen, wer sie sind,
Und, was verbietet jedes Recht[3],
Sie mischen sich mit anderm Geschlecht;
Sie sitzen bei den Männern frei,
Zuchtlos und ohne natürliche Scheu,
Und spielen, würfeln früh und spät,
Was doch den Frauen übel steht.
Sie sollten an der Kunkel[4] lecken
Und nicht im Spiel bei Männern stecken.
Wenn jeder spielt mit seinesgleichen,
So braucht ihn Scham nicht zu beschleichen.
Als Alexanders Vater wollte,
Daß der um Preise laufen sollte,
Dieweil der Knabe schnell im Lauf,
Sprach er zu seinem Vater drauf[5]:
„Zwar billig wäre, daß ich täte,
Was mich mein Vater hieß und bäte,
Und gewißlich gern ich laufen wollte,
Wenn ich mit *Königen* es sollte;
Man brauchte mich darum nicht bitten,
Wenn unter Gleichen würd gestritten!"
Doch ist es dahin gekommen jetzt,
Daß Pfaffe, Adel, Bürger sich setzt
An *einen* Tisch zu Köppelknaben[6],
Die schwerlich gleiches Ansehn haben.

---

3. *das verbietten alle recht,* hier im Sinne von Sitte, Herkommen. –
4. Am Spinnrocken, wobei man wohl den Faden netzte. – 5. Nach
Plutarch, Leben Alexanders cap. 4. – 6. Baderknechte, d. h. Leute
niedrigsten Standes, die sich außerdem in den öffentlichen Bädern als
Kuppler betätigten, wie aus zeitgenössischen Holzschnitten hervorgeht. Locher übersetzt: *cum nebulonibus et lenonibus,* d. h. mit Wind-
beuteln und Kupplern.

Zumal die Pfaffen sollten nicht viel
Mit Laien treiben gemeinsames Spiel,
Wenn sie nur würden bedenken, daß
Zwischen ihnen stets war Groll und Haß,
Der Neidhart, der in ihrer Brust,
Regt bei Gewinn sich und Verlust,
Zumal da ihnen verboten ist
Würfeln und Spielen zu jeder Frist.
Wer mit *sich selber* spielen kann,
Den geht man nicht um Spielschuld an,
Der bleibt ohne Sorg, daß er verliere
Und daß ihn treffen Flüch und Schwüre.
　　Wenn ich nun aber sagen soll,
Was ziemt einem rechten Spieler wohl,
So will Virgilium[7] ich beibringen,
Der also redet von solchen Dingen:
„Veracht' das Spiel zu aller Zeit,
Daß dich nicht trübe Gier und Neid,
Denn Spiel entstammt unsinnger Begier,
Die alle Vernunft zerstört in dir.
Ihr Braven, hütet eure Ehre,
Daß euch das Spiel *die* nicht versehre!
Ein Spieler muß haben Geld und Mut,
Und wenn er verliert, es halten für gut,
Darf nicht ausbrechen in Zorn, Fluch, Schwur.
Wer Geld hat, harr der Schanze[8] nur,
Denn mancher kommt zum Spiele schwer,
Der doch zur Tür hinausgeht leer.
Wer spielt allein um großen Gewinn,
Dem geht es selten nach dem Sinn.

7. Nämlich das ihm fälschlich zugeschriebene Gedicht *De ludo,* aus dem die folgenden Verse stammen. – 8. Chance.

Wer gar nicht spielt, hat seinen Frieden,
Wer spielt, dem ist Verlust beschieden[9].
Wer in allen Schenken setzen will
Und suchen Glück bei jedem Spiel,
Der muß viel einzusetzen haben
Und oft ohn Geld nach Hause traben.
Hat einer drei Seuchen und trachtet nach *mir*,
Der hat bald böser Schwestern vier!"
Spiel kann wohl niemals sein ohn Sünd,
Ein Spieler ist nicht Gottes Kind:
Denn Spieler all des Teufels sind!

9. *der müß uff setzen mitt,* d. h., der muß beim Geldeinsatz mithalten.

78.

Viel Narren sind wohl reif zum Drücken,
Die Toren sind in manchen Stücken,
Denen sitzt der Esel auf dem Rücken.

Von niedergedrückten Narren

So viele sind im Narrenorden,
Ich wäre fast vergessen worden[1]
Und um des Schiffes Abfahrt kommen,
Hätt ich des Esels Ruf nicht vernommen.
    Ich bin, den alle Dinge drücken,
Will mich in einen Winkel bücken,
Ob wohl der Esel vorbei will gehn,
Nicht stets auf meinem Rücken stehn,
Und wenn ich nur Geduld recht hab,
Hoff ich, vom Esel zu kommen ab.
Doch hab ich sonst Gesellen gut,
Die drückt das, was mich drücken tut:
Der etwa folgt nicht gutem Rat,
Der zürnt, wenn er nicht Ursach hat;
Der kaufet Unglück, trauert ohn Grund,
Der lieber Streit hat als ruhige Stund';
Der seiner Kinder Mutwillen gern sieht,
Der hält mit dem Nachbarn keinen Fried';
Der leidet, daß der Schuh ihn drückt,
Die Frau ins Wirtshaus nach ihm schickt –
Die gehören all ins Narrenbuch.
Wer mehr verzehrt, als er gewinnt,
Und borget viel, was ihm zerrinnt,
Wer seine Frau führt andern vor,
Der ist ein Narr, Gauch, Esel, Tor;
Wer bedenkt die Menge der Sünden sein,
Und was er drum muß leiden Pein,
Und kann doch fröhlich sein damit,

---

1. *versessen worden*, d. h. sitzen geblieben und dadurch übersehen
worden.

Der taugt nicht selbst zum Eselritt –
Es muß der Esel auf *seinen* Rücken,
Um ihn zu Boden ganz zu drücken.
Der ist ein Narr, der das Gute sieht
Und doch nicht vor dem Bösen flieht.

Hiermit sind viele Narren berührt[2],
Die dieser Esel mit sich führt.

2. *gerürt*, d. h. getroffen.

79.

Wenn Reuter und Schreiber¹ greifen an
Einen fetten, schlichten, bäurischen Mann,
Ist *der* es, so den Streit fing an².

Reuter und Schreiber

Schreiber und Reuter trifft *auch* der Spott,
Sie seien in der Narrenrott;
Daß ihre Nahrung gleich, ist klar:
Der schindet heimlich, *der* offenbar!
Der wagt sein Leben, sei's trocken, sei's naß,
Und *der* setzt die Seele ins Tintenfaß.
Der Reuter steckt viele Scheuern an,
Der Schreiber braucht einen Bauersmann,
Der fett sei und kann triefen wohl,
Damit er riechen mach' seinen Kohl.
Ja, täte jeder, was er soll,
So wären sie beide Geldes wert,
Der mit der Feder, der mit dem Schwert –
Man möchte sie beide entbehren nit,
Wäre nicht *über* der Hand ihr Schnitt[3],
Und würde durch sie nicht das Recht versehrt:
Man aus dem Stegreif[4] sich ernährt.
Da nun aber auf eignen Gewinn
Jeder von ihnen stellt Trachten und Sinn,
So wollen sie verzeihen mir,
Daß ich im Narrenschiff sie führ'.
Ich habe sie drum gebeten nicht,
Den Fuhrlohn jeder selbst verspricht
Und will sich weiter auch verdingen,
Bekannte genug ins Schiff zu bringen.

---

1. Wegelagerer und Advokaten. – 2. *Der müß die leber gessen han*,
d. h., dann sagt man, der müsse die Leber gegessen haben, also der
Schuldige sein (sprichwörtlich). – 3. Suchten sie nicht unredlichen Gewinn *(schnytt* = Ernte, Gewinn); vgl. heute: unter der Hand einen
gehörigen Schnitt machen. – 4. *uß dem stägenreiff*, d. h. aus dem
Steigbügel, durch Wegelagerei und Straßenraub.

Schreiber und Gleißner sind noch viel,
Die treiben jetzt wild Reuterspiel
Und nähren sich kurz vor der Hand[5],
Gleichwie die Kriegsknecht' auf dem Land.
Wahrlich, es ist eine große Schand,
Daß man nicht eilend die Straßen macht frei,
Daß Pilger und Kaufmann sicher sei,
Aber ich weiß wohl, was das tut:
Man sagt, das Geleitgeld schmecke zu gut[6]!

5. Von dem, was ihnen vor die Hand kommt (lat. *brevi manu* = kur-zerhand, ohne Umschweife). – 6. *Man spricht es mach das geleyt vast guot:* die ungewöhnlich scharfe Kritik Brants bezieht sich auf das Ge-leitgeld, das man für die Sicherung der Durchreise durch ein Gebiet zu zahlen hatte. Wenn die Obrigkeiten die Landstraßen sicher machen würden, entfiele diese Einnahme.

80.

Ich bin gelaufen fern und weit,
Das Fläschlein war nie leer die Zeit;
Dies Brieflein, Narren, ist euch geweiht.

Wenn *ich* der Boten auch vergäße
Und ihnen Torheit nicht zumäße,
Sie mahnten mich wohl selber dran.
Den Narrn gebührt ein Botenmann,
Der trag im Mund, und sei nicht laß,
Ein Brieflein, daß es nicht werd naß,
Geh säuberlich wie auf dem Dache,
Damit das Ziegelwerk nicht krache,
Und schau auch, daß ihm nicht zur Last
Mehr wird, als du befohlen hast;
Er wisse, was ihm aufgetragen,
Vor Wein bald nicht mehr aufzusagen,
Und halt sich unterwegs lang auf,
Daß mancher kreuze seinen Lauf;
Er acht auf Zehrung in der Nähe,
Die Briefe dreimal er umdrehe,
Ob er erspähe, was er trage,
Und was er weiß, bald weitersage,
Und nachts die Tasche leg auf die Bank;
Hat er vom Wein dann einen Schwank[1],
So kommt er ohne Antwort wieder:
Das sind, so mein ich, Narrenbrüder.
Sie laufen dem Narrenschiffe nach
Und findens zwischen hier und Aach[2];
Doch sollen sie sich des vermessen
Und ihres Fläschleins nicht vergessen,
Denn ihre Leber, ihr Geschirr
Wird ihnen vom Laufen und Liegen[3] dürr.

1. Einen kleinen Rausch. – 2. Zwischen Basel und Aachen, d. h. nirgends. – 3. So drucken die späteren Ausgaben; im Original steht *liegen* = lügen, was kaum gemeint sein kann.

Doch wie der Schnee uns Kühlung leiht,
Wenn man ihn trifft zur Sommerszeit,
Also ein *treuer* Bote erquickt
Den, welcher ihn hat ausgeschickt[4].
Der Bote ist Lob und Ehre wert,
Der *bald* bestellt, was man begehrt.

4. Sprüche Salomonis 25, 13.

81.

Hier kommen Kellner[1], Köch', Ehalten[2],
All, die des Hauses Sorg verwalten
Und redlich in dem Schiffe schalten.

Von Köchen und Kellermeiſtern

Ein Bötlein uns eben vorüberlief[3],
Das fragte nach dem Narrenschiff,
Dem gaben wir versalzne Suppen,
Daß er das Fläschlein wohl möcht luppen[4];
Wie schnell ist er davongeflogen,
Das Fläschlein hat er oft gezogen,
Wir wollten ihm ein Brieflein geben,
Doch er tät eilig weiterstreben.
Wir kommen wohl auch so zurecht[5],
Kellner und Köche, Magd und Knecht,
Die in der Küche zu schaffen haben.
Wir tragen auf nach Kundschaft und Gaben,
Draus kein Bedenken uns entsteht,
Aus *unserm* Säckel es nicht geht;
Zumal, wenn unsre Herrschaft aus
Und sonsten niemand ist im Haus,
Dann schlemmen wir und tabernieren[6],
Auch fremde Prasser heim wir führen
Und geben da gar manchen Stoß
Den Kannen, Krügen, Flaschen groß.
Wenn nachts die Herrschaft geht zur Ruh,
Und Tor und Riegel sind fest zu,
Dann trinken wir nicht vom schlechtesten Naß
Und zapfen aus dem größten Faß,
So kann man es so leicht nicht spüren.

---

1. Kellermeister. – 2. Dienstboten (mhd. *ê* = Gebot); eigentlich diejenigen, die ein Gebot zu halten verpflichtet sind. – 3. Gemeint ist einer der Boten aus dem vorigen Kapitel, V. 23. – 4. Lüpfen, ihm zusprechen. – 5. *Des kumen wir die straß hie schlecht,* d. h., deshalb kommen wir die Straße hier so einfach, unangemeldet daher. – 6. Zechen wie in der Taberne (= Kneipe, Wirtshaus).

Ins Bett wir dann einander führen,
Doch ziehen wir zwei Socken an,
Daß uns der Herr nicht hören kann,
Und hört man dann doch etwas krachen,
Wähnt man, daß es die Katzen machen.
Alsdann nach einer kleinen Frist,
Vermeint der Herr, daß ihm noch ist
Im Fäßlein mancher gute Trunk,
So macht der Zapfen: glunk, glunk, glunk!
Das ist ein schlimmes Zeichen, daß
Nur wenig mehr ist in dem Faß.

  Sodann wir fleißig darauf achten,
Daß wir zurichten viele Trachten[7]
Und damit Lust und Magen reizen,
Mit Kochen, Sieden, Braten, Beizen,
Mit Rösten, Backen, Pfefferbrei;
Mit Zucker, Gewürz und Spezerei
Bereiten Trank wir und Gericht[8],
Daß an der Stiege sich mancher erbricht,
Oder er muß es von sich purgieren
Mit Sirupen und mit Klistieren.
Drob machen wir nicht viel Geschrei,
Werden wir doch selbst voll dabei,
Da wir uns selber nicht vergessen:
Das Beste aus dem Topf *wir* essen;
Denn würden wir auch vor Hunger sterben,
Es hieß doch, das Schlemmen tät uns verderben.
Der Kellner spricht: „Brat mir 'ne Wurst,
Herr Koch, so lösch ich dir den Durst!"
Der Kellner ist des Weins Verräter,

7. Gerichte. – 8. *Geben wir eym eyn oxymell*, d. h. einen scharfen
Trank aus Essig und Honig, der als Kühlungsmittel beliebt war.

So ist der Koch des Teufels Bräter,
Hier wird er gewohnt das Küchenfeuer,
Drum scheints ihm *dort*[9] nicht ungeheuer.
Kellner und Köche sind selten leer,
Sie tragen auf und mühn sich sehr:
Zum Narrenschiff steht ihr Begehr.
Als Joseph nach Ägypten kam,
Der Köche Fürst ihn zu sich nahm,
Und Zion gewann Nabursadam[10].

9. In der Hölle. – 10. Vgl. 1. Mose 40; 2. Könige 25, 8 ff. Worauf
Brant mit diesen Exempeln anspielt, ist unklar; vermutlich ist das
Schicksal des betrügerischen Kochs (lat. *princeps pistorum*) gemeint,
der durch den Pharao gehenkt wurde, sowie die Tatsache, daß bei
der Zerstörung Jerusalems durch Nebusaradan alle Kämmerer des Königs getötet wurden.

82.

Ich hätt vergessen fast bei mir,
Daß ich nicht noch ein Schiff einführ':
Der Bauern Narrheit treff ich hier!

Von bäurischem Aufwand

Die Bauern ziemlich einfach waren
Noch kürzlich in vergangnen Jahren;
Gerechtigkeit war bei den Bauern;
Als die entfloh der Städte Mauern,
Wollt sie in strohernen Hütten sein,
Bevor die Bauern tranken Wein,
Den sie jetzt gerne bei sich dulden.
Sie stecken sich in große Schulden;
Wiewohl jetzt Korn und Wein gilt viel,
Nehmen sie doch auf Borg und Ziel[1]
Und wollen bezahlen nicht beizeiten,
Man muß sie bannen und verläuten[2].
Der Zwillch[3] schmeckt ihnen nicht mehr sehr,
Sie wollen keine Joppen mehr;
Es muß sein leydensch und mechelsch[4] Kleid
Und ganz zerhacket und gespreit[5]
Mit aller Farb, Wild über Wild[6],
Und auf dem Ärmel ein Kuckucksbild[7].
Das Stadtvolk lernt von Bauern jetzt,
Wie man das Laster besser schätzt;
Aller Beschiß geht von Bauern aus,
Alle Tag wolln sie neue Moden im Haus,
Keine Schlichtheit ist mehr in der Welt;
Die Bauern stecken ganz voll Geld,

1. Termin des Zurückzahlens. – 2. Auch unterbliebener Zahlung wegen
konnte man geächtet werden; vgl. Anm. 2 zu Kap. 71. – 3. Doppelt
gewebtes Tuch, Sackleinen. – 4. Tuch aus Leiden oder aus Mecheln;
die niederländischen Stoffe galten in jener Zeit als die besten. – 5. Ge-
schlitzt und mit andersfarbigem Tuch unterlegt. – 6. Doppeldeutig:
mit allerlei Pelzwerk besetzt, oder: seltsam, fremdartig; vgl. Anm. 7
zu Kap. 4. – 7. *eyn gouchs byld* = Narrenbild; solche Bilder wurden
wirklich auf dem Ärmel getragen.

Sie speichern Wein und Weizen auf
Und andres und erschweren den Kauf
Und machen es so lange teuer[8],
Bis Blitz und Donner kommt mit Feuer
Und ihnen abbrennt Korn und Scheuer.

Desgleichen zu unsern Zeiten auch
Ist auferstanden mancher Gauch,
Der sonst ein Bürger und Kaufmann war,
Will adlig sein und Ritter gar.
Der Edelmann möcht sein Freiherr,
Der Graf wünscht, daß ein Fürst er wär,
Der Fürst die Krone des Königs begehrt;
Viel werden Ritter, die kein Schwert
Gezogen je für Gerechtigkeit.
Die Bauern tragen seiden Kleid
Und goldne Ketten an dem Leib;
Es geht daher ein Bürgersweib
Viel stolzer, als eine Gräfin tut.
Wo Geld jetzt ist, da ist Hochmut;
Was eine Gans an der andern nimmt wahr,
Drauf ist sie gerichtet ganz und gar,
Das muß sie haben; es schmerzt sonst sehr.
Der Adel hat keinen Vorzug mehr.
Man sieht eines Handwerksmannes Weib,
Die größern Wert trägt auf dem *Leib*
An Rock, Ring, Mantel, Borten schmal,
Als sie im *Haus* hat allzumal.
Daran verdirbt manch Biedermann,
Der mit dem Weib muß betteln dann,
Im Winter trinken aus irdenem Krug,

8. *und machen selber jnn eyn dür*, d. h. sorgen selbst für eine Teuerung.

Daß seinem Weibe er tue genug;
Und hat sie heut alles, wonach es sie drängt –
Gar bald es bei dem Trödler hängt.
Wer Frauengelüsten will folgen doch,
Den friert gar oft, spricht er auch: „Schoch[9]!"
In allen Landen herrscht große Schande,
Keiner begnügt sich mit seinem Stande,
Niemand bedenkt, was die Vorfahren waren,
Drum ist die Welt jetzt voll von Narren.
So daß ich wohl die Wahrheit sag:
Der Dreispitz, der muß in den Sack[10]!

---

9. Ein Ausruf bei Hitze, etwa: „Uff, wie heiß!" – 10. D. h., man will
seinen Kopf durchsetzen, das Unmögliche doch versuchen. Der Sinn dieses Bildes (mit *dry spitz* könnte eine Fußangel gemeint sein) läßt sich
trotz des Holzschnittes nicht völlig erklären; in Murners *Narrenbeschwörung* (1512) heißt es erläuternd: „Der stoßt den dryspitz in den
sack / Der me wil thuon, dann er vermag" (Kap. 51).

83.

Viel Narren freut nichts in der Welt,
Es sei denn, daß es schmeck nach Geld;
Die gehören auch ins Narrenfeld.

Von Verachtung der Armut

Geldnarren sind auch überall
So viel, daß man nicht kennt die Zahl,
Die lieber haben Geld als Ehr.
Nach Armut fragt jetzt niemand mehr;
Man kommt auf Erden dort kaum aus,
Wo nichts als Tugend ist im Haus.
Weisheit tut man nicht Ehr mehr an,
Und Ehrbarkeit muß hinten stahn;
Sie kommt kaum noch auf grünen Zweig,
Man will jetzt, daß man ihrer schweig';
Und wer nach Reichtum nur begehrt,
Der schaut auch, daß er reich bald werd,
Und scheut nicht Sünde, Wucher, Schand,
Nicht Mord, Verrat am eignen Land;
Das ist jetzt üblich in der Welt.
All Schlechtigkeit find't man um Geld:
Gerechtigkeit um Geld ist feil,
Ums Geld käm mancher an ein Seil[1],
Käm er mit Geld nicht aus der Haft;
Um Geld bleibt Sünd oft ungestraft.
Ich sag dir deutsch, wie ich das meine.
Man henkt die kleinen Dieb' alleine;
Eine Bremse nicht im Spinnweb klebt,
Die kleine Mücke nur drin schwebt[2].
Ahab war ehmals nicht zufrieden,
Daß ihm ein Königreich beschieden,
Bis er den Weinberg Naboths[3] nahm,
Der arm ohn Recht zu Tode kam.

---

1. An den Galgen. – 2. Nach einem alten lat. Sprichwort (*Irretit muscas, transmittit aranea vespas*). – 3. Vgl. 1. Könige 21, 1–16.

Der Arme muß stets in den Sack;
Was Geld bringt, ist gut von Geschmack.
Armut, die jetzo ganz unwert,
War einstmals lieb und hochgeehrt
Und angenehm *der goldnen Welt*[4].
Da hat niemand geachtet Geld
Oder etwas besessen allein:
Alle Dinge waren da gemein,
Und man an *dem* Genügen fand,
Was ohne Arbeit jedes Land
Und die Natur ohn Sorgen trug.
Doch als gebraucht erst ward der Pflug,
Fing man auch gierig an zu sein,
Da kam auch auf: „Wär mein, was dein!"
All Tugend wär noch auf der Erde,
Wenn man nur Ziemliches begehrte.
Armut ist eine Gabe von Gott,
Wiewohl sie jetzt der Welt ein Spott;
Das macht allein, weil niemand ist,
Der bedenkt, daß Armut nichts gebrist,
Und daß *der* nichts verlieren kann,
Der nichts gehabt von Anfang an,
Und daß *der* leicht kann schwimmen weit,
Der nackend ist und ohne Kleid.
Ein Armer singt frei durch die Welt,
Dem Armen selten etwas fehlt[5].
Die Freiheit hat ein armer Mann,
Daß er doch betteln gehen kann,
Obschon man ihn sieht übel an;

4. Dem Goldenen Zeitalter. Die folgende Schilderung geht auf Ovids
Metamorphosen I, 89 ff. und auf Vergils Georgica I, 125 ff. zurück. –
5. *seltten üt entpfalt*, d. h. etwas entfällt, abhanden kommt.

Und wenn man ihm auch gar nichts reicht,
So bleibt sein Gut wie vorher *leicht*.
Bei Armut fand man bessern Rat,
Als Reichtum je gegeben hat,
Das zeigt uns Quintus Curius
Und der berühmte Fabricius[6],
Der wollte nicht haben Gut noch Geld,
Sondern hat Ehr und Tugend erwählt.
Armut gab ehmals Fundament
Und Anfang allem Regiment;
Armut gebaut hat jede Stadt;
All Kunst[7] Armut erfunden hat;
Armut ist ohne Schlechtigkeit,
Aus Armut wächst Ehr allezeit[8];
Bei allen Völkern auf der Erde
Stand Armut lang in hohem Werte;
Es hat durch sie der Griechen Hand
Viel Städt bezwungen, Leut und Land.
Aristides war arm und gerecht,
Epaminondas streng und schlecht[9],
Homer war arm und doch gelehrt,
In Weisheit Sokrates geehrt,
Und Phocion[10] keiner an Mild übertrifft.

6. M. Curius Dentatus, ein römischer Feldherr, der die Samniter und
Ausonier besiegte, wurde wegen seiner freiwilligen Armut gerühmt;
C. Fabricius Luscinus, ein römischer Konsul, wies nicht nur Geschenke
des Pyrrhus zurück, sondern lehnte auch das Angebot eines Verräters,
den Pyrrhus zu vergiften, ab und warnte selbst den Bedrohten. –
7. D. h. Wissenschaft und Kunst. – 8. Im Original: *Alls übels Armuot
ist wol on / All ere uß Armuot mag erston*. – 9. Schlicht. Aristides,
athenischer Staatsmann und Feldherr († um 467 v. Chr.), führte den
Beinamen „der Gerechte"; Epaminondas, thebanischer Feldherr, der
im Kampf gegen Sparta fiel († 362 v. Chr.), galt als Muster strenger
Zucht und Bedürfnislosigkeit. – 10. Athenischer Feldherr († 318
v. Chr.), der wegen seiner Freigebigkeit gerühmt wurde.

Das Lob hat Armut in der Schrift:
Nichts ward auf Erden je so groß,
Das nicht zuerst aus Armut floß.
Das Römische Reich, sein hoher Nam'
Anfänglich her aus Armut kam.
Denn welcher merkt und bedenkt dabei,
Daß Rom von Hirten erbauet sei
Und von armen Bauern lang regiert,
Danach von Reichtum ganz verführt,
Der kann wohl merken, daß Armut
Rom besser war als großes Gut.
Wär Krösus arm, doch klug gewesen,
Er hätt behalten, was er besessen;
Man fragte Solon[11] um Bescheid,
Ob jener hätte Seligkeit[12] –
Denn er war mächtig, reich, geehrt –,
Da sagte Solon: „Auf der Erd
Nenn keinen selig vor dem Tod,
Man weiß nicht, was ihm all noch droht!"
Wer meint noch festzustehen heut,
Der kennt doch nicht die künftge Zeit!
Der Herr sprach: „Euch sei Weh und Leid!
Ihr Reichen, habt hier eure Freud,
Genießet euer Gut auf Erden,
Doch selig wird der Arme werden[13]!"
Wer sich mit Lügen errafft Besitz,
Der ist durchtrieben und ganz unnütz
Und mästet selbst sein Mißgeschick,

---

11. Gesetzgeber von Athen (um 594 v. Chr.), einer der „Sieben Weisen"; der überlieferte Ausspruch nach Plutarch. – 12. In der älteren Bedeutung: Glückseligkeit, Wohlsein. – 13. *Sellig der arm mit fryem muot;* vgl. Markus 10, 24 u. Matthäus 5, 3.

Daß er erwürg' am Todesstrick[14].
Wer einem Armen Unrecht tut
Und damit häufen will sein Gut,
Trifft einen Reichern, der erpreßt
Sein Gut und *ihn* in Armut läßt[15].
Richt' nicht die Augen auf das Gut,
Das allzeit von dir fliehen tut;
Gleichwie der Adler, so gewinnt
Es Federn und fliegt durch den Wind[16].
Wärs gut, auf Erden reich zu leben,
Hätt Christus sich nicht der Armut ergeben[17].
Wer spricht, daß er ohn Mängel wär,
Nur sei die Tasch ihm pfennigleer,
Derselbe ist in der Narrheit Bann,
Ihm fehlt mehr, als er sagen kann,
Vor allem, daß er nicht erkennt,
Daß er sei ärmer, als er wähnt.

14. Sprüche Salomonis 21, 6. – 15. Sprüche Sal. 22, 16. – 16. Sprüche
Sal. 23, 5. – 17. Im Original: *Wer guot uff erden rich hye syn / Christus wer nit der ärmst gsyn* (der Ärmste gewesen).

84.

Es greift gar mancher hurtig zum Pflug
Und endet zuletzt doch übel genug,
Weil er den Gauch aus dem Nest nicht trug[1].

Vom Beharren im Guten

Die Hand legt mancher an den Pflug[2]
Und hat zuerst Verlangen genug
Nach Weisheit und nach gutem Werk
Und steigt doch nicht empor zum Berg,
Der ihn führt zu des Himmels Auen,
Er muß vielmehr zurück oft schauen,
Denn ihm gefällt Ägyptenland,
Wo mancher volle Fleischtopf stand[3],
Und läuft den Sünden weiter nach
Wie mancher Hund dem, was er brach
Und oftmals neu verschlungen hat[4] –
Für solchen gibts nur wenig Rat.
Die Wunde selten sich wieder schließt,
Die oft schon aufgebrochen ist;
Wenn sich der Sieche nicht recht hält
Und zurück in seine Krankheit fällt,
So ist zu fürchten, daß er dann
In Zukunft kaum genesen kann.
Viel besser ists, ans Werk nicht gehn,
Als nach dem Anfang abzustehn.
Gott spricht: „Ich wollt, du hättst Gestalt,
Daß warm du wärest oder kalt;
Aber dieweil du lau willst sein,
Bist du zuwider der Seele mein[5]!"
Wenn einer tat viel Gutes schon,
Wird ihm doch nicht der rechte Lohn,
Wenn er nicht ausharrt bis ans Ende.

1. *Das duot / der gouch der blibt jm nest,* d. h., er bleibt doch der alte
Narr. – 2. Vgl. Lukas 9, 62. – 3. Vgl. 2. Mose 16, 3. – 4. Sprüche Salomonis 26, 11. – 5. Offenbarung Joh. 3, 15. 16.

Aus großem Übel kam behende
Und ward erlöst die Hausfrau Lot,
Doch da sie nicht hielt das Gebot
Und wieder umsah hinter sich,
Blieb sie da stehn ganz wunderlich[6].

    Ein Narr läuft wieder zu seiner Schelle,
Gleichwie der Hund zu seinem Gewölle[7].

6. Vgl. 1. Mose 19, 15-26. – 7. Dem Ausgewürgten.

85.

Kann Adel, Gut, Kraft, Jugendzier
In Fried und Ruh sein, Tod, vor dir?
All das, was Leben je gewann
Und sterblich ist – das muß daran.

Sich des Todes nicht versehen

All die wir leben hier auf Erden,
Ihr lieben Freund', betrogen werden,
Weil wir nicht vorzusehn gewohnt
Den Tod, der unser doch nicht schont.
Wir wissen, und es ist uns kund,
Daß uns gesetzet ist die Stund,
Und wissen nicht wo, wann und wie?
Doch ließ der Tod noch keinen hie,
Wir sterben all und fließen hinnen
Wie Wasser, die zur Erde rinnen.
Darum sind wir gar große Narren,
Daß wir nicht denken in viel Jahren,
Die uns Gott deshalb leben läßt,
Daß wir uns rüsten auf das best'
Zum Tod und lernen, daß wir hinnen
Einst müssen, ohne zu entrinnen[1].
Der Wein ist schon getrunken drauf,
Wir können nicht abstehn vom Kauf[2];
Die erste Stund die letzte brachte,
Und wer den ersten ehmals machte,
Der wußt auch, wie der letzt' würd sterben.
Aber die Narrheit tut uns färben[3],
Daß wir gedenken nicht daran,
Wie uns der Tod nicht lassen kann
Und unsers hübschen Haars nicht schonen,
Noch unsrer grünen Kränz und Kronen.
Mit Recht „Hans Acht-sein-nit" er heißt,

---

1. Im Original dringlicher: *Und leren / das wir müssen künnen / Und mögen jnn keyn entrynnen.* – 2. Der Weintrunk galt als **feierliche** Bestätigung eines abgeschlossenen Kaufes oder Vertrages. – 3. Betrügen.

Denn wenn er greift und an sich reißt,
Sei er auch stark und schön und jung,
Den lehrt er gar seltsamen Sprung,
Den billig ich den Todsprung heiß',
So daß ihm ausbricht kalter Schweiß
Und streckt und krümmt sich wie ein Wurm,
Denn da tut man den rechten Sturm[4].

O Tod, was hast du für Gewalt,
Dieweil du hinnimmst jung und alt!
O Tod, wie ist so hart dein Nam'
Für Adel, Macht und hohen Stamm;
Für den zumal, der Freud und Mut
Allein gesetzt auf zeitlich Gut!
Der Tod mit gleichem Fuß zertritt
Des Königs Saal, des Hirten Hütt[5]:
Er achtet Pomp nicht, Macht noch Gut,
Dem Papst er wie dem Bauern tut.
Drum ist ein Tor, wer will entfliehn
Dem, dem er sich nicht kann entziehn,
Und meint, wenn er die Schellen schüttelt,
Daß ihn der Tod alsdann nicht rüttelt;
Mit *der* Bedingung kommt fürwahr
Ein jeder, daß er wieder fahr'
Von hinnen und dem Tod zustehe,
Wenn von dem Leib die Seele gehe.
Nach *gleichem* Recht der Tod hinführt
Das, was das Leben je berührt:
Du stirbst, *der* bleibt noch länger hie,
Doch keiner bleibt auf Dauer nie:

4. D. h. Kampf. Die Totentänze waren seit dem Spätmittelalter ein
beliebtes Thema der Dichtung und bildenden Kunst. – 5. Nach Horaz,
Oden I, 4, 13.

Die tausend Jahr erlebten schon –
Die mußten schließlich doch davon.
Der Rock war kaum getragen ab,
Da folgt der Sohn dem Vater ins Grab;
Ein andrer den Tod *vorm* Vater schaut,
Man findet auch manche Kälberhaut[6].
Je einer fährt dem andern nach,
Und wer nicht *wohl* stirbt, findet Rach[7].

Auch lassen *die* ihre Narrheit scheinen,
Welche um Tote trauern und weinen,
Ihnen mißgönnen ihre Ruh,
Der wir doch alle streben zu.
Denn keiner geht zu früh dort ein,
Wo er in Ewigkeit muß sein;
Es geschieht gar manchem wohl daran,
Daß Gott ihn zeitig ruft hindann.
Der Tod bracht manchem Nutzen ein,
Trübsal ward ihm erspart und Pein.
Viel haben den Tod auch selbst begehrt,
Und andern erschien er Dankes wert,
Zu denen er ungerufen gegangen:
Er machte frei viel, die gefangen,
Und hat viel aus dem Kerker gebracht,
Denen der ewig war zugedacht.
Das Glück teilt ungleich arm und reich,
Aber der Tod macht alles gleich;
Er ist ein Richter, der fürwahr
Nichts abläßt, wenn man ihn bittet gar.
Er ists allein, der alles lohnt,
Der keinen jemals hat geschont

6. Unter den Häuten gibt es auch Kalbsfelle, d. h., es sterben auch
junge Geschöpfe (sprichwörtlich). – 7. Vergeltung.

Und keinem je gehorsam ward –
Sie mußten all auf seine Fahrt
Und ihm nachtanzen seinen Reihen:
Päpst', Kaiser, König', Bischöf', Laien,
Deren mancher noch niemals gedacht,
Daß man den Vortanz ihm gebracht,
Und er muß tanzen in dem Gezotter[8]
Den Westerwälder und den Trotter;
Wenn er hätt eher daran gedacht,
Es wär nicht gekommen so über Nacht.

Jetzt ist dahin manch großer Narr,
Der um sein Grab voll Sorge war
Und wandte dran so viel an Gut,
Daß es noch manchen wundern tut:
Das Mausoleum, wo den Gatten
Artemisia[9] ließ bestatten
Und so viel Kosten daran wandt'
Mit großer Zier und offner Hand,
Daß man es eins jener Wunder nennt,
Von denen sieben der Erdkreis kennt;
Auch Gräber in Ägyptenland,
Die Pyramiden man genannt –
So baute Chemnis[10] sich ein Grab
Und hing daran sein Gut und Hab,
Da dreimalhunderttausend Mann
Und sechzigtausend werkten dran,
Denen gab an Kraut er alsoviel,

8. *gzotter* ist die Reihe der beim Tanzen Hintereinandertretenden
(heute zotteln = nachschleppen, nachhängen). Die folgenden Namen
bezeichnen zwei beliebte Tänze jener Zeit. – 9. Artemisia II. war die
Gemahlin des Königs Mausolos († 352 v. Chr.), von dessen Namen die
Bezeichnung für monumentale Grabstätten abgeleitet wurde –
10. Cheops.

(Der andern Kost ich schweigen will),
Daß wohl kein Fürst wär jetzt so reich,
Der das bezahlte jenem gleich[11];
Ein gleiches Amasis vollbrachte,
Wie Rhodope auch eins sich machte.
Welch große Torheit doch der Welt,
Daß man wandte so vieles Geld
An Gräber, da man wirft hinein
Den Aschensack, die Totenbein[12],
Und gab so große Summen aus,
Daß man den Würmern macht ein Haus,
Und für die Seele will nichts geben,
Die doch in Ewigkeit muß leben!

    Der Seel hilft nicht ein kostbar Grab,
Daß einen Marmorstein man hab'
Und aufhäng' Schild, Helm, Banner groß;
„Hier liegt ein Herr und Wappengenoß!"
Haut man ihm dann in einen Stein.
Der rechte Schild ist ein Totenbein,
Dran Würmer, Schlangen, Kröten nagen,
Das Wappen Kaiser und Bauer tragen,
Und wer hier zieht einen feisten Bauch,
Speist seine Wäppner am längsten auch.
Da ist ein Fechten, Reißen, Brechen,
Die Freunde sich um das *Gut* erstechen,
Denn jeder möcht es ganz behalten –
Die Teufel mit der *Seele* schalten
Und tun mit der wüst triumphieren,

---

11. Wie Herodot berichtet, sollen beim Bau der Pyramide des Cheops
bei Gizeh 1600 Silbertalente für Zwiebeln und Knoblauch ausgegeben
worden sein. – 12. *Den äsch sack und die schelmen beyn;* vgl. Anm. 1
zu Kap. 54.

Von einem Bad sie ins andre führen,
Von Eiseskälte in glühende Hitz.
Wir Menschen leben ganz ohn Witz[13],
Daß wir der Seel nicht nehmen wahr,
Des Leibes sorgen immerdar.

   Die ganze Erde ist Gott geweiht,
Wohl ruht, wer stirbt ohn Angst und Leid[14].
Der Himmel manchen Toten deckt,
Der unter keinem Stein sich streckt.
Wie könnte der haben ein schöner Grab,
Dem das Gestirn glänzt von oben herab?
Gott find't die Gebeine zu seiner Zeit.
Das Grab der Seel keine Freude leiht[15]:
Wer *wohl* stirbt, hat das beste Grab,
Wer sündig stirbt, fährt schlimm hinab[16].

13. Ohne Verstand. – 14. Die Verse Brants sind einfacher, aber nicht
übertragbar: *All erd die ist gesägnet gott / Wol lyt* (liegt) *der / der
do wol ist dott.* – 15. Diese Zeile fehlt im Original; erst die Straßburger Ausgabe von 1512 ergänzt das Reimpaar. – 16. Im Original:
*Wer wol styrbt / des grab ist das höhst / Der sünder dot / der ist der
bösst.*

86.

Wer meint, daß Gott nicht strafend dräut,
Weil er oft zögert lange Zeit,
Den trifft der Donner wohl noch heut.

Von Verachtung Gottes

Der ist ein Narr, der Gott nicht achtet,
Zu widersprechen ihm stets trachtet,
Und meint, er sei den Menschen gleich,
Daß er sich foppen laß und schweig.
Denn mancher fest und sicher glaubt,
Wenn ihn der Blitzstrahl nicht beraubt
Des Hauses gleich und schlägt ihn tot,
Wenn er sein Frevelstück darbot,
Und wenn er nicht stirbt jähelich –
Er brauch nicht mehr zu fürchten sich,
Denn Gott hab sein vergessen doch
Und warte lange Jahre noch
Und werd ihm dazu lohnen auch.
Damit versündigt sich manch Gauch,
Der in der Sünde recht verharrt;
Darum, daß Gott sein etwa spart,
Denkt er zu raufen ihm den Bart,
Als ob er mit ihm scherzen wolle
Und solches Gott vertragen solle.
      Hör zu, o Tor; werd weise, Narr!
Versäum dich nicht, nicht länger harr[1]!
Es trägt fürwahr ein grausam Band
Der, welcher Gott fällt in die Hand,
Denn ob er auch dich lange schont,
So wird dir schließlich doch gelohnt.
Manchen läßt sündigen Gott der Herr,
Daß er ihn strafe desto mehr
Und ihm heimzahle auf einmal;

1. *Verloß dich nit uff solche harr*, eine Anspielung auf das Hinaus-
schieben des Zahlungstermins durch den Gläubiger; vgl. Kap. 25.

Man spricht, das mach' den Säckel kahl[2].
Mancher, der stirbt in Sünden klein,
Dem tut Gott solche Gnade an,
Daß er ihn zeitig nimmt hindann,
Damit er nicht viel Sünd auflade
Und größer werd der Seelen Schade.
Gott will den Reuigen erweisen
Barmherzigkeit, wie er verheißen;
Doch keinem Sünder er verhieß,
Daß er ihn so lang leben ließ,
Bis ihn die Besserung überkäme
Und er zum Guten sich bequeme.
Gott gäb wohl manchem Gnade heut,
Dem morgen er mit Zorne dräut.
Ezechias[3] von Gott erwarb,
Daß er am Lebensziel nicht starb,
Sondern noch fünfzehn Jahre weilte,
Dagegen Belsazar der Tod ereilte[4].
Die Hand von aller Freud ihn trieb,
Die Mene Tekel Upharsin[5] schrieb;
Er war zu leicht nach dem Gewicht,
Drum ward entzogen ihm sein Licht;
Er merkte nicht, wie sein Vater[6] war
Durch Gott gestraft vor manchem Jahr
Und sich zur Buß und Besserung kehrte,
Darum der Herr ihn auch erhörte,
Daß er in Viehes Gestalt nicht starb,
Durch Reue sich Gnadenfrist erwarb.

2. Das mache reine Rechnung. – 3. Hiskia; vgl. 2. Könige 20, 1-6. –
4. *Balthesar durch sünd sym ziel kam vor,* d. h. starb auf Grund seiner Sünden vor der Zeit; vgl. Daniel 5. – 5. *Mane / Phares / Thetel*
(nach der lat. Vulgata), d. h. gezählt, gewogen, zerteilt. – 6. Nebukadnezar; vgl. Dan. 5, 18 ff.

Der Sünden wie der Jahre Zahl
Ist jedem festgesetzt zumal,
Und wer in Eile sündigt viel,
Eilt nur damit zum letzten Ziel.
Viel sind schon dieses Jahr gestorben,
Die, hätten Besserung sie erworben,
Ihr Stundenglas gedreht bei Zeit,
So daß der Sand nicht abgelaufen,
Wohl ohne Zweifel noch lebten heut.

87.

Wer lästert Gott mit Fluchen, Schwören,
Der lebt mit Schand und stirbt ohn Ehren;
Weh solchen auch, die dem nicht wehren!

Von Gotteslästerung

Die größten Narren auch ich kenne,
Doch weiß ich nicht, wie man sie nenne,
Die unzufrieden[1] mit aller Sünd
Sich zeigen als des Teufels Kind;
Die öffentlich bezeugen, daß
Sie seien gegen Gott voll Haß
Und leben mit ihm in Widerstreit.
Der hält wohl Gott Ohnmächtigkeit,
Der andre ihm seine Marter vor,
Seine Milz, sein Hirn, Gekrös und Ohr[2].
Wer oft und ungewöhnlich schwor,
Wogegen doch Natur und Recht,
Der gilt jetzt als ein wackrer Knecht,
Der muß den Spieß, die Armbrust tragen
Und darf es wohl mit Vieren wagen
Und bei der Flasche tapfer sein.
Mordschwüre schallen laut beim Wein
Und bei dem Spiel um wenig Geld;
Kein Wunder wärs, wenn Gott die Welt
Um solche Schwür' ließ untergehn;
Der Himmel könnt in Stücke gehn,
So lastert und so schmäht man Gott.
All Ehrbarkeit ist leider tot,
Das Recht legt keine Strafen drauf,
Drum trifft uns auch der Plagen Hauf,
Weil es so öffentlich geschieht,

1. *nit benügt*, d. h. kein Genüge finden. – 2. Nämlich in den Schwur-
formeln und Flüchen, in denen man Gottes und Christi Namen außerdem verdrehte; statt Gottes (*gotz*) wurde „botz, potz" gesagt (z. B.
botz marter, botz leichnam, botz schweiß), oder „Sapristi!" (aus lat.
sacrum corpus Christi).

Daß alle Welt es hört und sieht;
Kein Wunder, droht nun mit Gericht
Gott selbst, denn länger trägt ers nicht.
Er selbst befahl, wenn man ihn höhne,
Zu steinigen dann Jakobs Söhne[3].
Einst fluchte Sanherib[4] auf Gott
Und ward geplagt mit Schand und Spott;
Lykaon und Mezentius[5]
Empfand das und Antiochus[6].

3. Vgl. 3. Mose 24, 16. – 4. 2. Könige 19. – 5. Ovids Metamorphosen I,
198 ff.; Vergils Aeneis VII, 648. – 6. 2. Makkabäer 9.

88.

Wer meint, daß Gott uns straf zuviel,
Weil er uns oftmals plagen will,
Des Plage steht kurz vor dem Ziel[1].

Von Plage und Strafe Gottes

Ein Narr ist, wer für Wunder hält,
Daß Gott der Herr jetzt straft die Welt
Und Plag auf Plage schicket noch,
Dieweil wir seien Christen doch,
Und unter diesen viel geistliche Leut
Mit Fasten und Gebet allzeit
Ihm dieneten ohn Unterlaß.
Doch hör, kein Wunder dünkt mich das,
Weil du nicht findest *einen* Stand,
Mit dem es übel nicht bewandt,
Der nicht abnehme und verfalle.
Drum gilt des Weisen Spruch[2] für alle:
„Weil du zerbrichst, was ich bereite,
So bleibt nur Reue für uns beide,
Und unsre Mühe ist verlorn!"
So spricht auch sonst der Herr mit Zorn[3]:
„Wenn ihr nicht haltet mein Gebot,
Will ich euch geben Plag und Tod,
Krieg, Hunger, Pestilenz und Hitz,
Samt Teurung, Reif, Kält, Hagel, Blitz,
Und mehren dies von Tag zu Tag;
Will nicht erhörn Gebet noch Klag;
Ob Moses auch und Samuel
Mich bäten, bin ich doch der Seel
So feind, die treibt mit Sünde Spott,
Daß Plag sie trifft – dieweil ich Gott!"

1. *Des plag ist nit eyn viertel myl,* d. h. ist nicht eine Viertelmeile
entfernt = sehr nahe. – 2. Jesus Sirach 34, 28. – 3. Vgl. Jeremia 14 u.
15, 1 ff.; Ezechiel 14, 12 ff. (es handelt sich um eine freie Kombination
verschiedener Stellen aus den Propheten).

Schon an der Juden Land ward klar,
Daß es durch Sünd verloren war;
Wie oft sie Gott vertrieben hat
Um Sünde aus der heiligen Stadt.
Den Christen ging sie auch verlorn,
Weil sie verdienten Gottes Zorn.
Noch mehr Verlust muß ich besorgen,
Und daß es wird noch schlimmer morgen[4].

4. *Myn sorg ist wir verlyeren me* (als das heilige Land) / *Und das es uns noch übler gee* (gehe).

89.

Wer um 'ne Pfeif des Maultiers wird quitt,
Genießt selbst seines Tausches nit
Und muß oft gehn, wenn er gern ritt'.

Von törichtem Tausche

Viel größre Mühe hat ein Narr,
Daß seine Seel zur Hölle fahr',
Als je ein Eremit noch hat
Gehabt an heimlich-wüster Statt,
Wo er Gott dient mit Beten, Fasten.
Man sieht, was Hoffart trägt für Lasten,
Wie man sich putzt, schminkt, nestelt, schnürt
So fest, daß kaum ein Glied sich rührt.
Die Gier treibt manchen über See
Durch Ungewitter, Regen, Schnee
Nach Norwegen und Lappenland.
Kein Buhler Ruh noch Rast je fand;
Die Spieler haben schlechte Zeit
Und auch der Schnapphahn, der zum Streit
Selbst untern Galgen[1] waget sich.
Des Prassers will geschweigen ich,
Der allzeit voll ist bis ans Herz,
Welch Druck der hat und stillen Schmerz;
Die Eifersucht hats nicht aufs Beste
Aus Furcht vorm andern Gauch im Neste;
Die eignen Glieder kocht der Neid.
Um Gottes Ehr trägt niemand Leid
Und fasset in Geduld die Seel
Wie Noah, Hiob und Daniel.
Gar vielen Böses nur gefällt,
Von wenigen Gutes wird erwählt.
Ein *Weiser* Gutes wählen soll,
Das Böse kommt von selber wohl.

---

1. *Uff den halßacker*, d. h. auf ein Tätigkeitsfeld, wo es um den Hals geht, wo das Halsgericht droht (gemeint ist der Wegelagerer).

Wer gibt das Himmelreich um Mist,
Der bleibt ein Narr, wer er auch ist;
Des Tausches wird nie froh im Mut,
Wer Ewiges gibt um zeitlich Gut;
Denn daß ichs kurz im Wort begreife:
Er gibt den Esel um 'ne Pfeife.

90.

Den Vater und die Mutter ehre,
Auf daß dir Gott die Tage mehre,
Und nicht dein Lob in Schand sich kehre!

Ehre Vater und Mutter

Der ist ein Narr, ganz offenbar,
Wer Kindern gibt, was *ihm* not war
Zum eignen Leben; in dem Wahn,
Daß sich das Kind nähm seiner an
Und ihm auch helfe in der Not.
Dem wünscht man jeden Tag den Tod,
Der wird gar bald unwert als Gast,
Den Kindern sein zur Überlast.
Doch ihm geschieht wohl halbwegs recht,
Weil er sich hat bedacht so schlecht,
Daß er mit Worten sich ließ krauen:
Drum soll man ihn mit Kolben hauen[1]!

    Doch lebt nicht lange auf der Erd,
Wem Vater und Mutter nicht sind wert;
In Finsternis verlöscht das Licht
Des, der die Eltern ehret nicht[2].
Um des Vaters willen traf Absalon[3]
In jungen Jahren böser Lohn,
Desgleichen ward verfluchet Ham[4],
Weil er entblößt des Vaters Scham,
Belsazar hatte wenig Glück,
Weil er den Vater hieb in Stück'[5];
Auch Sanherib[6] durch die Söhne starb,
Deren keiner doch das Reich erwarb;

---

1. *Des sol man jm mit kolben lusen;* ein schon in den Fastnachtsspielen auf Narren gemünztes Sprichwort: Narren soll man mit Kolben lausen! Ähnliche Sprichwörter waren in jener Zeit namentlich in Beziehung auf törichte Eltern verbreitet: *Wer seinen kinden gibt brot Und selbst leidet not Den schlage man mit knitteln tot.* – 2. Sprüche Salomonis 20, 20. – 3. 2. Samuel 15-18. – 4. 1. Mose 9, 20 ff. – 5. Wohl ein Mißverständnis Brants; vgl. Daniel 5, 18-23. – 6. 2. Chronik 32, 21.

Tobias[7] gab dem Sohn die Lehre,
Daß er die Mutter hielt' in Ehre;
Darum stand König Salomon[8]
Vor seiner Mutter auf vom Thron,
Und Corilaus[9], der gute Sohn;
Die Söhne Rechabs lobt selbst Gott[10]:
Sie hielten väterlich Gebot.

    Wer leben will, spricht Gott der Herr,
Der biete Vater und Mutter Ehr,
So wird er alt und reich gar sehr!

7. Tobias 4, 3. – 8. 1. Könige 2, 19. – 9. Coriolanus ließ sich durch
das Flehen seiner Mutter und seiner Gattin bewegen, die Belagerung
Roms aufzuheben; nach Plutarch. – 10. D. h. durch den Propheten Jeremia, 35, 2 ff.

91.

Im Chor[1] gar mancher Narr auch steht,
Der unnütz schwätzt und hilft und rät,
Des Wagen und Schiff vom Land bald geht.

Vom Schwätzen im Chor

Viel Schwätzer beraten das ganze Jahr
In Kirche und in Chor fürwahr,
Wie sie zurichten Schiff und Karren,
Um drin gen Narragon zu fahren;
Dort spricht man von dem welschen Kriege,
Hier lugt man, daß man tüchtig lüge
Und etwas Neues bring auf die Bahn.
So wird die Mette gefangen an,
So gehts oft, bis die Vesper schlägt.
Viel kommen nur von Geiz bewegt
Und weil man Geld gibt[2] in dem Chor,
Sonst blieben fern sie nach wie vor.
Für manchen wärs wohl besser gar,
Er blieb daheim das ganze Jahr
Und nutzt sein Plapperbänklein so
Und seinen Gänsmarkt[3] anderswo,
Als daß er in der Kirche will
Sich stören und noch andre viel.
Was er sonst nicht verrichten kann,
Das schlägt er in der Kirche an,
Wie er ausrüste Schiff und Geschirr,
Und bringt viel neue Mär herfür,
Hat großen Fleiß und ernste Gebärde,
Damit das Schiff nicht wendig[4] werde;
Er ging gern aus dem Chor spazieren,
Daß er den Wagen recht möcht schmieren.

---

1. Im Chor der Kirche waren die Sitze der Geistlichen. – 2. Gemeint ist wohl die Auszahlung von Pfründen (Präsenzgeldern). – 3. *klapper benckly* und *genßmerckt* sind volkstümliche Wendungen, die das Schwatzen und Schnattern kennzeichnen. – 4. D. h. nicht aufgehalten werde und umkehre.

Von denen darf ich gar nicht drucken,
Die in den Chor nur grade gucken
Und zeigen sich zum Präsentieren
Und suchen wieder bald die Türen.
Das scheint Gebet andächtig und gut,
Wenn man *solche* Dinge verrichten tut
Und Pfründen zu verdienen wähnt,
Wenn man dem Roraffen[5] zugähnt.

5. Eine bewegliche, komische Figur, die sich unter der Orgel im Straßburger Münster befand und als Wahrzeichen der Stadt galt. Der Name hängt zusammen mit nd. *rôren* = brüllen, plärren.

92.

Wer Hoffart liebt und tut sich loben
Und sitzen will allein hoch oben,
Den setzt der Teufel auf den Kloben[1].

Überhebung der Hoffart

Der macht ein Feuer auf strohernem Dach,
Wer auf der Welt Ruhm setzt sein Sach
Und alles tut um zeitliche Ehr;
Dem wird zuletzt nichts andres mehr,
Als daß sein Wahn ihn hat betrogen,
Wie einer baut auf Regenbogen.
Wer wölbt auf eine Tannensäule,
Des Anschlag zeigt vorzeitig Fäule;
Wer Ehr und Weltruhm hier begehrt,
Erwart' nicht, daß ihm dort mehr werd.

Manch Narr von Hochmut ist entbrannt,
Weil er gekommen aus welschem Land
Und man auf Schulen ihn unterwies
Zu Bononi[2], Pavia und Paris
Und zu Hoch-Sien[3] in der Sapienz[4]
Und in der Schule zu Orliens,
Daß er den Roraffen gesehen hätt
Und Meister Peter von Conniget[5].
Als ob nicht auch in deutscher Art
Vernunft und Sinn noch sei bewahrt,
Daß man Weisheit und Kunst könnt lehren,
Ohn fern auf Schulen sie zu hören[6].
Wer lernen will in seinem Land,
Der findet jetzt Bücher allerhand,

1. Ein gespaltener Stock zum Vogelfang, auf den man den Lockvogel
setzte. – 2. Bologna. – 3. Siena. – 4. In der Weisheit. – 5. *Meter pyrr
de Conniget*, d. h. Maître Pierre de Conniget, zweideutiger Name
eines fiktiven Gelehrten; nach Goedekes Vermutung eine Übersetzung
des *Peter von Brunndrut*, vgl. Anm. 6 zu Kap. 76. – 6. Im Original:
*Als ob nit ouch jnn tütscher art / Noch wer vernunfft / synn / houbter
zart / Do mit man wißheyt kunst möcht leren / Nit not / so verr zuo
schuolen keren.*

Daß niemand kann entschuldigen sich,
Er wolle denn lügen lästerlich.
Man meinte einstmals, es gäb keine Lehre
Als zu Athenas überm Meere,
Darnach man sie in Welschland fand:
Jetzt blüht sie auch im deutschen Land,
Und nichts gebräch uns – wär nicht der Wein,
Und daß wir Deutsche *voll* wollen sein[7]
Und hätten gern ohn Arbeit Lohn.
Wohl dem, der hat einen weisen Sohn!
    Nicht acht ichs, daß man Wissenschaft
Hoffärtig treibt, nach Vorteil gafft
Und will dadurch sein stolz und klug:
Wer weise ist, der kann genug.
Wer lernt um Hoffart nur und Geld,
Der spiegelt sich allein der Welt,
Wie eine Närrin, die sich putzt
Und spiegelt und die Welt verdutzt[8],
Wenn sie spannt auf des Teufels Garn
Und läßt viel Seelen zur Hölle fahrn.
Das ist das Käuzlein[9] und der Klobe,
Wodurch der Teufel sucht nach Lobe,
Und hat geführet manchen hin,
Der klug sich hielt in seinem Sinn.
Einst Bileam Balach Rat ersann,
Daß Israel Gottes Zorn gewann
Und nicht sollt in dem Kampf bestehn,

7. Das in jener Zeit von italienischen und französischen Schriftstellern oft satirisch dargestellte Nationallaster der Deutschen: *Des hat man uns im welschen lant / Die vollen tütschen süw genant* (Murner). – 8. *der welt zuo tutz,* d. h. zum Anstoß, um Verwunderung oder Verwirrung zu stiften (heute: ver-dutzen); die späteren Ausgaben drucken *zu trutz.* – 9. Eine Eule wurde häufig als Lockvogel benutzt.

Zu dem um *Frauen* es mußt gehn[10].
Hätt Judith[11] sich nicht schön geziert,
Wär Holofernes nicht verführt;
Jesabel[12] strich sich Farben voll,
Als sie wollt Jehu gefallen wohl.
Der Weise[13] spricht: „Kehr dich geschwind!
Der Frauen Blick reizt dich zur Sünd!"
Denn Närrinnen sind oft so geil,
Daß sie ihr Antlitz bieten feil
Und meinen, es soll schaden nicht,
Schaun sie dem Narrn ins Angesicht. [Gedank',
Doch bringt ein Blick schon auf schlechte
Setzt manchen rasch auf die Narrenbank,
Der nicht eher wieder heimgegangen,
Als bis er den Häher hat eingefangen.
Hätt Bersabe[14] ihren Leib bedeckt,
Sie wäre durch Ehbruch nicht befleckt;
Nach fremdem Mann hat Dina[15] gegafft,
Bis sie verlor die Jungfernschaft.
Eine demütige Frau ist ehrenwert
Und würdig, daß sie werde geehrt,
Die aber Hoffart nimmt zu Händen,
Deren Hoffart wird auch nimmer enden,
Die will auch allzeit vornan dran,
Daß niemand mit ihr leben kann.
Die größte Weisheit ist auf der Welt:
Zu tun verstehen, was jedem gefällt;

10. Vgl. 4. Mose 31, 16 (gemeint ist die Verführung der Kinder Israels
durch die medianitischen Weiber). – 11. Judith 10 (übrigens eine be-
merkenswerte Ausdeutung des Exemplums, da Judith sich schmückte,
um ihr Volk zu befreien). – 12. 2. Könige 9, 30 ff. – 13. Jesus Sirach
9, 8. – 14. 2. Samuel 11. – 15. 1. Mose 34, 1. 2 (auch hier formt Brant
die Erzählung um, da Dina nur die Töchter des Landes sehen wollte).

Und wenn man das für gut nicht nimmt:
Zu tun verstehen, was jedem *ziemt*.
Wer aber Frauen tun will recht,
Sei stärker als ein Kriegesknecht,
Denn sie erreichen durch Blödigkeit[16]
Oft mehr als wie durch Listigkeit.

   Die Hoffart, die Gott haßt so sehr,
Steigt stetig auf, je mehr und mehr,
Und fällt zuletzt zu Boden doch
Zu Luzifer ins Höllenloch.
Hör, Hoffart, es kommt dir die Stunde,
Wo du vernimmst aus eignem Munde[17]:
„Was bringt mein Hochmut mir für Freude,
Wenn ich hier sitz in trübem Leide?
Was hilft mir Geld, Gut, Eigentum,
Was hilft der Welt Ehr, Lob und Ruhm?
Es war nichts als ein Schattenspiel
Und findet bald ein jähes Ziel!"
Wohl dem, der alles dies verachtet
Und Ewiges allein betrachtet.
Für einen Narrn ist nichts zu hoch,
Es fällt mit ihm zum letzten doch,
Zumal die schändliche Hoffart,
Die hat an sich Natur und Art,
Daß sie den höchsten Engel stieß
Vom Himmel fort und auch nicht ließ
Im Paradies den ersten Mann;
Auf Erden sie bestehn nicht kann,
Sie muß stets suchen ihren Stuhl;
Bei Luzifer im Höllenpfuhl

16. In der älteren Bedeutung: durch Schwachheit. – 17. Vgl. Weisheit
Salomonis 5, 8. 9.

Sucht sie sich den, der sie erdacht[18]:
Hoffart ist bald zur Hölle gebracht.
Durch Hoffart ward Hagar[19] von Haus
Mit ihrem Kind getrieben aus;
Durch Hoffart Pharao[20] verdarb,
Korah mit seiner Rotte starb;
Der Herr ward zürnend aufgebracht,
Als man in Hoffart den Turm[21] erdacht;
Als David ließ aus Hoffart zählen
Das Volk, mußt eine Plag' er wählen[22];
Herodes[23] prunkte voll Hoffart,
Als ob sein Wesen göttlicher Art;
Er wollt auch haben göttliche Ehr
Und ward vom Engel geschlagen sehr.
  Hoffart erniedrigt Gottes Rat,
Demut er stets erhöhet hat[24].

18. Luzifer soll aus Hochmut gefallen sein. – 19. Vgl. 1. Mose 16, 4-6. –
20. 2. Mose 5, 2. – 21. Den babylonischen Turm; vgl. 1. Mose 11, 1-9. –
22. 2. Samuel 24, 12 ff. – 23. Apostelgeschichte 12, 21 ff. – 24. Im Original: *Wer hochfart tribt / den nydert got / Demuot er allzyt gehöheret hat;* vgl. Jakobus 4, 6 (= 1. Petrus 5, 5).

93.

Die Wuchrer treiben wild[1] Gewerbe,
Den Armen sind sie rauh und herbe,
Ohn Mitleid, ob die Welt verderbe.

Wucher und Aufkauf

Dem soll man greifen an die Hauben
Und ihm die Zecken[2] wohl abklauben
Und rupfen die Schwungfedern aus,
Wer kauft auf Vorrat in sein Haus
So Wein wie Korn im ganzen Land
Und fürchtet weder Sünd noch Schand,
Damit ein armer Mann nichts finde
Und Hungers sterb' mit Weib und Kinde.
Drum ist es jetzo auch so teuer,
Viel schlimmer als früher ist es heuer;
Für Wein man kaum *zehn* Pfund jüngst nahm,
In einem Monat es dahin kam,
Daß man jetzt *dreißig* zahlet gern
Gleichwie für Weizen, Roggen, Kern[3].
Vom Wucherzins will ich nichts schreiben;
Den sie mit Geld und Gült[4] eintreiben,
Mit Leihen, Ramschkauf und mit Borgen.
Manchem gewinnt an einem *Morgen*
Ein Pfund mehr, als im *Jahr* es sollt.
Man leiht jetzt Münze[5] aus für Gold;
Für Zehn schreibt man dann Elf ins Buch.
Der Juden Zins war leidlich genug,
Aber sie können nicht mehr bleiben[6],
Die Christenjuden sie vertreiben,
Die mit dem Judenspieß[7] selbst rennen.

---

1. Widerrechtlich. – 2. Ungeziefer (Milben). – 3. Kernfrucht; Dinkel
oder Spelt. – 4. Einkünfte tragendes Gut, Naturalleistungen. –
5. Scheidemünze aus Kupfer oder Silber. – 6. Ende des 15. und Anfang des 16. Jh. kam es in vielen Städten zur Austreibung der Juden,
so auch in Straßburg. – 7. Die selbst Wucher treiben; vgl. Anm. 3 zu
Kap. 76.

Ich kenne viel und könnt sie nennen,
Die treiben Handel wild und schlecht[8],
Und dazu schweigt Gesetz und Recht.
Gar viele sich dem Hagel neigen[9],
Die lachend auf den Reif hinzeigen.
    Doch oft dann das Geschick es lenkt,
Daß mancher sich am Strick erhängt;
Wer, andern schadend, reich will sein,
Der ist ein Narr – doch nicht allein.

8. *wild kouffmanschatz*, d. h. widerrechtlichen Handel. – 9. D. h., sie
begrüßen den Hagel mit Freuden, weil dadurch die Getreidepreise
steigen; ebenso den Frostreif, weil der Wein teuer wird.

94.

Mancher freut sich auf fremde Hab,
Daß viel er beerbe und trage zu Grab,
Die mit *seinem* Gebein dann Nüss' werfen ab[1].

Von Hoffnung auf Erbſchaft

Ein Narr nur wird sich darauf spitzen,
Eines andern Erbe zu besitzen
Oder für ihn im Rat zu schalten,
Sein Gut, Pfründ, Amt einst zu verwalten;
Auf des *andern* Tod gar mancher baut,
Des End er nimmermehr doch schaut,
Hofft einen zu tragen hin zu Grab,
Der mit *seinem* Gebein wirft Birnen ab.
Wer eines andern Tod begehrt,
Nicht weiß, wann ihm die Seel ausfährt,
Der tut den Esel selbst beschlagen,
Der ihn gen Narrenberg wird tragen.
Es sterben junge, starke Leute,
So find't man auch viel Kälberhäute,
Es geht nicht über die Kühe allein.
Einem jeden genüge die Armut sein,
Er begehre nicht, daß sie größer werde.
Seltsamer Umschwung herrscht auf der Erde:
Bulgarus[2] mußte den Sohn beerben,
Den sah er wider Erwarten sterben;
Auch Priamus[3] sah seine Erben
(Wie er doch hoffte) alle sterben;
Des Vaters Tod suchte Absalon
Und fand an der Eiche[4] Erbe und Thron.
    Manchem ein Erbe wird über Nacht,
An das er nie zuvor gedacht,
Manchem wird auch ein Erbfolger kund,

---

1. Sinn: die ihn lange überleben und aus seinem Tode Nutzen ziehen. – 2. Ein italienischer Rechtsgelehrter des 12. Jh.   3. Vgl. Kap. 26. – 4. Er blieb auf der Flucht an einer Eiche hängen und wurde dort getötet (2. Samuel 18, 9).

Dem lieber wär, ihn beerbte ein Hund.
Nicht jeder wird seiner Hoffnung so
Wie Abraham und Simeon froh[5].
Laß die Vöglein sorgen! Wann Gott will,
Dann kommet Glück, Zeit, End und Ziel.
Das beste Erbe ist *jenes* Land,
Drauf *aller* Hoffnung hingewandt;
Doch wirds nur wenigen zuerkannt.

5. Dem hundertjährigen Abraham wurde von Gott ein Sohn verheißen (1. Mose 17, 16 ff.); Simeon wurde versprochen, daß er nicht sterben werde, bevor er Christus gesehen habe (Lukas 2, 25 ff.).

95.

Es sollte mancher zur Kirche gehn
Und am Feiertage müßig stehn,
Den wir doch vielgeschäftig sehn.

Von Verführung am Feiertage

Das sind wohl Bürger zu Affenberg,
Die ihre Sachen und ihr Werk
Verrichten an geweihten Tagen;
Die müssen auf den Affenwagen!
Dem einen muß man Rosse beschlagen,
Dem andern Knöpfe setzen an,
Das wäre besser längst getan,
Als man gesessen bei Spiel und Wein.
Dem füllet man die Spitzen[1] sein,
Viel Lappen muß man darein stoßen;
Der muß probieren Röck' und Hosen,
Die könnt er sonst nicht legen an,
Hätt ers am Festtag nicht getan.

Die Köche rüsten Feuer und Glut;
Eh man die Kirche früh auftut,
Ist schon bei ihnen Schlemmen und Prassen.
Eh jemand recht kommt auf die Gassen,
Sind alle Schenken schon fast voll.
So treibt mans ständig jetzt wie toll;
Zumal an den gebannten Tagen[2],
Wo man sich anders nicht kann plagen,
Da fährt man eifrig mit dem Karren;
Der Feiertag macht manchen zum Narren,
Der meint, daß solchen man erdachte,
Weil *kleiner* Arbeit Gott nicht achte,
Wenn man das Holz im Spielbrett[3] schlage

---

1. Die Spitzen der unförmig langen Schnabelschuhe, die mit Lumpen ausgestopft wurden, um sie steif zu halten. — 2. *uff den gebannen tagen,* d. h. an Feiertagen, die der gewöhnlichen Beschäftigung entzogen, für heilig und unverletzlich erklärt worden waren. — 3. Statt im Walde!

Und Karten spiel' am ganzen Tage.
Viele lassen schaffen ihr Gesind,
Ohne zu achten, daß Diener und Kind
Zur Kirche, Predigt und Gottesdienst gehn
Oder zur Messe früh aufstehn.
Den Met wolln sie erst recht auskochen,
Den sie gesotten in der Wochen.

Ein jedes Handwerk paßt dazu,
Daß es am Feiertag nicht ruh';
Man ist auf den Pfennig so erpicht,
Als tagte der Erde kein neues Licht.
Ein Teil steht schwätzend auf den Gassen,
Die andern sitzen beim Spielen und Prassen,
Und manchem im Wein da mehr zerrinnt,
Als er in der Woche mit Arbeit gewinnt.
Der muß ein Geizhals und Stümper[4] sein,
Wer nicht will sitzen bei dem Wein
So Tag wie Nacht, bis die Katze *kräht*
Oder die Morgenluft kühl weht.

Die Juden spotten unser sehr,
Daß wir dem Feiertag *solche* Ehr
Antun, den sie so heilig schätzen,
Daß ich ins Narrenschiff sie setzen
Nicht wollte, falls sie nicht all Stund
Sonst irrten wie ein toller Hund.
Ein Armer Holz am Feiertag las[5]
Und ward gesteinigt allein um das.
Die Makkabäer wollten mit Waffen
Am Feiertag nichts haben zu schaffen,

4. *ein schmürtzler / hümpeler*, d. h. ein Knauser, Filz (*schmirzeln* =
geizig sein) und Pfuscher (*hümpeln* = langsam, liederlich arbeiten). –
5. Vgl. 4. Mose 15, 32 ff.

Ob man auch viele schlug zu Tod[6].
Man sammelte nicht das Himmelsbrot[7]
Am Feiertag, weil Gott so gebot.
Aber wir arbeiten ohne Not
Und verschieben viel auf den Feiertag,
Was man nicht wochentags schaffen mag.
   O Narr, den Feiertag halt und ehr!
Es gibt noch Werktag viel und mehr,
Wenn du schon faulest in dem Grund.
Habsucht macht alle Laster kund[8]!

---

6. Vgl. 1. Makkabäer 2, 32 ff. – 7. Das Manna; vgl. 2. Mose 16, 23 ff. –
8. *Uß gyttikeit als laster kunt* (kommt).

96.

Der ist ein Narr, der klaget an
Das, was er nicht mehr ändern kann;
Ihn reut auch, daß von ihm geschehn
Dem Gutes, ders nicht kann verstehn.

Schenken und Bereuen

Der ist ein Narr, der schenket Gut
Und es nicht gibt mit frohem Mut
Und dazu sauer und böse sieht,
Daß keinem Liebes damit geschieht;
Denn der verliert wohl Dank wie Gabe,
Wer so bedauert verschenkte Habe.
So ist auch der, der etwas schenkt,
Dabei an Gottes Willen denkt,
Und doch hat Reu und Leid davon,
Wenn Gott ihm nicht gleich gibt den Lohn.
   Wer will mit Ehren Geschenke machen,
Der tu's als guter Geselle mit Lachen
Und sprech nicht: „Zwar, ich tu's nicht gern!",
Will er nicht Dank und Lohn entbehrn.
Denn Gott sieht dessen Gab nicht an,
Der nicht mit Freuden schenken kann;
Das Seine mag jeder behalten wohl,
Zum Schenken man niemand zwingen soll;
Allein aus freiem Herzen kommt
Geschenk, das einem jeden frommt.
Der Dank gar selten verlorengeht;
Wenn er zuweilen auch kommt spät,
So pflegt sich alles doch zu schlichten
Und nach der Ordnung einzurichten[1].
Mag einer keinen Dank auch sagen,
So find't man gegen solch Betragen
Bald einen dankbar weisen Mann,

---

1. *So würt es doch gewonlich schlächt* (schlicht) / *Dann zwen umb eyn / ist faden recht* (ist nach der Schnur, wie es sich gehört). Der Ursprung dieser Redensart ist ungeklärt.

Der alles wohl vergelten kann.
Doch wer *vorhält*[2] geschenkte Gaben,
Der will den Händedruck nicht haben
Und will nicht *warten* aufs Vergelten;
Geschenk vorrücken muß man schelten.
Den sieht man über die Achseln an,
Wer seine Wohltat vorhalten kann:
Er selbst gewinnt nicht mehr daran.

---

2. *wer schenck verwissen duot:* es ist nicht an ein Ablehnen und Zurückweisen des Geschenkes (durch den Beschenkten) gedacht, sondern
an ein taktloses Erinnern und Unter-die-Nase-Reiben durch den
Schenkenden, dem der dankende Händedruck nicht gut genug war
(mhd. *verwîzen* = vorwerfen, vorhalten).

97.

Man findet Trägheit überall,
Bei Knechten und Mägden allzumal;
Die kann man nicht genugsam lohnen,
Obwohl sie sich doch selbst gut schonen.

Von Trägheit und Faulheit

Kein größrer Narr in jeder Sach
Ist, als der stets kann tun gemach
Und ist so träg, daß ihm verbrennt
Sein Schienbein, eh er um sich wend't.
Wie Rauch den Augen ist nicht gut,
Wie Essig weh den Zähnen tut,
So zeigt der Faule und der Träge
Sich denen, die ihn sandten Wege[1].
Ein träger Mensch ist keinem nutz,
Als daß er ist ein Winterbutz,
Und daß er schlafen darf genug;
Beim Ofen sitzen ist sein Fug[2].
Selig, wer mit der Hacke schafft,
Doch Müßiggang ist narrenhaft.
Die Müßiggänger straft der Herr,
Der Arbeit gibt er Lohn und Ehr.
Der bös Feind nimmt der Trägheit wahr
Und streut bald seinen Samen dar[3].
Trägheit – die Ursach allen Fehls –
Ließ murren die Kinder Israels[4];
David übt' Ehebruch und Totschlag,
Dieweil er träg und müßig lag;
Weil man Karthago ganz verheert,
Geschahs, daß Rom auch ward zerstört,
Viel größern Schaden Rom empfing,
Indem Karthago unterging,
Als es davor im Kampf erfahren

---

1. Sprüche Salomonis 10, 26. – 2. Sein Recht, was ihm zukommt. –
3. D. h. darauf; die Trägheit ist der Acker des Teufels. – 4. Vgl.
4. Mose 14.

Mit ihm vor hundertsechzehn Jahren[5].
Der Träge geht nicht gern herfür,
Er spricht: „Der Löwe steht vor der Tür[6]!"
Zu Haus hält ihn ein toller Hund;
Faulheit ersinnt bald einen Grund.
Faulheit sich hin und wider dreht,
So wie die Tür in der Angel geht[7].

5. Erst im dritten Punischen Krieg (149–146 v. Chr.) wurde Karthago völlig zerstört; auf diesem Höhepunkt der Macht begann zugleich der innere Verfall Roms, der ein Jahrhundert politischer Unruhen eröffnete und der von Brant als Folge des Wohllebens und Müßiggangs betrachtet wird. – 6. Sprüche Sal. 26, 13. – 7. Sprüche Sal. 26, 14.

98.

Hier hab ich gestellt noch viel zusammen,
Die Narren sind auch nach dem Namen,
Deren andre Narren sich doch schamen.

Von ausländischen Narren

Noch sonst gibts viel unnütze Leute,
Die tragen häßliche Narrenhäute
Und sind darin verwachsen ganz,
Gebunden auf des Teufels Schwanz,
Und wollen nicht davon abstehn.
Vorbei will ich mit Schweigen gehn,
Will lassen sie in Narrheit bleiben,
Von ihrer Torheit wenig schreiben:
Die Sarazenen, Türken, Heiden,
All die, so sich vom Glauben scheiden;
Dazu kommt noch die Ketzerschul'
In Prag auf ihrem Narrenstuhl[1],
Die so verbreitet ihren Stand,
Daß sie jetzt hat auch Mährenland.
Schlimm in die Narrenkappe treten
Sie wie all die, so anders beten
Als zu dem dreigeeinten Gott[2],
Denen unser Glaube ist ein Spott.
Die halt ich nicht für schlichte Narren:
Sie müssen *auf* der Kapp verharren[3];
So offenbar ihre Narrheit ist,
Daß jedem Tuch zur Kappe gebrist.
    Hierher gehörn, die Zweifel drückt[4]
Und die des Teufels Band umstrickt:
Wie törichte Fraun und böse Weiber,
Alle Kupplerinnen und Pfauentreiber[5]

1. Die Hussiten an der Prager Universität, deren Lehren sich seit 1453 auch nach Mähren ausgebreitet hatten. – 2. *die anders an betten | Dann dry person | eyn woren gott.* – 3. D. h., die Kappe ist für ihren Kopf zu groß. – 4. *die verzwiffelt hant*, d. h. vom Glauben abgefallen sind. – 5. Kuppler, Zuhälter.

Und andere, die in Sünden sind,
In ihrer Narrheit taub und blind.
Auch will ich derer hier gedenken,
Die selbst sich töten oder henken,
Kinder abtreiben und ertränken.
Die sind Gesetz und Gebot nicht wert,
Durch Scherz und Ernst niemals belehrt,
Doch gehören sie in der Narren Zahl,
Die Narrheit gibt ihnen Kappen all.

99.

Ich bitt euch Herren, groß und kleine,
Bedenkt den Nutzen der Gemeine!
Laßt mir die Narrenkapp alleine!

Vom Verfall des Glaubens[1]

Wenn ich der Säumnis denk und Schande,
Die man jetzt spürt im ganzen Lande,
Durch Fürsten, Herren, Lande, Städte,
Kein Wunder wärs, wenn ich drob hätte
Die Augen ganz von Tränen voll,
Daß man so schmählich sehen soll
Den Christenglauben nehmen ab.
Verzeih man mir, daß ich schon hab
Die Fürsten auch hierher gesetzt!
Wir erfahren leider deutlich jetzt
Des Christenglaubens Not und Klage,
Der mindert sich von Tag zu Tage.
Zum ersten hat der Ketzer Heer
Zerrissen und zerstört ihn sehr;
Darnach hat Mohameds böser Sinn
Noch mehr und mehr verwüstet ihn;
Mit Irrlehr *den* in Schand gebracht,
Der sonst im Orient stark an Macht,
Als gläubig war ganz Asia,
Der Mohren Land und Afrika.
Jetzt haben dort wir gar nichts mehr;
Das schmerzt selbst einen Stein gar sehr,
Daß wir verlorn zu unsrer Schand
In Kleinasien und Griechenland,
Was man die Großtürkei jetzt nennt,

---

1. Dieses Kapitel behandelt, mit dem *abgang des glouben* zusammen-
hängend, auch den Verfall des *Reiches* und ist für die politische Lage
des ausgehenden 15. Jh. ebenso aufschlußreich wie für die leidenschaft-
liche Stellungnahme Sebastian Brants, die dieser neben dem Narrenschiff noch in zahlreichen lateinischen Gedichten und deutsch-lateini-
schen Flugschriften verbreitet hat.

Das ist dem Glauben abgetrennt;
Da sind die sieben Kirchen gewesen,
Davon wir bei Johannes lesen[2],
Da ist ein so gut Land verloren,
Daß es die Welt wohl hätt verschworen[3].
Zudem hat man in Europa seither
Verloren in kurzer Zeit noch mehr:
Zwei Kaisertümer, nebst Königreichen,
Viel mächtig Land und Städt desgleichen,
Konstantinopel, Trapezunt,
Die Lande sind aller Welt wohl kund[4],
Achaia und Aetolia,
Böotia, Thessalia,
Samt Thrazia, Mazedonia,
Beid' Mysia und Attika,
Auch Tribulos[5] und Scordiscos[6],
Bastarnas auch und Tauricos[7],
Euböa[8] oder Nigrapont,
Auch Pera[9], Kaffa[10] und Idront[11],
Ohn anderen Verlust und Schaden,
Den wir uns sonst noch aufgeladen
In Steier, Kärnten und Kroatia,
In Morea und Dalmatia,
In Ungarn und in Windischmark.

---

2. Vgl. Offenbarung Joh. 2. 3: Johannes wendet sich dort an die sieben christlichen Gemeinden Ephesus, Smyrna, Pergamus, Thyatira, Sardes, Philadelphia und Laodizea in Vorderasien. – 3. Nämlich: daß dies möglich wäre. – 4. Beide Kaiserreiche wurden 1453 und 1461 durch die Türken erobert. – 5. Die Triballer entsprechen etwa den heutigen Bulgaren. – 6. Pannonier und Illyrier. – 7. Wahrscheinlich kleinasiatische Völker; die Taurier sind Einwohner der Halbinsel Krim. – 8. Insel östlich von Attika, mit italienischem Namen Negreponte, die 1471 erobert wurde. – 9. Vorstadt Konstantinopels. – 10. Am Schwarzen Meer. – 11. Küstenstadt Apuliens, 1481 gefallen.

Jetzt sind die Türken also stark[12]:
Sie haben nicht das Meer allein,
Die Donau auch gehört ihrer Gemein.
Sie brechen ein in alle Lande,
Bistümer, Kirchen stehn in Schande:
Jetzt greift er an Apulia,
Darnach gar bald Sizilia,
Italia, die grenzt daran,
Wie leicht gelangt nach Rom er dann,
Nach Lombardei und welschem Land!
So ist der Feind uns an der Hand:
Doch möchten *schlafend* sterben all!
Der Wolf ist wahrlich in dem Stall
Und raubt der heilgen Kirche Schafe,
Dieweil der Hirte liegt im Schlafe.
    Die Römische Kirche vier Schwestern hat
Samt Patriarchen in der Stadt
Konstantinopel, Alexandria,
Jerusalem, Antiochia[13],
Die sind ihr gänzlich jetzt geraubt,
Es geht nun bald auch an das Haupt.
All das ist unsrer Sünden Schuld,
Keins mit dem andern hat Geduld
Oder leidet mit dessen Schwere[14],
Jeder wollt, daß sie größer wäre.
Es geschieht uns, wie den Ochsen geschah,
Als ruhig einer zum andern sah,

12. 1453 nahmen die Türken den Islam an, eroberten Konstantinopel
und verbreiteten den Islam bei ihrem Siegeszug auch in Europa. –
13. Die vier Patriarchenstädte der griechisch-orthodoxen Kirche. –
14. Not, Bedrängnis.

Bis daß der Wolf sie alle zerrissen.
Da hat auch der letzte schwitzen müssen.
Es greift jetzt jeder mit der Hand,
Ob kalt noch sei die Mauer und Wand[15],
Und denkt nicht, daß er lösche aus
Das Feuer, *ehe* es komm in sein Haus;
Dann kommt zu spät ihm Reu und Leid.
Zwietracht und Ungehorsamkeit
Zerstört der Christen Glauben und Gut;
Unnütz vergießt man Christenblut.
Niemand bedenkt, wie nah es ihm sei,
Wähnt noch zu bleiben allweg frei,
Bis das Unglück kommt vor seine Tür:
Dann steckt er erst den Kopf herfür.
Europas Pforten offen sind:
Es bringt uns Feinde jeder Wind,
Denen scheint nicht Schlaf noch Ruhe gut:
Es dürstet sie nach Christenblut. –

   O Rom! Als einst die Könige waren,
Da warst du leibeigen in langen Jahren;
Zur Freiheit wardst du hingeführt,
Als dich gemeiner[16] Rat regiert.
Doch als auf Hoffart man bedacht,
Auf Reichtum und auf große Macht,
Und Bürger wider Bürger stritt,
Dacht' man gemeinen Nutzens nit,
Da fing die Macht zu zerfallen an,
Wardst einem Kaiser untertan,
Mußtest unter solchem Schutz und Schein

---

15. Sprichwörtlich; nach Horaz, *Epistulae* I, 18, 84. – 16. Gemeinsamer.

An fünfzehnhundert Jahre sein[17]
Und bist doch stets herabgekommen,
Hast wie das Mondlicht abgenommen,
Wenns schwindet und ihm Schein gebrist,
So daß jetzt wenig an dir ist.
Wollt Gott, es wüchs' das Römsche Reich,
Damit es wär dem Mond ganz gleich!
Doch den dünkt nicht, daß er was hab,
Ders nicht dem Römischen Reich bricht ab.
Es hält der Sarazenen Hand
Das heilige, gelobte Land;
Der Türke hat darnach so viel,
Daß man beim Zählen fänd kein Ziel.
Viel Städte brachten sich in Wehr[18]
Und achten jetzt keines Kaisers mehr;
Ein jeder Fürst der Gans[19] bricht ab,
Daß er 'ne Feder davon hab;
Darum ist es nicht Wunder groß,
Daß auch das Reich so nackt und bloß.

    Man schärft zunächst es jedem[20] ein,
Daß er nicht fordern soll was sein
Und jeden lassen in seiner Statt,
Wie ers bisher gebrauchet hat.

17. Die Abfolge der Kaiser und Könige wurde noch im 16. Jh. zusam-
menhängend von Julius Cäsar bis zur Gegenwart durchgezählt; mit
dem 5. Jh. geht das Kaisertum auf Byzanz über, unter Karl dem
Großen kehrt es ins Abendland zurück. – 18. *sich brocht hant jnn
gewer,* d. h. in Sicherheit, Unabhängigkeit (Goedeke), oder: sie haben
zu den Waffen gegriffen und sich den Befehlen des Kaisers entzogen
(Zarncke). – 19. Anspielung auf den Reichsadler. – 20. Jedem neuge-
wählten König wurden bei der sog. Wahlkapitulation durch die Kur-
fürsten neue Rechte abgedrungen; zugleich mußte der Fortbestand der
bisherigen Rechte beschworen werden.

Um Gott, ihr Fürsten, sehet an,
Welch Schaden daraus entstehen kann,
Wenn so herunter kommt das Reich!
Ein gleiches Schicksal trifft bald euch[21]!
Ein jedes Ding mehr Stärke hat,
Wenn beieinander fest es staht,
Als wenn es soll zerteilet sein.
Einhelligkeit in der Gemein'
Das Wachstum aller Dinge macht,
Doch wenn Mißhelligkeit erwacht,
Werden auch große Dinge zerstört.
Der Deutschen Name war hochgeehrt
Und hat erworben durch solchen Ruhm,
Daß man ihnen gab das Kaisertum.
Aber die Deutschen verwandten Fleiß,
Zu vernichten des eignen Reiches Preis.
Damit das Gestüte Zerstörung hab,
Bissen die Pferde die Schwänze sich ab[22].
Jetzt auf den Füßen wahrlich ist
Der Cerastes und Basilist[23].
Gar mancher wird vergiften *sich*,
Wer Gift dem *Reich* gibt schmeichlerisch[24].
Aber ihr Herren, Könige, Lande,
Wollt nicht gestatten solche Schande!
Wollet dem Römischen Reich beistehn,
So kann das Schiff noch aufrecht gehn!

21. Bei Brant direkter: *Wann joch hyn under kem das rich / Ir blyben ouch nit ewigklich;* d. h., das Schicksal des Reiches und der Fürsten ist unlöslich miteinander verknüpft. – 22. Sprichwörtlich. – 23. Die gehörnte Schlange und der Basilisk spielten in den eschatologischen Prophetien des Mittelalters eine große Rolle. – 24. *dar schmeycht,* d. h. schmeichelnd darreicht.

Ihr habt fürwahr einen König mild,
Der euch wohl führt mit Ritterschild,
Der zwingen kann all Land gemein,
Wenn ihr ihm helfen wollt allein:
Der edle Fürst *Maximilian*[25]
Die Römische Krone würdig gewann,
Dem kommt ohn Zweifel in die Hand
Die heilge Erd, das gelobte Land,
Er würde jeden Tag beginnen,
Könnt er nur trauen eurem Sinnen.
Werft von euch darum Schmach und Spott:
Denn kleinen Heeres waltet Gott.
Wiewohl verlor viel unsre Hand,
Sind doch noch so viel Christenland'
Und König, Fürsten, Adel, Gemein,
Sie können gewinnen wohl allein
Und zwingen bald die ganze Welt,
Wenn man nur fest zusammenhält,
Treu, Fried und Liebe gebrauchen tut,
Ich hoffe zu Gott, dann wird es gut!
Ihr seid Regierer doch der Lande,
So wacht und tut von euch die Schande,
Daß man euch nicht dem Schiffsmann gleicht,
Den auf dem Meer der Schlaf beschleicht,
Wenn Ungewitter ist in Sicht;
Oder dem Hunde, der bellet nicht;
Oder dem Wächter, der nicht wacht,
Auf das Vertraute hat nicht acht.

25. Maximilian I., der „letzte Ritter", war 1486 durch Wahl der Fürsten deutscher König geworden; erst 1493 wurde er durch den Papst zum Kaiser gesalbt.

Steht auf, erwacht aus euerm Traum!
Die Axt liegt wahrlich an dem Baum[26]!

   Ach Gott, gib unsern Häuptern ein,
Daß sie begehrn die Ehre dein
Und nicht, was ihnen nütz' allein!
Dann will ich ohne Sorgen sein,
Du gebst uns Sieg in kurzen Tagen,
Darob wir ewig Lob dir sagen!
Ich mahn die Stände der ganzen Welt,
Wie ihre Würde auch bestellt[27],
Daß sie nicht tun wie Schiffersleut,
Die uneins sind und haben Streit,
Wenn sie sind mitten auf dem Meer
In Sturm und Ungewitter schwer,
Und eh sie werden eins der Fahrt,
Stößt schon ihr Schiff zu Grunde hart.
Wer Ohren hat, der merk und höre!
Das Schifflein schwanket auf dem Meere!
Wenn Christus jetzt nicht selber wacht,
Wird bald es werden um uns Nacht.
Drum ihr, die einst nach euerm Stand
Hat auserwählet Gottes Hand,
Daß ihr sollt stehen an der Spitze,
Gebt acht, daß Schmach nicht auf euch sitze[28]!
Tut, was euch ziemt nach euerm Grade,
Damit nicht größer werd der Schade
Und Sonn und Mond[29] verlier den Glanz

---

26. Vgl. Matthäus 3, 10. – 27. Im Original: *Was würde und tyttel die sint gezölt,* d. h. welcher Würden und Titel sie wert geachtet sein mögen. – 28. *Nit lont / das es an uch ersitz,* d. h., laßt nicht zu, daß es an euch liege, wenn es nicht vorwärtsgeht. – 29. Anspielung auf Papst und Kaiser.

Und Haupt und Glieder schwinden ganz:
Es läßt sich recht besorglich an! –
    Leb ich – ich mahn noch manchen dran,
Und wer nicht an mein Wort mag denken,
Dem will die Narrenkapp ich schenken!

100.

Wer jetzt vermag den Hengst zu streichen,
Sich bei Betrug behend zu zeigen,
Der meint, *zuletzt* vom Hof zu weichen.

Den falben Hengst streicheln[1]

Ein Schiff mit Deck[2] käm mir jetzt recht,
Darein setzt ich der Herren Knecht'
Und andre, die zu Hof gehn schlecken
Und heimlich bei den Herren stecken,
Damit sie säßen ganz alleine
Und ungedrängt von der Gemeine,
Denn die scheint ihnen da zum Leide.
Der klaubet Federn[3], *der* streicht Kreide[4],
Der liebkost, *der* raunt in das Ohr,
Daß er recht bald nur komm empor
Und sich mit Tellerschlecken nähre.
Durch Lügen mancher Herr gern wäre,
Den Kauz zu streicheln[5] er versteht,
Mit falbem Hengst er wohl umgeht;
Zu blasen Mehl[6] ist er geschwind,
Den Mantel hängt er nach dem Wind;
Zutragen hilft jetzt manchem vor,
Der sonst blieb lange vor dem Tor.
Wer Wolle mischen kann und Haar[7],
Der bleibt bei Hofe gern fürwahr;
Dort ist er wahrlich lieb und wert,
Wo Ehrbarkeit man nicht begehrt.

---

1. Falb, fahlgelb, galt als eine verdächtige Farbe; wer ein falbes Herrenpferd dennoch streichelte, schmeichelte also. – 2. In dem man die Narren oben und unten unterbringen könnte. – 3. Federn vom Gewand ablesen, sprichwörtlich für: Liebedienerei treiben. – 4. In der gleichen Bedeutung des Schmeichelns, vermutlich vom Blankputzen der Waffen und des Schmuckes abgeleitet. – 5. Kauz verächtlich für Jagdvogel; ähnlich wie: den falben Hengst streicheln. – 6. Sprichwörtlich: man kann nicht blasen, wenn man Mehl im Munde hat; d. h., man redet nicht offen und ehrlich, sondern anders, als man denkt. – 7. D. h. wer Wahres und Falsches mischen kann.

Mit Torheit alle sich befassen,
Wollen mir die Narrenkapp nicht lassen.
Doch streichelt mancher zu derbe auch,
Daß ihn der Hengst schlägt vor den Bauch
Oder ihm gibt einen Tritt in die Rippen,
Daß ihm der Teller fällt in die Krippen.
   Man könnte solcher wohl ledig gehn[8],
Wenn man sonst Weisheit wollt verstehn;
Wenn jeder wäre, wie er sich stellt,
Den man für fromm und redlich hält,
Oder sich stellte, wie er wär:
– Viel Narrenkappen stünden leer.

8. *Der selben wer guot müssig gon,* d. h., man könnte sich ihrer entschlagen, daran vorübergehen.

101.

Als leichtfertig nenn ich euch jetzt
Den, welcher glaubt, was jeder schwätzt:
Ein Klatschmaul[1] viele Leut verhetzt.

Vom Ohrenblasen

Der ist ein Narr, der leichtlich glaubt
Alles Geschwätz und stopft's in sein Haupt;
Das sind die Zeichen eines Toren,
Hat einer dünn und weit die Ohren.
Man hält für redlich nicht den Mann,
Der einen hinterrücks greift an
Und gibt ihm wortlos einen Schlag,
Daß der sich nicht zu wehrn vermag;
Aber *verleumden* hinter dem Rücken
Gehört jetzt zu den Meisterstücken,
Die man nicht leicht abwehren kann.
Das tut jetzt treiben jedermann
Mit Afterreden, Abschneiden der Ehr,
Verraten und dergleichen mehr;
Das kann man schminken und verklügen[2],
Daß man könn' desto mehr betrügen
Und schaffen, daß mans glaubet eh'r;
Den *andern* Teil hört man nicht mehr.
Ein Urteil über manchen geht,
Der nie vor einem Richter steht,
Der seine Unschuld nicht erwies,
Weil man im Sack ihn ersticken ließ,
Wie Haman Mardochäus tat[3],
Siba der Knecht – Mephibosath[4].
Groß Lob man Alexander zollte,
Weil er nicht leichtlich glauben wollte,

---

1. *Eyn klapperer,* vgl. Anm. 3 zu Kap. 91 *(klapper benckly).* – 2. Bemänteln, schönfärben. – 3. Vgl. Esther 3 ff. – 4. 2. Samuel 16, 1-4; 19, 24 ff.

Als man verklagte Jonatham[5].
Rasch glauben nie gut Ende nahm:
Der Gnad wär Adam nicht beraubt,
Hätt er nicht rasch der Frau geglaubt
Und sie der Schlange klugem Wort.
Wer rasch glaubt, stiftet oftmals Mord.
Nicht *jedem* Geist man glauben soll[6],
Die Welt ist falsch und Lügens voll:
Der Rabe bleibt doch schwarz wie Kohl'[7].

5. Gemeint ist nicht Alexander der Große, sondern Alexander Nobilis,
der sich gegen den syrischen König Demetrius erhob; vgl. 1. Makkabäer 10, 15 ff. – 6. Vgl. 1. Johannes 4, 1. – 7. *Der rapp dreit dar durch*
(durch die Welt) *schwartze wol*, d. h., die Welt ändert sich nicht, sowenig wie man schwarze Raben weiß machen kann.

102.

Man spürt wohl in der Alchemei
Und in des Weines Arzenei,
Welch Lug und Trug auf Erden sei.

Von Fälscherei und Beschiß[1]

Betrüger sind und Fälscher viel,
Die passen recht zum Narrenspiel;
Falsch Lieb, falsch Rat, falsch Freund, falsch
Voll Untreu ist jetzt ganz die Welt!   [Geld:
Die Bruderlieb ist tot und blind,
Auf Trug und Blendwerk jeder sinnt;
Man will nur ohn Verlust erwerben,
Wenn hundert auch dabei verderben.
Keine Ehrbarkeit sieht man mehr an,
Man läßt es über die Seele gahn[2],
Wenn eines Dings man nur wird ledig;
Wer drüber stirbt – dem sei Gott gnädig[3]!
    Man läßt den Wein nicht rein mehr bleiben:
Viel Fälschung tut man mit ihm treiben,
Salpeter, Schwefel, Totenbein,
Pottasche, Senf, Milch, Kraut unrein
Stößt man durchs Spundloch in das Faß.
Die schwangern Frauen trinken das,
So daß vorzeitig sie gebären,
Elenden Anblick uns gewähren.
Es kömmt viel Krankheit auch daraus,
Daß mancher fährt ins Totenhaus.
    Man tut ein lahm Roß jetzt beschlagen,
Dem doch gebührt der Schinderwagen;

---

1. *beschiss* und *betrug* treten bei Brant häufig nebeneinander auf; wenn
das erste Wort auch in der damaligen Zeit gebräuchlicher als heute
war und seine derbe Anschaulichkeit verloren hatte, ist es doch nicht
völlig gleichbedeutend mit dem zweiten, wie der abgestufte Gebrauch
beider Wörter im Narrenschiff zeigt. – 2. D.h. läßt es sich sein Seelenheil kosten. – 3. Im Original: *Got geb ob tusent sturben drab,* d. h.
gleichviel, ob auch Tausende darüber stürben.

Das muß noch lernen auf Filzen stehn[4],
Als sollt es nachts zur Mette gehn,
Wenn es vor Schwäche auch hinkt und fällt,
Schlägt man daraus doch jetzt viel Geld,
Damit beschissen werde die Welt.

    Man hat klein Maß und klein Gewicht,
Die Ellen sind kurz zugericht't,
Der Laden muß ganz finster sein,
Daß man nicht seh des Tuches Schein,
Und während einer sieht sich an
Die Narrn, die auf dem Laden stahn[5],
Gibt man der Waage einen Druck,
Daß sie sich zu der Erden buck',
Und fragt, wieviel der Käufer heische?
Den Daumen wiegt man zu dem Fleische.
Man pflügt den Weg zur Furche jetzt,
Die alte Münz' ist abgewetzt[6]
Und könnt nicht lange Zeit bestehn,
Wär nicht ein Zusatz[7] ihr geschehn.
Die Münze schwächt sich nicht allein,
Falsch Geld ist worden jetzt gemein
Und falscher Rat; falsch Geistlichkeit
Macht sich mit Mönch, Beghin, Blotzbruder[8]
Viel Wölfe gehn in Schafeskleid.   [breit:

---

4. Man umwickelt seine Hufe mit Filz, wie dies bei edlen Rossen geschieht. – 5. Die komischen Figuren, die man auf den Ladentisch
stellte. – 6. *gantz hardurch,* d. h. dünn, abgegriffen. – 7. Vermischte
man nicht das wenige Silber mit viel Kupfer. – 8. Die Beghinen, die
sich als halbklösterliche Frauenvereinigung ohne Gelübde und Or-
densregeln besonders in den Niederlanden und Flandern der Kran-
kenpflege annahmen, galten vielfach als ränkesüchtig und kupplerisch;
Blotzbrüder sind Laienbrüder, die namentlich als Bedienstete der Or-
densbrüder in den Klöstern tätig waren.

Damit ich nicht vergeß hiebei
Den großen Beschiß der Alchemei,
Die Gold und Silber hat gemacht,
Das man zuvor ins Stöcklein[9] gebracht.
Sie gaukeln und betrügen grob;
Sie zeigen vorher eine Prob',
So wird bald eine Unke[10] draus.
Der Guckaus[11] manchen treibt vom Haus;
Wer vordem sanft und trocken saß,
Der stößt sein Gut ins Affenglas[12],
Bis ers zu Pulver so verbrennt,
Daß er sich selber nicht mehr kennt.
Viel haben sich also verdorben,
Gar wen'ge haben Gut erworben,
Denn Aristoteles schon spricht:
„Die Gestalt der Dinge wandelt sich nicht[13]!"
Viel fallen schwer in diese Sucht
Und haben doch draus wenig Frucht.
Man richtet Kupfer zu für Gold,
Mausdreck man untern Pfeffer rollt;
Man kann jetzt alles Pelzwerk färben
Und tut es auf das schlechtste gerben,
Daß es behält gar wenig Haar,
Wenn mans kaum trägt ein Vierteljahr.
Zeismäuse geben Bisam viel,
Der stinkt dann ohne Maß und Ziel;
Die faulen Heringe man mischt

9. In das metallene Stäbchen, mit dem die Masse im Tiegel umgerührt
wurde. – 10. Man nannte die Alchimisten Unkenbrenner, da sie an-
geblich mit der Asche des Basilisken arbeiteten. – 11. D. h. derjenige,
der eifrig in die Tiegel der Alchimisten guckt. – 12. In die gläsernen
Retorten. – 13. Der Gedanke kehrt bei Aristoteles oft wieder, ein bestimmtes Zitat wird daher kaum anzunehmen sein.

Und sie als frische dann auftischt.
All Gassen sind Verkäufer voll,
Denn Trödel treiben schmeckt gar wohl,
Da alt und neu man mengen kann.
Mit Täuschung geht um jedermann:
Kein Kaufmannsgut steht fest im Wert,
Ein jeder Trug zu treiben begehrt,
Daß seinen Kram er nur setz ab,
Ob der auch Gall und Spatbein[14] hab.
   Selig ohn Zweifel ist jetzt der Mann,
Der sich vor Falschheit hüten kann!
Die Eltern betrügt das eigne Kind,
Der Vater ist für die Sippschaft blind,
Wirt trügt den Gast und Gast den Wirt.
Untreu, Beschiß man überall spürt.
Das bereitet dem Antichristen den Lauf:
Der treibt in Falschheit all seinen Kauf,
Denn was er denkt, heißt, tut und lehrt,
Ist nichts als falsch, untreu, verkehrt.

14. Eigentlich Pferdekrankheiten; sprichwörtlich für schlechte, un-
brauchbare Ware überhaupt.

der Endkrift

sant peters schifflin

385

103

Vom Antichrist[1]

Nachdem ich die voran gelassen,
Die da mit Falschheit sich befassen[2],
Find ich nun erst die rechten Knaben,
Die um das Narrenschiff her traben
Und sich und andre viel betrügen,
Die Heilge Schrift verkrümmen und biegen;
Die geben erst dem Glauben Püff'
Und netzen das papierne Schiff[3];
Ein jeder reißet etwas ab,
Daß desto weniger Bord[4] es hab,
Nimmt Ruder und Riemen weg davon,
Daß ihm der Untergang mög' drohn.
Viele sind in ihrem Sinn so klug,
Die dünken weise sich genug,
Aus eigener Vernunft Einfall
Die Heilge Schrift zu deuten all,
Darin sie fehlen doch gar sehr,
Und wird gestraft ihre falsche Lehr.
Denn sie könnten aus andern Schriften wohl
– Deren allenthalben die Welt ist voll –
Genugsam unterrichten sich,

1. Der Holzschnitt nimmt hier, ähnlich wie bei Kap. 48, die ganze
Seite ein, so daß Mottoverse und Titel fehlen; der letztere wurde aus
dem Register ergänzt. *Vom endkrist* entspricht zwar etymologisch
völlig dem lat. Antichristus, doch ist in dieser umgelauteten Sprachform zugleich die Vorstellung vom *Ende* der Welt enthalten, dem
Jüngsten Gericht, vor dessen Eintritt der Antichrist nach altkirchlicher
Überlieferung seine Herrschaft ausüben sollte (= Endechrist). – 2. **Vgl.**
Kap. 102; der Sinn ist: die rechten Fälscher behandele ich nun erst. –
3. Das papierne Schiff des Glaubens, d. h. die heiligen Bücher. –
4. Rand, Höhe über dem Wasserspiegel.

Wenn sie nicht wollten sonderlich
Gesehen sein vor andern Leuten;
Dabei fährt irr das Schiff zuzeiten.

Man kann dieselben trunken nennen,
Da sie die Wahrheit wohl erkennen
Und doch das Schiff umkehren ganz,
Zu zeigen *ihren* Schein und Glanz.
Das ist der falschen Propheten Lehr,
Vor denen sich hüten heißt der Herr,
Welche anders die Schrift umkehren,
Als sie der heilge Geist tut lehren;
Deren Hände führen falsche Waagen,
Drauf legen sie nach ihrem Behagen,
Machen eines leicht und andres schwer,
Darunter der Glaube leidet sehr[5].
Inmitten der Verkehrten wir stehn;
Man kann den Skorpion[6] schon sehn
Sich regen, gereizt von solcher Macht,
Die Ezechiel vorausgesagt[7].

Die das Gesetz hier übertreten
Und zu dem Antichristen beten,
Die schaffen ihm gar viel *voraus*;
Wenn seine Jahre sind dann aus,
So hat er viel, die bei ihm stehn
Und mit ihm in der Falschheit gehn.
Deren hat er viele in der Welt!
Wenn er austeilen wird sein Geld
Und an das Licht die Schätze bringen,

5. *Do mit der gloub yetz vast hyn zücht*, d. h. stirbt, vergeht. —
6. Vgl. Ezechiel 2, 6 (von Brant hier wohl mit der astrologischen Bedeutung des Skorpions in Verbindung gebracht). — 7. Ezechiel 13
(Weissagung gegen die falschen Propheten) und 14 (Gericht über Jerusalem).

Braucht er nicht viel mit Streichen zwingen:
Die Mehrzahl wird selbst zu ihm laufen,
Durch Geld wird er sich viele kaufen,
Die helfen ihm, damit er dann
Die Guten zu Falle bringen kann –
Doch werden lange sie's nicht machen,
Ihnen wird bald fehlen Schiff und Nachen,
Wiewohl sie fahren um und um –
Er wird die Wahrheit machen krumm,
Die wird zuletzt doch Wahrheit bleiben
Und wird die Falschheit ganz vertreiben,
Die jetzo herrscht in jedem Stand.
Ich fürcht, das Schiff kommt nicht zum Land.
    Sankt Peters Schifflein[8] schwanket sehr,
Ich sorg den Untergang im Meer,
Die Wellen schlagen allseits dran,
Ihm wird viel Sturm und Plage nahn.
Gar wenig Wahrheit man jetzt hört,
Die Heilige Schrift wird ganz verkehrt
Und jetzt viel anders ausgelegt,
Als sie der Mund der Wahrheit hegt.
Verzeih mir recht, wen dies betrifft!
Der Antichrist kommt angeschifft[9],
Hat seine Botschaft ausgesandt,
Falschheit verkündigt durch das Land,
Denn falscher Glaub und falsche Lehr,

8. *Sant Peters schyfflin* gilt, anknüpfend an den Fischerberuf des ersten Apostels, als Sinnbild der katholischen Kirche. – 9. *Der endkrist sytzt jm grossen schiff:* wie diese und andere Stellen zeigen, geht Brant im Gegensatz zu früheren Kapiteln hier von dem großen Glaubensschiff aus, in dem alle Christen fahren; dieses wird vom Antichrist besetzt und wird scheitern, ebenso wie die kleineren Narrenschiffe, während sich die wahrhaft Gläubigen in St. Peters Schifflein retten werden. Vgl. die Erläuterung des Holzschnitts S. 459.

Die wachsen von Tag zu Tage mehr,
Wozu die Drucker tüchtig steuern.
Man könnte manches Buch verfeuern
Mit Unrecht viel und Falsch darin.
Viele denken einzig auf Gewinn;
Nach Büchern überall sie trachten,
Doch Korrektur sie wenig achten;
Auf großen Beschiß sie jetzt studieren,
Viel drucken, wenig korrigieren,
Die schauen übel auf die Sachen,
Wenn Männlein[10] sie um Männlein machen!
Sie tun sich selber Schaden und Schande,
Gar mancher *druckt* sich aus dem Lande,
Die kann das Schiff dann nicht mehr tragen,
Sie müssen an den Narrenwagen,
Wo einer kann den andern jagen.

   Die Zeit, sie kommt! Es kommt die Zeit!
Ich fürcht, der Endchrist ist nicht weit!
Man merke dies und nehme wahr:
Auf drei Dingen steht der Glaube gar,
Auf Ablaß[11], Büchern[12] und auf Lehr,
Deren man jetzt schätzt keines mehr.
Vielheit der Schrift spürt man dabei:
Wer merkt die Menge Druckerei!
Ein jedes Buch wird vorgebracht,
Was unsre Eltern je gemacht;
Deren sind jetzt so viel an Zahl,
Daß sie nichts gelten überall,
Daß man sie schier nicht achtet mehr,

10. Nachdrucke, die dem ersten Druck Seite für Seite, also auch in den
Druckfehlern, entsprechen. – 11. D. h. Absolution, Vergebung der
Sünden. – 12. Heiligen Schriften.

Und ähnlich ist es mit der Lehr;
So viele Schulen man nie fand,
Als man jetzt hat in jedem Land;
Fast ist auf Erden keine Stadt,
Die nicht 'ne hohe Schule hat,
Da gibts auch viel gelehrte Leut,
Die man jetzt achtet keinen Deut.
Die Wissenschaft verachtet man
Und sieht sie über die Achseln an;
Die Gelehrten müssen sich schier schamen,
Zu tragen ihr Kleid[13] und ihren Namen,
Die Bauern zieht man jetzt herfür,
Die Gelehrten müssen hinter die Tür.
Man spricht: „Schau an den Schluderaffen[14]!
Der Teufel bescheißt uns wohl mit Pfaffen!"
Das ist ein Zeichen, daß die Kunst[15]
Nicht Ehre mehr hat noch Lieb und Gunst.
Drum wird auch schwinden bald die Lehre,
Denn *Kunst gespeiset wird durch Ehre*[16]
Und will man sie nicht hoch mehr achten,
So werden wenig nach ihr trachten.
   Der Ablaß ist so ganz unwert,
Daß niemand seiner mehr begehrt;
Niemand will mehr den Ablaß suchen,
Ja, mancher möcht ihn sich nicht fluchen,
Und mancher gäb keinen Pfennig aus,
Wenn ihm der Ablaß käm ins Haus,
Und wird *ihm* doch einst jagen nach,

13. Die Gelehrten trugen eine besondere Tracht. – 14. Faulpelz,
Träumer (von *schludern* = schlendern, nachlässig arbeiten); vgl. Kap.
108. – 15. Wissenschaft. – 16. Vgl. Cicero, *Tusculanae Disputationes*
I, 2 *(Honos alit artes)*.

Erreicht ihn ferner als zu Aach[17].
Darum dasselbe uns einst droht
Wie denen mit dem Himmelsbrot[18],
Die waren dessen übersatt,
Sie sprachen: ihre Seel sei matt;
Und was gegeben ihnen Gott,
War ihnen unnütz und ein Spott;
So tut man mit dem Ablaß auch,
Den schätzt gering gar mancher Gauch.
Daraus entnehm ich *den* Bericht:
Es ist der Glaube wie ein Licht,
Eh das will ganz erloschen sein,
Gibt es noch einmal Glanz und Schein.
Daher ich frei es sagen mag:
Es naht sich uns der Jüngste Tag[19]!
Weil man das Licht der Gnad veracht't,
Wird es bald gänzlich werden Nacht,
Und was man nie zuvor gehört:
Das Schiff den Kiel nach oben kehrt.

17. Als an diesem weit entfernten Wallfahrtsort. – 18. 4. Mose 11,
4 ff. – 19. Im Original: *Das ich es frylich sagen mag | Es nah sich
vast* (ganz ernstlich) *dem jungsten tag.*

104.

Wer Schmeichelns halb und um Drohworte
Die Wahrheit bringt zum dunkeln Orte,
Der klopft dem Endchrist an die Pforte.

Wahrheit verschweigen

Der ist ein Narr, der sich verkehrt
In seinem Geist, so man anfährt
Und mit Gewalt ihn zwingen will,
Daß er von Wahrheit schweige still
Und Weisheit unterwegen lasse
Und wandeln soll der Torheit Gasse,
Auf welcher ohne Zweifel fährt,
Wer sich an solche Drohung kehrt.
Denn Gott ist doch auf seiner Seiten
Und schirmet *den* zu allen Zeiten,
Der von der Wahrheit sich nicht scheidet,
So daß zu keiner Frist ausgleitet
Sein Fuß. Wer in der Wahrheit bleibt,
Bald alle Feinde von sich treibt.
Ein Weiser stimmt der Wahrheit zu,
Selbst wenn er sähe Phalaris' Kuh[1].
Wer nicht kann bei der Wahrheit stehn,
Der muß den Weg der Torheit gehn.
Tät Jonas[2] zeitig Wahrheit kund,
Verschluckt' ihn nicht des Fisches Schlund;
Die Wahrheit hoch Elias pries
Und fuhr darum ins Paradies[3];
Johannes floh der Narren Haufen,
Drum ließ sich Christus von ihm taufen.
Wer einen tadelt mit sanftem Sinn
Und dieser nimmts nicht gleich gut hin,
So wird doch wohl die Stunde kommen,

---

1. Vgl. Anm. 3 zu Kap. 69. – 2. Jonas 1, 3 ff.: der Prophet wollte sich durch seine Flucht über See dem Auftrag Gottes entziehen, den Niniviten zu predigen. – 3. Vgl. 2. Könige 2.

Wo dieser merkt, es sollt ihm frommen,
Und größern Dank für Scheltwort sagt
Als für Geschwätz, das ihm behagt.
Daniel Geschenk nicht nehmen wollte,
Als er Belsazar sagen sollte
Und ihm die Wahrheit legen aus;
Er sprach: „Dein Geld bleib deinem Haus[4]!"
Der Engel hinderte Bileam
Darum, weil er die Gaben nahm
Und wollte nicht die Wahrheit ehren;
Drum mußte sich sein Wort verkehren[5],
Der Esel strafen den, der ritt.

Zwei Dinge kann man bergen nit,
Und ewig schauet man das Dritt':
Eine Stadt gebauet auf der Höhe,
Einen Narren, er stehe, sitze, gehe,
Kennt man nach Wesen und Bescheid[6];
Wahrheit sieht man in Ewigkeit,
Die wird fürwahr nie wertlos sein[7],
Und wenn sich Narren den Hals abschrein.
Wahrheit ehrt man durch alle Lande;
Der Narren Freud ist Spott und Schande.

Man rannte mich gar oftmals an,
Als ich dies Schiff zu baun begann,
Ich sollt es doch ein wenig färben[8]
Und nicht mit Eichenrinde gerben,
Sondern mit *Lindensaft* auch schmieren,
Etliche Dinge drin glossieren[9];

4. Daniel 5, 17. – 5. Fluch in Segen; vgl. 4. Mose 22, 7 u. 21 ff. –
6. Beschaffenheit, Bestimmung. – 7. *würt sich nyemer me verlygen*,
d. h. durch Liegen (Untätigkeit oder Nichtgebrauch) wertlos werden;
ursprünglich ein Begriff der mittelalterlichen Ritterethik. – 8. Aus-
schmücken, beschönigen. – 9. Durch Zusätze mildern.

Aber ich ließ' sie alle erfrieren,
Eh ich anderes schrieb' als Wahrheit.
Wahrheit, die bleibt in Ewigkeit
Und wird stets jedem sichtbar bleiben,
Tät ich auch nicht dies Büchlein schreiben.
Wahrheit ist stärker als alle, die
Mich wollen verleumden oder sie.
Wenn ich mich hätte daran gekehrt,
So hätt *ich* die Zahl der Narren vermehrt,
Mit denen mein Schiff jetzt stattlich fährt[10].

10. Im Original: *Ich muost byn grössten narren stan | Die ich jnn
allen schiffen han.*

105.

Wer will der Wahrheit Beistand leisten,
Der hat Verfolger wohl am meisten,
Die ihm zu wehren sich erdreisten[1].

Verhinderung des Guten

Der ist ein Narr durch all sein Blut,
Wer hindert, daß ein andrer tut
Das Gute, und sich untersteht
Zu wehren, was ihn nicht angeht,
Und gern sieht, daß ein andrer sei
Ihm gleich und auch im Narrenbrei.
Denn Narren alle Zeit *die* hassen,
Die sich mit *guten* Dingen befassen.
Ein Tor den andern nicht gern sieht;
Jedoch dem rechten Toren geschieht,
Daß er sich freut, wenn er nimmt wahr,
Daß er nicht sei allein ein Narr;
Darum er allzeit sich befleißt,
Daß jedermann ein Narr auch heißt;
Er sinnt, um nicht der Narr allein
Mit Kolben und mit Kapp zu sein.
    Sieht er nun einen, der da will
Recht tun und sein in Weisheit still,
So spricht er: „Schau den Duckelmäuser!
Er will allein sein ein Kartäuser[2]
Und treibt solch heuchlerischen Rat[3],
Weil er an Gott verzweifelt hat!
Wir wollen ja doch auch erwerben,
Daß Gott uns läßt in Gnaden sterben,
Wie er, obgleich er Tag und Nacht
Liegt auf den Knien, betet und wacht;
Er will nur fasten und Zellen bauen,

1. *Die jnn abkeren understan,* d. h. abwendig zu machen versuchen. –
2. Ein Mönchsorden mit besonders strengen Regeln; u. a. war Schweigen außerhalb des Gottesdienstes geboten. – 3. *apostützer stodt,* d. h. Stand, Wesen eines Heuchlers (ital. *aposticcio*).

Wagt weder Gott noch der Welt zu trauen!
Gott hat uns darum nicht geschaffen,
Daß wir Mönche werden oder Pfaffen,
Und zumal, daß wir uns sollten entschlagen
Der Welt! Wir wollen nicht Kutte tragen
Noch Kappe[4]! – sie habe denn Schellen auch!
Schaut an den Narren und den Gauch!
Er hätte noch in der Welt getan
Viel Gutes und größern Lohn empfahn
Als jetzo, hätt er sich belehrt
Und zu dem Wege des Heils bekehrt,
Als daß er da liegt wie ein Schwein
Und mästet sich in der Zelle sein,
Versagt sich auch noch sonst gar viel
Und hat nicht Freude an Scherz und Spiel.
Sollte, wie *er* tut, jedermann
Ziehn in der Kartause die Kutte an,
Wer wollte die Welt denn weiter mehren?
Die Leute weisen und belehren?
Es ist Gottes Wille und Meinung nicht,
Daß man der Welt so tue Verzicht
Und auf sich selbst allein hab acht!"
So reden die Narren Tag und Nacht,
Denen die Welt ist all ihr Teil,
Drum suchen sie nicht der Seele Heil.
    Hör zu! Wärst du auch weis und klug,
Es wären dennoch Narren genug;
Wenn du auch hättest Mönchsgewand,
Es gäbe der Narren mehr im Land.
Doch wäre dir ein jeder gleich,

4. Hier: Kapuze.

So wäre kein Mensch im Himmelreich;
Wenn du auch wärst ein kluger Geselle,
So führen dennoch genug zur Hölle.
Wenn ich *zwei* Seelen hätt in mir,
Setzt' eine ich wohl den Narren für,
Aber so hab ich eine allein
Und muß in Sorgen um diese sein:
Gott hat mit Belial[5] nichts gemein!

5. Vgl. 2. Korinther 6, 15.

106.

Wem es an Öl hier nicht gebricht,
Wer leuchten läßt der Ampel Licht[1],
Dem fehlt die ewige Freude nicht.

Versäumnis guter Werke

Der ist ein Narr, der zu der Zeit,
Wenn Gottes Urteil ist bereit,
Urteilen muß mit eignem Mund,
Daß er verborgen hab sein Pfund,
Das ihm empfohlen Gott der Herr,
Damit er sollt gewinnen mehr.
Dem wird dasselbe genommen sein,
Und *er* geworfen in die Pein[2].

Desgleichen deren Ampel ist
Entleert, daß ihr das Öl gebrist,
Und die erst suchen ander Öl,
Wenn schon ausfahren will die Seel!

Vier kleine Dinge sind auf Erden[3],
Sind weiser doch als Menschen werden:
Die Ameis, die ihre Kraft nicht schont,
Das Häschen, das im Felsen wohnt;
Die Heuschreck, die keinen König wählt
Und zieht in Einheit doch ins Feld;
Die Eidechs geht auf Händen aus
Und wohnt doch in der Könige Haus.

Wer Honig find't und volle Waben,
Eß nur so viel, als ihn tut laben,
Und hüte sich zu fülln mit Süße,
Daß ers nicht wieder speien müsse[4].

Wenn auch ein Weiser jählings stirbt,
Die Seel ihm nimmermehr verdirbt[5],
Aber wer töricht und unklug denkt,

---

1. Vgl. Matthäus 25, 1-13 (Gleichnis von den törichten und klugen
Jungfrauen). – 2. Vgl. Matthäus 25, 14-30. – 3. Sprüche Salomonis 30,
24-28. – 4. Sprüche Sal. 25, 16. – 5. Weisheit Sal. 4, 7.

Verdirbt und wird dann eingesenkt
Und wohnt für ewig in dem Grabe.
Dem Fremden läßt er Seel und Habe[6].
Ein größrer Tor ward nie gemacht,
Als wer der Zukunft nicht hat acht
Und ewig schätzt zeitliches Gut.
    Es brennt manch Baum in Höllenglut,
Der nicht wollt tragen Früchte gut[7].

6. Vgl. Psalm 49, 11. 12. – 7. Vgl. Matthäus 7, 19.

107.
Zur rechten Hand sieht man die Krone,
Zur linken Hand die Kappe stehn;
Den letztern Weg die Narren gehn
Und kommen so zu schlimmem Lohne.

Vom Lohn der Weisheit

Nach Wissenschaft strebt mancher Tor,
Wie er bald Meister[1] werd, Doktor,
Und ihn die Welt halt' für ein Licht,
Und kann doch das betrachten nicht,
Wie er die rechte Kunst erfährt,
Mit der er hin zum Himmel kehrt,
Und daß die Weisheit dieser Welt
Wie Torheit wird vor Gott gezählt[2].
Viel scheinen auf dem rechten Wege
Und irren sich doch an dem Stege,
Der zu dem wahren Leben führt.
Wohl dem, der auf dem Weg nicht irrt,
Wenn er ihn schon gefunden hat,
Denn oft geht ab ein Nebenpfad,
Daß einer bald kommt von der Straße,
Es sei denn, daß ihn Gott nicht lasse.
   Der Jüngling Herkules bedachte,
Welchen Weg er für den rechten achte,
Ob er der *Freude* nach wollt gehn
Oder allein nach *Tugend* stehn?
In solchem Sinnen kamen zu ihm
Zwei Frauen, die er ohne Stimm[3]
Erkannte an ihrem Wesen wohl:
Die eine war aller Freuden voll
Und schön geziert; mit Reden süß
Nur Freud und Lust sie ihm verhieß,
Deren End jedoch der Tod mit Weh,

---

1. Magister der sieben freien Künste (lat. *septem artes liberales*); daher *kunst* immer = Wissenschaft. – 2. *Und das all wißheyt diser welt / Ist gegen got eyn dorheyt gzelt*; vgl. 1. Korinther 3, 19. – 3. Ohne daß sie ein Wort gesagt hätten.

Darnach nicht Lust noch Freude je.
Die andre bleich und ernst und strenge
War ohne Freude und Gepränge.
Sie sprach: „Nicht Wollust ich verheiße,
Nicht Ruh; nur Müh in deinem Schweiße!
Von Tugend schreit' zur Tugend fort,
Dann wird der ewige Lohn dir dort!"
Und dieser folgte Herkules froh;
Ruh, Wollust, Freud er allzeit floh[4].

Wollt Gott, da wir begehren alle
Zu leben, wie es uns gefalle,
Daß wir begehrten auch zugleich
Zu haben ein Leben tugendreich.
Wahrlich, wir flöhen manchen Steg,
Der uns führt auf den Narrenweg!
Dieweil wir aber alle nicht wollen
Bedenken, wohin wir wenden uns sollen,
Und leben blinzelnd in der Nacht,
Haben wir des rechten Weges nicht acht,
Daß wir gar oft selbst wissen nit,
Wo uns hinführen unsre Tritt'.
Daraus entspringt dann jeden Tag,
Daß unser Plan uns reuen mag.
Erreicht man ihn, nicht ohn Beschwer,
Wünscht andres man nur um so mehr.
Das kommt allein daher, daß wir

4. Vgl. Xenophon, Memorabilien II, 1, 21 ff. Brants Erzählung geht
allerdings auf eine spätere Bearbeitung durch den Kirchenvater Ba-
silius zurück, die in einer lat. Übersetzung des 15. Jh. von L. Aretino
verbreitet war (De legendis libris gentilium, cap. 4). Die Parabel von
Herkules am Scheideweg war dem mittelalterlichen Bewußtsein völlig entfremdet, sie tauchte erst im Humanismus als beliebtes Thema
auch dramatischer Bearbeitungen wieder auf. Brant selbst ließ 1512 in
Straßburg ein solches Herkules-Drama aufführen.

Voll sind der angebornen Gier,
Wie uns das höchste Gut auf Erden
Unfehlbar möcht und endlich werden.
Dieweil das aber nicht kann sein
Und wir hier irren im finstern Schein,
Hat Gott gegeben uns das Licht
Der Weisheit, unserm Angesicht
Zu leuchten, Finsternis zu enden,
Wenn wir uns recht zu ihr hinwenden;
Sie zeigt uns bald, wie ganz verschieden
Von Weisheit Torenweg hienieden.
Der Weisheit stellte Plato nach,
Pythagoras, der Hohes sprach,
Und Sokrates – all die durch Lehre
Erworben ewig Ruhm und Ehre,
Und konnten sie doch nie ergründen:
Sie wollten sie *auf Erden* finden[5].
Drum spricht von ihnen Gott der Herr[6]:
„Ich will verwerfen Kunst und Lehr
Und Weisheit derer, die weis wollen sein,
Will lehren sie kleinen Kindelein!"
Das sind all die, die der Weisheit Gaben
Im Vaterland droben erworben haben;
Die solche Weisheit wurden gelehrt,
Die werden in Ewigkeit geehrt
Und scheinen wie das Firmament;
Wer da Gerechtigkeit erkennt
Und unterweist darinnen *sich*
Und *andre mehr,* den gleiche ich

5. Im Original: *Und kunden doch ergründen nie / Die rechte wißheyt
funden hie.* – 6. Vgl. 1. Korinther 1, 19 und Matthäus 11, 25 (wohl
eine freie Kombination der beiden Bibelstellen).

Dem Luzifer[7] vom Orient,
Dem Hesperus[8] gen Okzident.
Bion[9] der Meister uns erzählt,
Wie zu den *Mägden* sich gesellt,
Die um Penelope lang Zeit
Doch mit vergebner Müh gefreit;
So tun auch, die nicht können ganz
Begreifen *rechter* Weisheit Glanz,
Die kommen durch der *Tugend* Zier,
Die jener Magd ist, nah zu ihr.

    Die Weltlust nimmt ein traurig Ende;
Ein jeder schau, wo er anlände.

---

7. Dem Morgenstern. – 8. Dem Abendstern. – 9. Einer der sieben
Weisen Griechenlands; nach Plutarch, *De educatione* 10, 3.

108.

Gesellen, folgt uns unverwandt!
Wir fahren ins Schlaraffenland[1]
Und stecken doch in Schlamm und Sand.

Das Schlaraffenschiff

Glaub nicht, *wir* seien Narrn allein:
Wir haben Brüder groß und klein;
In allen Landen, überall,
Ist endlos unsre Narrenzahl;
Wir fahren um durch jedes Land
Von Narrbon ins Schlaraffenland;
Wir wollen ziehn gen Montflascun[2]
Und in das Land gen Narragun.
Wir suchen nach Häfen und Gestaden
Und fahren um mit großem Schaden
Und können doch nicht treffen an
Das Ufer, wo man landen kann;
All unser Fahren ist ohn Ende,
Denn keiner weiß, wo er anlände;
So fehlt uns Ruhe Tag und Nacht,
Doch keiner hat auf Weisheit acht.
Wir haben auch noch viel Kumpanen,
Trabanten und auch Kurtisanen[3],
Die unserm Hof stets nachgeschwommen
Und auch zuletzt ins Schiff noch kommen
Und mit uns fahren auf Gewinn.
Ohn Sorg, Vernunft, Weisheit und Sinn
Ist doch voll Sorge unsre Fahrt,

---

1. *schluraffen landt*, vgl. Anm. 14 zu Kap. 103. Die Sage vom
Schlaraffenland läßt sich bis in die Spätantike zurückverfolgen (Lu-
kian); ihre weitere Ausbildung erhält sie in Frankreich im 14. Jh.
Das Wort *schluderaffe, schluraffe* ist im 15. Jh. schon in den Fastnachtsspielen üblich, damit verbindet sich dann die Vorstellung des
märchenhaften Wunschlandes für alle Faulpelze und Schlemmer, das
Brant hier mit Narragonien gleichsetzt. – 2. Montefiascone, ital. Stadt
zwischen Siena und Rom, bekannt für seinen guten Wein; hier mit
Anklang an „Flasche", wie Narbonne an „Narr". – 3. Höflinge.

Denn wer hätt Sorgfalt wohl verwandt
Auf Tabelmarin[4] und Kompaßstand
Oder das Stundenglas umgewandt?
Wer möchte nach den Sternen sehen,
Wohin Bootes, Ursa gehen,
Arkturus oder die Hyaden[5]?
Drum treffen wir die Symplejaden[6],
Wo Felsen geben unserm Schiff
Von beiden Seiten Stöß' und Püff'
Und es so ganz zusammendrücken,
Daß wenigen kann Rettung glücken.
Durch Malfortunam[7] wir uns wagen
Und werden kaum zu Land getragen,
Da uns Charybdis, Scylla, Syrte[8]
Ganz aus der rechten Straße führte.
Drum nimmt es wunder nicht, wenn wir
Im Meere sehn manch Wundertier,
Wie die Delphine und Sirenen[9],
Die singen süße Kantilenen,
Die uns so fest in Schlaf versenken,
Daß an die Landung wir nicht denken.
Wir sehen – ob es auch nicht tauge –
Den Zyklops mit dem runden Auge,

4. Seekarten. – 5. Namen von Sternbildern. – 6. Nach der antiken
Sage zwei bewegliche Felsen, welche die hindurchfahrenden Schiffe
zerdrückten; vgl. Odyssee XII, 61 ff. und Ovids Met. XV, 337 f. –
7. Bildlich für allerlei Unglück. – 8. Nach der antiken Sage gefährli-
che Meeresengen und Strudel; vgl. Odyssee XII, 201 ff. und Vergils
Aeneis IV, 41. – 9. Wenn Brant hier die Schlaraffenfahrt mit den
Irrfahrten des Odysseus in Verbindung bringt, so stammt seine
Kenntnis nur z. T. aus Homer, z. T. scheint sie aus verschiedenen
Büchern zusammengetragen zu sein und geht vielleicht auf eine Quelle
zurück, die diese Zusammenstellung und Ausschmückung schon ent-
hielt.

Das ihm Ulyß einst ausgebrannt[10],
Der Schlaue, daß der ihn nicht fand
Und andern Schaden nicht erwies,
Als daß er ein Gebrüll ausstieß
Gleichwie ein Ochs, den man erschlagen.
Der Weise ließ still fort sich tragen
Und ließ ihn schreien, greinen, weinen,
Auch als er warf mit großen Steinen.
Dies Auge wächst ihm wieder sehr;
Sobald er sieht der Narren Heer,
Sperrt er es auf so hoch und breit:
Es wird wie sein Gesicht so weit;
Sein Maul spaziert zu beiden Ohren,
Damit verschluckt er manchen Toren.
Die andern, die ihm noch entweichen,
Wird bald Antiphates[11] erreichen
Mit seinem Volk der Lästrygonen,
Die sicher keinen Narren schonen,
Denn ihre liebste Speise ist
Der Narren Fleisch zu jeder Frist,
Sie trinken Narrenblut für Wein.
Dort wird der Narren Herberg sein!

    Homerus hat all dies erdacht,
Damit man gäb auf Weisheit acht
Und sich nicht wagte leicht aufs Meer.
Hiermit lobt er Ulysses sehr,
Der manchen klugen Ratschlag gab,
Als man im Krieg vor Troja lag,
Und darauf zehen Jahre lang
Mit Glück durch alle Meere drang.

10. Vgl. Odyssee IX, 193 ff. — 11. König der menschenfressenden Lästrygonen; vgl. Odyssee X, 80 ff.

Als Circe mit des Tranks Gewalt
Den Genossen gab die Tiergestalt,
Da war Ulysses also weise,
Daß er nicht annahm Trank noch Speise,
Bis er die Falsche überböste
Und die Gesellen all erlöste
Mit einem Kraut, Moly genannt[12].
So half der Weise sich gewandt
Aus mancher Not in manchem Land,
Doch weil er wollte immer fahren,
Konnt er sich dauernd nicht bewahren:
Ihm kam zuletzt ein Widerwind,
Der ihm sein Schiff zerbrach geschwind,
Daß die Gefährten all ertranken.
Schiff, Ruder, Segel ganz versanken.
Doch Weisheit ihm zu Hilfe kam,
So daß er nackt ans Ufer schwamm
Und viel von Unglück konnte sagen.
Doch ward er von dem Sohn erschlagen[13],
Als er geklopft ans eigne Tor,
Da half ihm Weisheit nicht davor.
Er ward als Herr niemandem kund
Im ganzen Hof, als nur dem Hund,
Und starb darum, weil man nicht wollte
Ihn kennen, wie man billig sollte.
   Doch komm ich auf *unsre* Fahrt zurück:
Wir suchen in tiefem Schlamm das Glück,
Drum wird uns Strandung bald zuteil,
Es bricht uns Mastbaum, Segel, Seil;

12. Vgl. Odyssee X, 305. – 13. Brant vermischt hier die spätere Sage,
nach welcher Odysseus von seinem mit Circe erzeugten Sohn Telego-
nus getötet wurde, mit dem Bericht Homers.

Wir können nicht im Meere schwimmen,
Die Wellen sind schlecht zu erklimmen,
Wenn einer wähnt, er sitze hoch,
So stoßen sie ihn zu Boden doch.
Der Wind, der treibt sie auf und nieder:
Das Narrenschiff kommt nimmer wieder,
Wenn es erst ganz versunken ist.
Wir haben weder Sinn noch List,
Um fortzuschwimmen zu Gestaden,
Wie einst Ulyß nach seinem Schaden,
Der brachte nackt mehr mit hinaus
Als er verlor und fand zu Haus.
Wir fahren auf Sandbank und Riff[14],
Die Wellen schlagen übers Schiff
Und nehmen uns Galeoten[15] viel,
Bald sind die Schiffsleut auch ihr Ziel,
Um die Patrone[16] ists geschehn.
Man kann das Schiff arg schwanken sehn;
Ein Wirbel wird es leicht bezwingen
Und Schiff und Mannschaft jäh verschlingen.
Wir sind all guten Rates bar,
Uns droht des Untergangs Gefahr,
Der Wind uns mit Gewalt hintreibt.
Ein weiser Mann zu Hause bleibt
Und nimmt an uns sich gute Lehr,
Wagt leichtsinnig sich nicht aufs Meer,
Er könne denn mit Winden streiten,
Wie Ulysses tat zu seinen Zeiten,

---

14. *uff unfalles schlyff*, d. h. auf der schlüpfrigen Oberfläche des Unglücks, auf die Gefahr hin, auszugleiten und ins Verderben zu geraten. – 15. Die Boote des Schiffs, franz. *la galiote*. – 16. Die Schiffs-
herren.

Und, will das Schiff auch untergehn,
Ans Land zu schwimmen doch verstehn.

Dieweil ertrinken Narren viel,
Sei der Weisheit Ufer unser Ziel[17],
Jeder nehm das Ruder in die Hände,
Damit er wisse, wo er lände;
Wer klug ist, kommt ans Land mit Fug:
Es gibt doch ohndies Narrn genug!
Der Klügste ist, wer selber wohl
Weiß, was man tun und lassen soll,
Den man nicht braucht zu unterweisen,
Der Weisheit tut von selber preisen;
Der ist auch klug, wer andre hört,
Wenn man ihn Zucht und Weisheit lehrt;
Wer aber davon allzumal
Nichts weiß, gehört zur Narrenzahl.
Ward er nicht in dies Schiff genommen,
So wird gar bald ein andres kommen,
Wo er Gesellschaft viel trifft an
Und *Gaudeamus* singen kann
Oder das *Lied im Narrenton*[18].
Viel Brüder müssen noch draußen stehn,
Auch *das* Schiff wird zu Grunde gehn.

17. Im Original: *Zuom stad der wißheyt yeder yl* (eile). – 18. Nach
der Narren Melodie; vgl. Kap. 72, V. 48 ff.

109.

Der ist ein Narr, der nicht versteht,
Wenn Unheil ihm zu Handen geht,
Daß er sich weislich schicke drein:
Unglück will nicht mißachtet sein.

Mißachtung des Unheils

Manchem ist nicht bei Unglück wohl,
Der doch stets darnach sucht wie toll,
Drum soll er es nicht haben Wunder,
Wenn ihm das Schiff zuletzt geht unter:
Denn ist das Unglück noch so klein,
So kommt es selten doch allein,
Weil nach der Alten Spruch und Sage
Unglück und Haar wächst alle Tage.
Darum den Anfang man abwende,
Man weiß nicht, wohin neigt das Ende.
Wer auf das Meer sich wagen tut,
Der braucht wohl Glück und Wetter gut;
Denn hinter sich fährt der geschwind,
Wer schiffen will mit Widerwind;
Ein Weiser mit Fahrwind segeln lehrt,
Ein Narr gar bald sein Schiff umkehrt.
Der Weise hält in seiner Hand
Das Ruder und fährt leicht zu Land;
Ein Narr versteht sich nicht aufs Lenken,
Drum wird er leicht das Schiff versenken[1].
Ein Weiser sich und andre führt,
Ein Narr verdirbt, eh er es spürt.
    Hätt nicht gefügt in weise Lehre
Sich Alexander auf hohem Meere,
Das ihm sein Schiff warf auf die Seit',
Und sich gerichtet nach der Zeit:
Er würd im Meer ertrunken sein
Und nicht gestorben an Gift im Wein.

---

1. Im Original: *Eyn narr verstat sich nit uff fuor / Dar umb er offt nymbt eyn grunt ruor.*

Pompejus hatte Ruhm und Ehre,
Als er gereiniget die Meere
Und die Seeräuber all vertrieben,
Und ist doch in Ägypten blieben.
    Wer Weisheit sowie Tugend fand,
Der schwimmet nackend wohl[2] zum Land:
So spricht Sebastianus Brant[3].

2. D. h. reich und wohlbehalten. – 3. Die Nennung des Namens deutet darauf hin, daß in der Originalausgabe von 1494 mit diesem Abschnitt ursprünglich die Schilderung der Narren abgeschlossen werden sollte. Das folgende Kap. sowie Kap. 111 und 112 handeln vom Dichter und vom Weisen, bilden also eine Art Epilog.

110.

Ein Narr beklatscht wohl jedermann
Und hängt der Katz die Schelle an,
Und nimmt sich dessen doch nicht an.

Verleumdung des Guten

Gar manchem war es Herzenslabe,
Daß ich viel Narrn gesammelt habe;
Er nimmt daraus sich gute Lehre,
Wie er sich von der Narrheit kehre.
Dagegen ist es manchem Leid,
Der meint, ich sagte *ihm* Bescheid,
Und wagt doch laut zu reden nicht,
Drum schilt er nur auf das Gedicht
Und hängt der Katze an die Schellen,
Die *ihm* an beiden Ohren gellen.
Ein räudig Roß hält nicht lang still,
Wenn man es sauber striegeln will;
Wirft unter Hunde man ein Bein,
Schreit der Getroffene allein.
Ich bin mir dessen wohl bewußt,
Daß Narren schelten mich mit Lust
Und meinen, es ständ mir nicht zu,
Daß ich die Narrn nicht laß in Ruh
Und manchem zeige, was ihn plagt.
Ein jeder spricht, was ihm behagt,
Und klaget, wo ihn drückt der Schuh.
Sagt dir dies Narrenbuch nicht zu,
So laß es doch nur ruhig laufen,
Ich bitte keinen, es zu kaufen,
Er wolle denn klug werden draus
Und ziehen selbst die Kappe aus,
An der ich lang gezogen hab
Und zog sie ihm doch nicht ganz ab.
Wer tadelt, was er nicht versteht,
Der kauf dies Buch, eh es zu spät,

Da doch zu dem, was er verstand,
Noch jeder Lieb und Neigung fand.
Der ist ein Narr, wer sein will klug
Und tut der Wahrheit Widerspruch[1].

1. Im Original: *Wer worheit wider sprechen gtar / Und wis will syn /
der ist eyn narr.*

110 a.

Bei Tisch begeht man Grobheit viel,
Die zähl man auch zum Narrenspiel,
Von der zuletzt ich sprechen will[1].

Von schlechten Sitten bei Tische

Wenn ich die Narrheit ganz durchsuche,
Setz billig ich zuletzt im Buche
Etliche, die für Narrn man acht't,
An die zuvor ich nicht gedacht.
Denn ob sie schon viel Mißbrauch treiben
Und feiner Hofzucht treu nicht bleiben,
Auch grob und ungezogen sind,
So sind sie doch nicht also blind,
Daß sie die Ehrbarkeit verletzten,
Wie die, die wir zuvor hinsetzten;
Sie haben auch nicht Gott vergessen,
Sondern beim Trinken und beim Essen
Sind sie so grob und unerfahrn,
Daß man sie heißt bäurische Narrn[2].
Sie waschen ihre Hände nicht,
Wenn man die Mahlzeit zugericht't,
Oder wenn sie sich zu Tische setzen,
Sie andre in dem Platz verletzen[3],
Die *vor* ihnen sollten sein gesessen;
Vernunft und Hofzucht sie vergessen,
Daß man muß rufen: „Heda, munter,
Mein guter Freund, rück weiter runter!
Laß *den* dort sitzen an deiner Statt[4]!"
Ein andrer nicht gesprochen hat
Den Segen über Brot und Wein,
Eh er bei Tische Gast will sein;
Ein andrer greift *zuerst* in die Schüssel

---

1. Die Stücke 110 a und b sind Zusätze der zweiten Auflage (Basel 1495). – 2. *unhoflich narren,* d. h. unhöfisch (impliziert den Gegensatz bäurisch). – 3. *an dem sytzen letzen,* d. h. um ihren Platz bringen. – 4. Vgl. Lukas 14, 8 ff.

Und stößt das Essen in den Rüssel
Vor ehrbarn Leuten, Frauen, Herrn,
Die er vernünftig sollte ehrn,
Daß sie zum ersten griffen an
Und er nicht wär zuvorderst dran.
Der auch so eilig essen muß,
Daß er so bläst in Brei und Mus,
Strengt an die Backen ungeheuer,
Als setzte er in Brand 'ne Scheuer.
Mancher beträuft Tischtuch und Kleid,
Legt auf die Schüssel wieder breit,
Was ihm ist ungeschickt entfallen,
Unlust bringt es den Gästen allen.
Andre hinwieder sind so faul,
Wenn sie den Löffel führen zum Maul,
Dann hängen sie den offnen Rüssel
So über Platte, Mus und Schüssel,
Daß, fällt ihnen etwas dann darnieder,
Dasselbe kommt in die Schüssel wieder.
Etliche sind so naseweise:
Sie riechen vorher an der Speise
Und machen sie den andern Leuten
Zuwider, die sie sonst nicht scheuten.
Etliche kauen etwas im Munde
Und werfen das von sich zur Stunde
Auf Tischtuch, Schüssel oder Erde,
Daß manchem davon übel werde.
Wer einen Mundvoll gegessen hat
Und legt es wieder auf die Platt',
Oder lehnt sich über den Tisch
Und lugt, wo sei gut Fleisch und Fisch,
Wenn das auch andern näher lag,

Er packts und nimmt es in Beschlag
Und läßt es vor sich stehn allein,
Daß es nicht andern sei gemein:
Einen solchen man *Schlingrabe* nennt,
Der über Tisch sich selbst nur kennt
Und darauf legt Mühe und Fleiß,
Daß er allein ess' alle Speis
Und er allein sich füllen könne
Und andern nicht das gleiche gönne.
Einen solchen heiß ich: *Räumdenhagen*[5],
Leersnäpfli, Schmierwanst, Fülldenmagen.
Ein schlechter Tischgenoß ist das
Und wird geheißen wohl ein Fraß,
Der solcher Unart fern nicht bleibt,
Daß er auch andern läßt ihr Teil,
Gewährt gut Essen ihm das Heil.
Ein andrer füllt die Backen so,
Als ob sie steckten ihm voll Stroh;
Er pflegt beim Essen rings zu gaffen
In alle Winkel wie die Affen
Und schaut auf jeden mit Begehr,
Ob der vielleicht mehr ißt als er,
Und eh der *einen* Mund voll zuckt,
Hat er vier oder fünf verschluckt,
Und daß ihm sonst auch nichts gebreste,
Trägt er noch Teller voll zum Neste,
Und daß er sich ja nicht versäume,
Lugt er, wie er die Platten räume.
Eh er die Speis herunterschluckt,
Er einen Stich[6] in den Becher guckt,

---

5. D. h., mach reine Bahn! – 6. D. h. einen Schluck, franz. *un coup.*

Macht sich 'ne Suppe mit dem Wein[7]
Und schwenkt damit die Backen rein,
Und hat damit oft solche Eil,
Daß aus der Nas ihm rinnt ein Teil,
Oder spritzt gar einem andern wohl
Das Trinkgeschirr und Antlitz voll.
    Neun Taubenzüge, *ein* Bapphart[8],
Das ist beim Trinken jetzt die Art.
Den schmutzgen Mund wischt keiner mehr:
Im Becher schwimmt das Fett umher;
Schmatzen beim Trinken ist nicht fein,
Kann andern Leuten nur widrig sein.
Durch die Zähne sürfeln[9] klingt nicht schön,
Solch Trinken gibt ein schlecht Getön.
Manch einer trinkt mit solchem Geschrei,
Als käme eine Kuh vom Heu.
*Nacht*trinken Ehre sonst gebot,
Jetzt ist dem *Weinschlauch* nur noch Not,
Daß er schnell möge trinken *vor*:
Das Trinkgeschirr hebt er empor
Und bringt dir einen „frohen Trunk",
Damit sein Becher macht glunk, glunk;
Er meint, daß er den andern ehrt,
Wenn *er* den Humpen leer umkehrt[10].
Ich misse gern die feine Sitte,
Daß man vor mir das Glas umschütte
Oder daß man mich zu trinken bitte;
Ich trink für mich, doch keinem zu:
Wer sich gern füllt, ist eine Kuh.

7. Er trinkt, ehe er die Speise verschluckt hat. – 8. Taubenzug bedeutet wohl ein bestimmtes Maß beim Trinken; Bapphart ist ein Mund voll Brei (nach Goedeke). – 9. Schlürfen. – 10. D. h. die Nagelprobe macht.

Ein andrer schwätzt bei Tisch allein,
Läßt nicht das Wort sein allgemein,
Es muß vielmehr ihm jedermann
Zuhörn, wie *er* gut schwätzen kann.
Keinem andern er das Wort vergönnt,
Doch sein Wort gegen jeden rennt
Und verleumdet gern zu jeder Frist
Manchen, der nicht zugegen ist.
Ein andrer kratzt sich derb am Grinde
Und lugt, ob er kein Wildbret finde
Mit sechs Füßen und dem Ulmer Schild[11],
Das er erst auf dem Teller knillt[12],
Dann in die Schüssel die Finger taucht,
Weil er just Nägleinbrühe[13] braucht;
Der eilt, daß er die Nase wische
Und putzt die Finger ab – am Tische!
Andre sind so höflich erzogen,
Daß sie auf Arm und Ellenbogen
Sich lehnen und den Tisch bewegen,
Sich drauf mit allen vieren legen,
Wie jene Braut von Geispitzhain[14],
Die auf den Teller legte die Bein',
Und da sie sich bückte nach dem Sturz[15],
Entfuhr ihr über dem Tisch ein Furz;
Sie ließ ein Rülpsen sich entwischen,

---

11. Das Ulmer Schild zeigt ein Kreuz, wie die Läuse. – 12. Zerdrückt,
knickt. – 13. Wortspiel, da *näglyß brüg* auch eine Nelkensoße bezeichnet. – 14. Ein Dorf in der Nähe von Straßburg, aus dem wohl die
folgende Anekdote stammt, die später in den *Schildbürgern* erzählt
wird: die Mutter hatte der bäurischen Braut gesagt, sie müsse die
Beine (= Knochen) neben den Teller legen; sie streckte deshalb *ihre*
Beine auf den Tisch. – 15. Nach dem entfallenen Kopftuch.

Wenn man nicht kommen wär dazwischen
Mit Kübeln und sie nicht aufgetan
Das Maul – ihr bliebe nicht ein Zahn.
Etliche lieben so zu hofieren[16],
Daß sie das Brot recht tüchtig beschmieren
Mit schmutzigen Händen im Pfefferbrei[17],
Damit es wohl gesalbet sei.

  Es bringt auch Vorteil, vorzulegen:
Das beste Stück so zu bewegen,
Daß, was nicht will gefallen mir,
Ich lege einem andern für,
Dadurch wird dann ein Weg gemacht,
Auf dem ich nach dem Besten tracht;
Einem *andern* wird, was ich nicht will,
Das Beste *mir* – und ich schweig still.
So hat mir mancher oft hofiert!
Ich wünscht, daß er nicht angerührt
Die Schüssel, denn dann blieb mir das,
Was vor *mir* lag und schmeckte baß[18].
Mancher auf Schlendrian[19] ausgeht
Und die Schüssel auf dem Tische dreht,
Bis das Beste ist vor ihn gekommen.
Ich habe das oft wahrgenommen,
Daß mancher trieb solch Abenteuer
Und listig sich verschaffte Steuer[20],
Daß ihm gefüllet ward sein Bauch.

  So gibts bei Tisch seltsamen Brauch,
Wenn *alles* ich erzählen sollte,
Ein ganzes Buch[21] ich schreiben wollte,

---

16. Feine Sitte zu zeigen. – 17. Soße. – 18. Besser. – 19. *schlenttrianum*,
von *schlendern, umhertreiben*. – 20. Hilfe, Unterstützung. – 21. *Eyn
gantz legend*, wie weiter unten: *ich wolt sunst wol eyn bibel machen.*

Wie man sieht in den Becher pfeifen,
Mit Fingern in das Salzfaß greifen,
Was mancher achtet für sehr grob;
Doch hat dasselbe mehr mein Lob,
Als daß man Salz nimmt mit dem Messer:
Gewaschene Hand ist wahrlich besser
Und sauberer als jene Klingen,
Die wir in der Scheide mit uns bringen
Und wissen nicht, ob wir vor Stunden
Vielleicht 'ne Katze damit geschunden.
Für Unvernunft kann man auch halten
Die Eier zu schlagen und zu spalten
Und ander dergleichen Gaukelspiel,
Wovon ich jetzt nicht schreiben will;
Denn das soll feine Sitte sein,
Ich schreib von Grobheit hier allein,
Nicht von subtilen, feinen Sachen.
Ich müßt sonst eine Bibel machen,
Sollt ich den Mißbrauch all beschreiben,
Den man beim Essen pflegt zu treiben.
Desgleichen acht ichs auch nicht viel,
Wenn etwas in den Becher fiel,
Ob man durch Blasen das wegbringe
Oder mit einer Messerklinge
Oder vom Brot mit einer Schnitte –
Wiewohl das letztre feinre Sitte,
So halte ichs doch also nun,
Daß man ein jedes könne tun.
Wo man es aber hält für gut,
Daß aus dem Glas man *alles* tut
Und lieber ein ganz frisches nimmt,
Wie sich bei Reichen das wohl ziemt,

Kann man es schelten nicht mit Glimpf[22];
Für Arme ist nicht solcher Schimpf[23]:
Ein armer Mann läßt sich begnügen;
Was Gott ihm gibt, muß ihm genügen,
Er braucht nicht jede Hofzucht pflegen.

    Zum letzten spreche man den Segen;
Und wenn man satt sich trank und aß,
Sag man auch Deo gratias[24]!
Denn wer gering hält diese Pflicht,
Den achte ich für weise nicht;
Vielmehr ich billig von ihm sage,
Daß er die Narrenkappe trage.

22. Mit Recht. – 23. Scherz, harmlose Sitte. – 24. Gott sei Dank.

Von Faßnachtnarren

Ich weiß noch etliche Faßnachtnarren[1],
Die in der Torenkappe beharren.
Wenn man die heilige Zeit[2] fängt an,
So stören sie noch jedermann:
Ein Teil macht schwarz sich das Gesicht,
Vermummt am ganzen Leib sich dicht
Und läuft einer nach Butzen-Weise[3].
Ihr Anschlag steht auf glattem Eise.
Mancher will nicht, daß man ihn kennt,
Der sich zuletzt doch selber nennt;
Er hat den Kopf sich dicht vermacht
Und will doch, daß man auf ihn acht'
Und spreche: „Schau, mein Herr von Runkel!
Der kommt und führt am Arm 'ne Kunkel[4];
Das hat gar Großes zu bedeuten,
Daß er kommt zu uns armen Leuten,
So gnädig ist, uns zu besuchen."
Doch will er Schändung nur versuchen
Und Faßnacht legen schon ein Ei,
Singt auch der Kuckuck erst im Mai.
Man spendet Küchlein[5] in manchem Haus,
Wo besser wär, man bliebe draus;

---

1. *Faßnacht* heißt das Wort noch bei Schiller; bei Brant gelegentlich
auch *fastnacht* (V. 108). Es bezeichnet den Vorabend vor dem Beginn
der Fastenzeit, d. h. (seit das Konzil von Benevent 1091 den Beginn
der österlichen Fasten auf Mittwoch vor Invokavit gelegt hat) Diens-
tag vor Aschermittwoch. Brant greift in diesem Kapitel die Auswüchse
des volkstümlichen Fastnachtstreibens an. – 2. Die Fastenzeit. –
3. Vgl. Anm. 8 zu Kap. 6. – 4. Ein Frauenzimmer. – 5. Den Besu-
chern wurden Fastnachtskrapfen angeboten.

Der Gründe gäb's dafür so viel,
Daß lieber ich ganz schweigen will.
Allein die Narrheit hat erdacht,
Daß man zur Faßnacht Freud sich macht;
Wann man der Seelen Heil sollt pflegen,
Da geben *Narren* erst den Segen
Und suchen dann ihr Fest herfür:
Fast Nacht ist es vor ihrer Tür.
Der Narren Kirchweih ist bekannt,
Jawohl, Fast-*Nacht* wird sie genannt[6]!
Man läuft mit Lärmen auf den Gassen
Im Schmutz, als sollt man Immen fassen[7],
Und wer dann ist unsinnig ganz,
Der meint, *ihm* schulde man den Kranz.
Von einem Haus zum andern laufen,
Viel Völlerei ohn Geld sich kaufen,
Das Ding währt oft bis Mitternacht:
Der Teufel hat solch Spiel erdacht!
Anstatt zu suchen Seelenheil,
Tanzt man erst recht am Narrenseil.
Mancher vergißt sich so im Fressen,
Als sollt er ein ganzes Jahr nichts essen,
Und sein Verlangen ist nicht gestillt,
Wenn bis zur Meßzeit[8] er sich füllt,
Verbotne Speis[9] schafft ihm Behagen,
Man ißt sie, bis man sieht es tagen.
    Ich kann in Wahrheit das wohl sagen,
Daß weder Juden, Heiden, Tataren[10]

6. Das Wortspiel ist nur so übersetzbar, während es bei Brant *vast nacht,* d. h. ganz Nacht, ganz finster bedeutet. – 7. Bienen fangen. – 8. Bis zur ersten Messe des Aschermittwochs. – 9. Fleischspeisen. – 10. *Datten,* d. h. Zigeuner.

Im Glauben schändlich so verfahren
Wie wir, die wir uns Christen nennen
Und wenig mit Werken dazu bekennen[11],
Denn eh die Andacht man beginnt,
Drei-, vierfach man auf Faßnacht sinnt
Und kommt erst ganz von Sinnen gar,
Das währt dann durch das ganze Jahr.
Man bricht der Fasten ab das Haupt[12],
Damit man sie der Kraft beraubt.
    Nur wen'ge sich der Asche nahen[13],
Um sie mit Andacht zu empfahen;
Sie fürchten, Asche werde schmerzen;
Sie wollen lieber ihr Antlitz schwärzen
Und sich berußen wie eine Kohl':
Des *Teufels* Zeichen paßt ihnen wohl,
Das Zeichen Gottes[14] sie verschmähn,
Mit Christo wollen sie nicht erstehn.
Die Frauen gehn gern auf die Straßen,
Wollen sich auch beschmutzen lassen;
Die Kirchen selbst sind nicht zu hehr,
Man läuft darin die Kreuz und Quer,
Um dort die Frauen zu beschmieren,
Man hält das für ein groß Hofieren[15].
Den Esel[16] wüste Rotten tragen,
Mit ihm die ganze Stadt durchjagen.
Drauf lädt man ein zu Tanz und Stechen,
Da muß man dann die Speere brechen

11. Im Original: *Als wir die kristen wellen syn / Und duont mit
wercken kleynen schyn* (zeigen, beweisen wenig mit unseren Werken). – 12. Der Aschermittwoch führte den lat. Beinamen *caput Quin-
quagesimae*. – 13. Der Asche, die am Aschermittwoch in der Kirche
ausgeteilt wurde. – 14. Das Aschenkreuz auf der Stirn. – 15. Für feine
Sitte. – 16. Den sog. Palmesel, der am Palmsonntag auch in die Kirche
geführt wurde.

Und Narren recht zusammenbringen.
Es drängen sich zu solchen Dingen
Handwerker, Bauern auch heran,
Wenn mancher auch nicht reiten kann;
Es wird gestochen unverhofft,
Daß Hals und Rücken brechen oft:
Und das soll *höfisch* Scherzen sein!
Darnach füllt man sich an mit Wein;
Von Fasten weiß man nicht zu sagen.
Solch Wesen währt bei vierzehn Tagen,
Die Fasten *ganz* an manchen Enden,
Die Karwoch' kann es kaum abwenden.
So ist zur Beicht man vorbereitet,
Wenn man die hölzernen Tafeln[17] läutet,
Und fängt dann seine Reue an.
Man möchte morgen wieder dran,
Dem Narrenseil noch mehr nachhängen;
Nach *Emmaus*[18] wir alle drängen.
Die geweihten Fladen[19] uns nicht schmecken,
Man mag das Haupt nicht länger decken[20],
Es könnte leicht ein Wind entstehn,
Den Frauen ab die Tücher wehn,
Die hingen an den nächsten Hecken.
Die Frauen sich nicht gern bedecken,
Sie reizen damit Mann und Knaben;

17. Von Gründonnerstag bis Ostersonnabend ersetzte man die Glocken durch allerlei hölzerne Instrumente, da jene nach altem katholischem Glauben für drei Tage sterben und erst am Vorabend des Osterfestes wieder lebendig werden. – 18. Das Evangelium des Ostermontags handelt von dem Gang der Jünger nach Emmaus; hier sprichwörtlich für die Osterbelustigungen, die am Montag stattfanden. – 19. Die Osterfladen, die ohne Sauerteig gebacken und besonders eingesegnet wurden. – 20. Als Zeichen ernster Gesinnung verhüllen.

Die Narrenkapp sie lieber haben,
Daß man die Ohren daraus strecke,
Als daß man sich mit Tüchern decke.
    So kann ich hiermit wohl beschließen,
Wiewohl es einige mag verdrießen,
Daß, wo man sucht Fastnacht allein,
Will keine rechte Andacht sein.
Doch wie wir stellen uns zu Gott,
So läßt er uns oft bis zum Tod.
Der Narren Kapp bringt Angst und Pein
Und kann doch nicht in Ruhe sein,
Sie wird selbst in den Fasten jetzt
Und in der Karwoch' aufgesetzt.

111.
Leicht wär's mit Narrheit sich befassen,
Könnt man auch leicht von Narrheit lassen,
Doch wenn dies einer auch beginne,
Wird er gar vieler Hindrung inne.

Entschuldigung des Dichters

Der ist ein Narr und großer Tor,
Wer einen Werkmann lohnt *zuvor*,
Denn der gar oft die Sorgfalt spart[1],
Wer nicht auf künftgen Lohn mehr harrt.
Gar wenig wird für Geld getan,
Das schon verzehrt ist und vertan,
Und *dem* Werk bald der Stillstand droht,
Wo man zuvor schon aß das Brot.
Drum, hätte man mir wollen lohnen,
Daß ich der Narren sollte schonen,
Ich hätt mich wenig dran gekehrt,
Auch wär das Geld jetzt doch verzehrt,
Hätt nicht mehr Sicherheit gewährt[2],
Weil alles, was da ist auf Erden,
Für Torheit muß geachtet werden.
Hätt ich dies Buch um Geld gemacht,
Nur wenig Lohn hätt ich gesehn
Und hätt es längst wohl lassen stehn,
Aber dieweil es ist geschehn
Zu Gottes Ehr und Nutz der Welt,
So hab ich weder Gunst noch Geld
Noch ander Gut gesehen an,
Was Gott mir wohl bezeugen kann,
Und weiß doch, daß ich nicht kann bleiben
Ganz ungetadelt in meinem Schreiben.
Von *Guten* will ich das hinnehmen,
Mich ihres Einspruchs nimmer schämen;

---

1. Im Original: *Der macht nit werschafft uff dem merckt*, d. h., der bietet keine Garantie für den Wert seiner Waren und hat kein Vertrauen auf dem Markt. – 2. Nämlich daß der Dichter die Narren schonen würde.

Denn Gott ruf ich zum Zeugen an:
Wenn man hier Lügen finden kann,
Oder etwas wider Gottes Lehre,
Der Seelen Heil, Vernunft und Ehre,
So will ich Tadel gern erdulden;
Am Glauben möcht ich nichts verschulden
Und bitte hiermit jedermann,
Daß man für gut es nehme an
Und leg es nicht zum Argen aus
Noch ziehe Ärgernis daraus.
Denn darum hab ichs nicht gemacht!
Aber ich weiß, mir wirds verdacht
Gleichwie der Blume, die schön blüht,
Aus der das Bienlein Honig zieht,
Doch kommen dann darauf die Spinnen,
So suchen sie Gift draus zu gewinnen.
Das wird auch hierbei nicht gespart,
Ein jeder tut nach seiner Art,
Und wo nichts Gutes ist im Haus,
Trägt man auch Gutes nicht hinaus.
Wer nicht gern hört von Weisheit sagen,
Wird über mich gar oftmals klagen,
Doch hört man seinen Worten an,
Was er sei für ein Gaukelmann.

    Ich hab gesehen manchen Tor,
Der sich gehoben stolz empor,
Wie auf dem Libanon die Zeder,
In Narrheit höher als ein jeder,
Doch als geharrt ich kurze Frist,
Das Prahlen ihm vergangen ist,
Man konnt auch finden nicht die Statt,

Wo dieser Narr gewohnet hat[3].
Wer Ohren hat, der hör' und lerne!
Ich schweig, der Wolf ist mir nicht ferne[4]!
Ein Narr tadelt manchen vor der Zeit,
Er kennt nicht dessen Freud noch Leid,
Müßt jeder sein des andern Rücken,
So wüßt er, was den täte drücken.
Wer will, der les' dies Narrenbuch,
Ich weiß wohl, wo *mich* drückt der Schuch,
Darum, wenn man will schelten mich
Und sprechen: „Arzt, heil selber dich[5],
Denn du bist auch in unsrer Rott!"
So weiß ich und bekenn es Gott,
Daß ich viel Torheit hab begangen
Und muß im Narrenorden prangen,
Wie sehr ich mag die Kappe rütteln,
Ganz kann ich sie vom Kopf nicht schütteln.
Doch hab ich Ernst verwandt und Fleiß,
So daß ich, wie nun jeder weiß,
Der Narren Arten kenne viel
Und Lust hab, wenn es Gott nur will,
Zu bessern mich in künftger Zeit,
Sofern Gott Gnade mir verleiht.
Ein jeder achte nur auf dies,
Daß ihm nicht *bleib'* der Narrenspieß[6],
Daß nicht *veralt'* in seiner Hand
Der Kolben – des sei er ermahnt!

3. Vgl. Psalm 37, 35. 36. – 4. Eine Anspielung auf das bekannte
Sprichwort: Wenn man vom Wolfe spricht, so ist er nicht weit; hier
auf die Narren bezogen. – 5. Lukas 4, 23; vgl. Kap. 21. – 6. *der narren sträl*, eigentlich Kamm, wohl als Werkzeug des Durchhechelns genannt.

So schließt Sebastianus Brant,
Der jedem zu der Weisheit rät,
Wer er auch sei und wo er steht:
Kein guter Werkmann kommt zu spät!

112.

Von Narren gab ich euch Bescheid,
Damit ihr sie recht kennt am Kleid.
Wer weise sein will um und um,
Les' meinen Freund Virgilium[1].

Der weiſe Mann

Ein guter, vernünftger, weiser Mann,
Desgleichen man nicht leicht trifft an
In aller Welt, wie Sokrates –
Apollo[2] gab ihm Zeugnis des –
Derselbe sein eigner Richter ist;
Wo's ihm an Weisheit noch gebrist,
Prüft er auf das genauste sich;
Er schätzt nicht, was der Adel spricht,
Noch des gemeinen Volks Geschrei;
Er ist rotund[3] ganz wie ein Ei,
Damit kein fremder Makel bleibe,
Der sich auf glattem Weg anreibe;
Wie lang der Tag im Krebs[4] sich streckt,
Wie lang die Nacht den Steinbock[5] deckt,
So denkt er nach und wäget aus,
Damit kein Winkel in seinem Haus
Ihn trübe, oder er rede ein Wort,
Das nicht gezieme jedem Ort[6],
Damit nicht fehle das Winkelmaß
Und fert ſei, wer er sich vermaß;
Daß jeden Angriff mit der Hand
Er abwehr und bald hab abgewandt.
Er liebet nicht so sehr den Schlaf,

1. Gemeint ist das Gedicht „Vir bonus", das zu Brants Zeit irrtümlich Vergil zugeschrieben wurde und das im folgenden Kapitel frei
wiedergegeben wird. – 2. Das Orakel des Apollo zu Delphi. – 3. Rund
(lat. *rotundus*), d. h., er gibt keinen Anstoß. – 4. Im Zeichen des
Krebses: Juni und Juli. – 5. Dezember und Januar. – 6. *Das nit
glych wäg uff alle ort*, d. h. auf allen Seiten gleich schwer sei, durchaus billig und gerecht.

Daß er nicht überdenk und straf[7],
Was er getan den langen Tag,
Wo er versehn sich haben mag;
Was er beizeiten sollt betrachten,
Worauf er tat zur Unzeit achten;
Warum vollendet er *die* Sache
Ohn Ziemlichkeit und all Ursache
Und viele Zeit unnütz vertrieben;
Warum er bei *dem* Plan geblieben,
Der *besser* konnte doch geschehn;
Warum er Arme übersehn,
Und warum im Gemüt so viel
Empfunden Schmerz und Widerwill;
Warum er dies gefangen an,
Und warum jenes nicht getan;
Warum er *sich* so oft verletzte
Und Nutzen vor die Ehre setzte
Und sich verging mit Wort und Gesicht,
Der Ehrbarkeit geachtet nicht;
Warum er gefolgt natürlichem Hang,
Sein Herz zur Zucht nicht zog noch zwang?
    Also erprobt er Werk und Wort
Vom Morgen bis zum Abend fort,
Bedenkt die Sachen, die er tut,
Verwirft, was schlecht, und lobt, was gut.
Das ist eines rechten Weisen Art,
Wie im Gedicht uns hat gewiesen
Virgilius, der hochgepriesen.
Wer *also* lebte hier auf Erden,
Dem mag auch Gott gewogen werden,

7. Beurteile, tadle.

Weil er die Weisheit recht erkannt,
Die einst ihn führt ins Vaterland.
Das gebe Gott uns unverwandt,
Wünsch ich, Sebastianus Brant.

Deo gratias.[8]

---

8. Hiermit schließt das letzte Kapitel in der Ausgabe von 1494.

Verwahrung[1]

Einst hab ichs Narrenschiff gedichtet,
Mit großer Mühe aufgerichtet,
Mit Toren es so voll geladen –
Man braucht nicht anders sie zu baden:
Ein jeder hat sich selbst gerieben[2].
Doch ist es nicht dabei geblieben,
Gar mancher hat, wie's ihm gefiel
– Vielleicht als er getrunken viel –,
Dran neue Reime[3] wollen henken.
Derselbe sollte wohl bedenken,
Daß er schon früher saß im Schiff,
Drin ihn und andre traf mein Griff,
Dann blieb ihm Mühe wohl erspart.

Mit altem Segel beginnt die Fahrt
Dies Schiff, dem ersten gleich es fliegt
Und sich mit schlichtem Wind begnügt.
Wahr ists, ich hätt es gern vermehrt,
Doch meine Arbeit ward verkehrt:
Manch andrer Reim ist eingeschoben,
Daran nicht Kunst, Art, Maß zu loben.
Viel Reime sind *mir* abgeschnitten,
Den Sinn verliert man in der Mitten;
Ein jeder Reim, der mußt sich ducken,
Je wie man ihn hat wollen drucken

---

1. Diese *Protestation* gegen die zahlreichen Zusätze und Verstümmelungen, die das „Narrenschiff" vor allem in der Straßburger Überarbeitung von 1494 erfahren hatte, stellte Brant der dritten echten Ausgabe (Basel 1499) voran. – 2. Baden, reiben, scheren, bürsten usw. werden häufig bildlich vom Verspotten, Durchziehen der Narren gebraucht. – 3. D. h. Verse.

444

Und wie's die Form ergeben hat[4],
Drum mancher schlechte Reim eintrat,
Daß es im Herzen mich gar sehr
Geschmerzt hat, tausendmal und mehr,
Daß Mühe, Arbeit und Verstand
Ohn Schuld ich übel aufgewandt;
Daß öffentlich ich soll ansehn,
Was ich doch nimmer ließ ausgehn,
Was nie mir kam in Mund und Kehle.
Doch meinem Gott ichs anbefehle:
Fährt doch dies Schiff auf seinen Namen,
Braucht seines Dichters sich nicht schamen,
Gleichwie das alte in allen Sachen.
Es kann nicht jeder Narren machen,
Er heiß' denn, wie *ich* bin genannt:
Der Narr Sebastianus Brant.

4. Eine Anspielung auf die Verstümmelungen des Textes, die in den
Nachdrucken oft durch ganz äußerliche Rücksichten, z. B. durch den
Platz der Holzschnitte, bedingt waren; zur Füllung anderer Stellen
wurden dann wieder Verse eingeschoben.

Ende des Narrenschiffs

Hie endet sich / das Narrenschiff / So
zů nutz / heilsamer ler / ermanung / vnd
eruolgung / der wißheit / vernunfft /
vnd gůter sytten / Ouch zů verachtung /
vnd stroff der narrheyt / blintheit / Irr-
sal / vnd dorheit / aller stådt / vnd
geschlecht der menschen / mit besunderm
fliß / müg / vnd arbeit / gesamlet ist /
durch Sebastianum Brant / In beiden
rechten doctorem / Gedruckt zů Basel
vff die Vasenaht / die man der narren
kirchwich nennet / Im jor noch Christi
geburt Tusent vierhundert vier vnd
nüntzig

.1.4.9.4.

NÜT ON VRSACH

KURZE ERLÄUTERUNG DER HOLZSCHNITTE

(Wo außer den Mottoversen bestimmte Textstellen für das Verständnis des Bildes von Bedeutung sind, werden diese abgekürzt nach der Verszählung des Kapitels angeführt.)

Das Titelbild des Narrenschiffes zeigt oben einen mit lachenden Narren beladenen Wagen, der von einem Narren auf dem Zugpferde gelenkt und von einem mit Hellebarde bewaffneten Narren geleitet wird. Dieser und ein Narr auf dem Wagen deuten auf den Weg: „Ad Narragoniam!" – nach dem Lande der Narren –, wohin auch ein in der unteren Hälfte des Bildes dargestelltes Schiff fährt. In diesem ist Doktor Griff, das Muster eines gelehrten Narren (vgl. Kap. 76), Flaggenführer. Seine Fahne trägt als Zeichen der Narrenschelle, daneben die mit Noten versehene Inschrift: „Gaudeamus omnes!" – Fröhlich laßt uns alle sein –, während minder gelehrte Narren ihren Mitbrüdern, die in zwei Kähnen dem Schiffe zusteuern, winkend zurufen: „Har noch" – d. h. hierher, uns nach! Unter dem Bilde befindet sich die Unterschrift: „Zuo schyff Zuo schyff bruoder. Eß gat / eß gat" – d. h., es eilt, es geht los!

Auf der Rückseite des Titelblattes ist ein weiteres Narrenschiff abgebildet, das als Holzschnitt zu Kapitel 108 wiederkehrt und dort beschrieben wird; darunter stehen die Worte „Gen Narragonien" und die lateinischen Verse des Psalms 106, V. 23 und 26/27 (nach der Vulgata): „Hi sunt qui descendunt mare in navibus facientes operationem in aquis multis. Ascendunt usque ad coelos / et descendunt usque ad abyssos: anima eorum in malis tabescebat. Turbati sunt et moti sunt sicut ebrius: et omnis sapientia eorum devorata est. Psalmo. CVI." – D. h., dies sind (diejenigen), die in Schiffen auf dem Meere fuhren und ihr Werk auf vielen Wassern betrieben. Sie stiegen empor bis zum Himmel und sanken hinab bis zum Abgrund: ihre Seele verzagte im Unheil. Sie waren verwirrt und taumelten wie ein Trunkener: und ihre ganze Weisheit war dahin.

1. Ein dürrer Büchernarr mit Brille, Schlafmütze und zurückgestreifter Narrenkappe sitzt eingezwängt vor einem mit Büchern belegten Doppelpult und scheucht mit einem Wedel die Fliegen von einem aufgeschlagenen Buche (vgl. V. 8). Unter dem Pult und an der Wand häufen sich Bücher.

2. Zwei Narren, der eine aufgerichtet, mit zurückgestreifter Narrenkappe, der andere halb gebückt, mit genießerisch schleckender Zunge, mühen sich ab, ein Schwein mit Stöcken in einen Kessel

zu heben. Im Hintergrund eine Burg. Vgl. neben dem Motto V. 9/10.

3. Zwei arme Narren mit Wanderstecken treten grüßend und mit den Worten: „gnad her" – Verzeihung, Herr! – bei einem reichen Manne ein, dessen Tür zwei Wappen schmücken. Auch dieser trägt die Narrenkappe und ist eben damit beschäftigt, Geld einzusäckeln.

4. Uly von Stauffen, das Sinnbild, wie es scheint, eines alten Narren, hält in der rechten Hand einen gefüllten Trinkbecher (mhd. *stouffen* = Becher) und reicht mit der linken einem jungen, modisch gekleideten Narren einen Spiegel, in den dieser entzückte Blicke wirft. Das Bild trägt auf einem vielfach verschlungenen Spruchband die Überschrift: „Uly von stouffen frisch und ungeschaffen" (d. h. ungestalt, häßlich), und unter den gespreizten Beinen des eitlen Jünglings die Jahreszahl „1.4.9.4".

5. Ein alter Mann mit Narrenkappe wankt mühsam an Stöcken einher. Im Hintern steckt ihm das Schindermesser, mit einem Fuß steht er im offenen Grabe. Das Bild trägt die Überschrift „Haintz Nar", darunter ein leeres Wappenschild, das offenbar nach dem Belieben des Lesers ausgefüllt werden kann.

6. Zwei Kinder, die mit Würfeln und Karten am Tisch gespielt haben, bedrohen sich scheltend mit Messer und Schwert. Ein alter Narr, wohl ihr Vater, sitzt mit verbundenen Augen und bloßen Beinen ruhig daneben; er ist in Narrheit „ganz erblindet" (V. 1).

7. Ein Narr liegt jammernd zwischen zwei Mühlsteinen; ein andrer, der sich nach ihm umblickt, klemmt sich selbst die Finger zwischen Tür und Angel; ein dritter mit Kolben und Kappe blickt lauernd um die Ecke. Vgl. V. 24/25, 29/30, 33/34.

8. Ein Narr zieht vorn an einem Pfluge, ist aber dabei mit dem Gesicht einem andern zugewandt, der hinten lenkt und einen Kuckuck auf der Hand trägt. Vgl. V. 3-6.

9. In einem reich ausgestatteten Gemache zieht ein prächtig gekleideter Mann die Narrenkappe am Seil hinter sich her, wobei er nach ihr zurückblickt. Auf einem Tisch und am geöffneten Fenster Trinkgeschirr, Polster und andere Utensilien. Der Sinn ergibt sich aus den Mottoversen und V. 1 ff. – (Der Holzschnitt ist, wohl aus technischen Gründen, in der zweiten sowie in den folgenden Originalausgaben durch einen anderen ersetzt worden, der das gleiche Motiv darstellt.)

10. Ein Narr hat auf der Gasse einen Mann vor sich niedergeworfen, tritt und schlägt ihn. Mehrere Männer und Frauen sehen untätig, wenn auch mißbilligend zu; einige schlagen die Hände zusammen. Nur einer scheint schadenfroh über die Schultern der vorderen Gruppe hinwegzuschauen.

11. Über einem offenen Sarge liegt der Deckel quer, darauf sitzt eine Person im Leichentuche. Mit dieser spricht neugierig ein Narr, der zwei Bücher, wohl die des Alten und Neuen Testaments, mit Füßen tritt. Mit dem Zeigefinger der linken Hand weist er aufwärts, um die Richtung seines Fragens anzudeuten. Im Hintergrund eine Stadt. Vgl. V. 7 ff.

12. Ein Narr hält sich vornübergebeugt an der Mähne seines Esels fest, weil der Sattelgurt gelöst ist und er herabzufallen droht. Vgl. neben dem Motto V. 3/4.

13. Frau Venus mit gewaltigen Flügeln, wallendem Haar und langem Schleppkleide, hält, von Kuckuck, Affe und Esel begleitet, drei Narren an Seilen. Bei einem von ihnen enthüllt die herabgeglittene Narrenkappe die Mönchstonsur. Hinter ihr mit frohlockendem Grinsen der Tod, vor ihr Cupido, ohne Flügel, mit verbundenen Augen, einen Pfeil abschießend. Vgl. neben dem Motto V. 13 ff.

14. Ein Narr mit einem Pferdejoch auf dem Nacken, einer Büchse um den Hals und einem Salblöffel in der Hand, sonst halbnackt, nähert sich einem ländlichen Viehstall, wo Gänse und Säue aus dem Troge fressen. Vgl. neben dem Motto V. 1/2 und V. 29 32.

15. Drei Bauhandwerker verlassen mit ihren Gerätschaften einen Herrn, dem sie die Arbeit aufgesagt haben. Dieser sitzt hinter einem leeren Zahltisch, hat die Narrenkappe verzweifelt zurückgestreift und rauft sich die Haare. Im Hintergrund ein unvollendetes Gebäude, ein Hebekran hält noch einen in der Luft schwebenden Stein gefaßt. Der Holzschnitt illustriert sehr lebendig V. 19-22.

16. Viele Narren sind bei einem Gelage um den Tisch versammelt, halten Reden, lärmen und trinken einander zu. In der Mitte des Bildes setzt ein Narr statt des Bechers eine Kanne zum Trinken an, im Vordergrund beißt ein anderer mit Behagen in einen ganzen Schinken.

17. Das Bild erinnert an die Parabel vom armen Lazarus. Ein armer Pilger mit der Muschel an dem Hute, den Stab in der einen, ein Näpfchen in der anderen Hand, liegt vor einem Hause. Zwei Hunde lecken ihm die Füße. Durch die offenen Mauerbögen sieht man drinnen einen reichen Narren, der gierig im Golde wühlt.

18. Ein Narr auf der Jagd, mit Hifthorn und Jagdspieß, trabt im Vordergrund vorüber und bläst gewaltig ins Horn. Hinter ihm laufen zwei Hasen in entgegengesetzten Richtungen davon. Der Jagdhund gleicht seinem Herrn: er verfolgt den einen und schaut nach dem andern sich um. Vgl. neben dem Motto V. 7-10.

19. Ein Narr, dessen Schwatzhaftigkeit durch die herausgestreckte Zunge angedeutet wird, hält einen ähnlich gestalteten Kolben in der Hand und nähert sich einem Baume, an dessen Stamm ein

Specht mit aufgesperrtem Schnabel klettert, der durch sein Schreien das in der Baumkrone befindliche Nest verrät. Vgl. neben dem Motto V. 21-24.

20. Einem Narren, der mit gierig ausgestreckten Händen auf einige Schüsseln voll Goldes losstürzt, bläst dies ein greulich aussehender Teufel mit einem Blasebalg vom Rücken her ein.

21. Ein Narr ist in einen Sumpf geraten und deutet gleichzeitig auf eine vor ihm laufende feste Straße. Am Straßenrand steht ein Kruzifix mit einem Wegweiser, der in der Form einer ausgestreckten Hand den rechten Weg zeigt. Vgl. neben dem Motto V. 7/8.

22. Die Weisheit als gekrönte Frau mit Engelsflügeln vor Klugen und Narren, Frauen, Kindern und Greisen von einer Kanzel predigend, hält in der Linken ein Zepter, auf dem eine Taube, das Symbol des Heiligen Geistes, sitzt. Aus einer Wolke deutet Gottes Hand auf sie hin. Das Bild ist gegenüber dem Text ganz selbständig gestaltet.

23. Aus einer Wolke zückt eine Hand den Hammer, als Sinnbild des Donnerkeils, nach dem Dach eines Hauses. Aus dem unteren Geschoß schlagen schon die Flammen, während im oberen ein Narr noch sorglos aus dem Fenster schaut. Vgl. neben dem Motto V. 1-4.

24. Im Gegensatz zum vorigen Holzschnitt trägt hier ein Narr, gebückt und beide Hände auf die Knie gestützt, die ganze Erdkugel als Last auf dem Rücken. Diese zeigt höchst anschaulich im kreisrunden Ausschnitt das Bild einer Landschaft mit Bergen, Flüssen, Wäldern, Burgen und Städten. Vgl. neben dem Motto V. 5/6.

25. Ein Narr, der einen Esel beim Schwanze hält, wird von dessen Hinterfuß getroffen. Ein anderer Narr schlägt ihn von oben mit Fäusten, ein dritter eilt schadenfroh herbei, ein vierter, auf dem Boden sitzend, hält den Esel fest. Im Hintergrunde ein Wolf bei einem Grabkreuz, das wohl das Ziel, den Zahlungstermin, darstellen soll, hier aber bereits mit Anspielung auf den Tod als Ziel des irdischen Lebens. Vgl. neben dem Motto V. 4, V. 9/10 und V. 33/34.

26. Midas, der sich einst wünschte, alles, was er berührte, möchte zu Gold werden, und der deshalb beinahe Hungers starb, kniet mit Eselsohren und zurückgestreifter Schellenkappe im Rohr und hebt die Hände bittend gen Himmel. Vgl. V. 5-11.

27. Ein älterer Gelehrter, dessen Gewand mit einer Schelle geziert ist, begegnet auf der Straße, in einem Buche lesend, zwei jüngeren mit Schellen in den Händen. Gemeint sind offenbar Studenten (V. 1-6) und einer ihrer nicht minder törichten Lehrer (V. 17-20).

28. Ein Narr schürt auf einem Hügel ein Feuer, zu dem er das Holz mühsam gehackt hat; dabei blickt er geblendet in die Sonne, die

vom Himmel mit freundlichen Gesichtszügen auf ihn hernieder-
strahlt. Vgl. V. 1-4.

29. Neben dem Bettlager eines Sterbenden steht eine betende Nonne.
Rechts im Vordergrund ein Narr, der sich an einem schwachen
Zweige festhält und mit ausgestreckter Zunge höhnisch auf den
Sterbenden zeigt, aber schon rücklings in den Schlund eines grau-
sigen Ungetüms stürzt. Vgl. V. 1-12 (der Holzschnitt ist von
Simrock und Junghans völlig mißverstanden worden).

30. Ein Narr, der keuchend einen schweren Sack heranschleppt, will
diesen einem schon mit Säcken bepackten und in die Knie gesun-
kenen Esel aufbürden. Vgl. neben dem Motto V. 3/4.

31. Ein Narr mit töricht-dummer Miene hat auf dem Kopfe und auf
beiden ausgestreckten Händen Raben sitzen. Über jedem Raben
steht das Wort „craß". Vgl. neben dem Motto V. 7-10.

32. Ein Narr gießt Wasser in einen Brunnen, ein anderer wäscht
Ziegelsteine, ein dritter hütet mit einem gewaltigen Kolben Heuschrecken. Im Hintergrunde sieht eine Frau spöttisch aus dem Fenster; darunter steht: „huet fast" – hüte nur zu! (Die Mottoverse
führen das – ebenfalls sprichwörtliche – Ziegelwaschen nicht an.)

33. Ein Narr sitzt an einem Tisch und sieht gutmütig durch die Fin-
ger, während ihm die Frau lächelnd ein Hälmchen durch den
Mund zieht, d. h. ihm schmeichelnd um den Bart geht. Unter dem
Tisch verfolgt eine Katze mehrere Mäuse und hat bereits eine im
Maul. Vgl. neben dem Motto V. 10-12 und V. 45-48.

34. Einem Narren fliegt eine Gans schnatternd von der rechten Hand.
Während er dieser nachschaut, ist eine andere auf seiner linken
Hand im Begriff, jener nachzufolgen, und eine dritte zwischen
seinen gespreizten Beinen wird auch bald das Weite suchen. Vgl.
V. 11-14.

35. Ein Hund bellt einen Esel an, der von einer knienden Frau am
Schwanze festgehalten wird. Der Reiter, ein Narr mit erhobener
Peitsche, der sich nach der entgegengesetzten Seite umschaut, ist
dem bockenden Esel beim Antreiben mit den Füßen bis zwischen
die Ohren gerutscht. Unter dem Esel kriecht eine Schnecke. Vgl.
neben dem Motto V. 1-3 und V. 34.

36. Ein Narr stürzt mit dem Vogelnest, das er ausnehmen wollte,
kopfüber vom Baum. Die jungen Vögel flattern und liegen auf
dem Boden umher. Vgl. neben dem Motto V. 13-16.

37. An einem Glücksrad, das durch eine aus den Wolken gestreckte
Hand in Bewegung gesetzt wird, hängen drei Esel mit Narrenkappen, von denen zwei zum Teil menschliche Beine, Arme oder
Köpfe zeigen. Einer steigt empor, einer thront auf der Höhe und
zeigt, mit einer Kugel spielend, das nackte Hinterteil, einer sinkt
kopfüber herab, auf ein offenes Grab zu, dessen Platte im Vordergrund liegt. Vgl. neben dem Motto V. 1-12.

38. Ein Kranker, dem die Narrenkappe vom Kopfe gerutscht ist, liegt halb entblößt im Bett und stößt mit dem Fuße unwillig nach einem Tisch, von dem Phiolen, Gläser und anderes Geschirr zu Boden fallen und zerbrechen. Hinter dem Bett eine Frau mit gefalteten Händen, davor ein Arzt, der des Kranken Puls fühlt. Vgl. neben dem Motto V. 1-8.

39. Ein Narr hockt im Gebüsch versteckt bei einem im Freien ausgespannten Netze. Mehrere Vögel fliegen davon, andere sitzen noch auf dem Baum, einer beäugt vom Erdboden aus das Netz. Vgl. neben dem Motto V. 1-4.

40. Ein Narr fällt über den andern; ein Weiser sieht es und geht, auf beide hinweisend, gelassen vorüber. Vgl. neben dem Motto V. 1-8 und V. 29-32.

41. Ein Narr, der aus einem offenen Mehlsack eine Handvoll Mehl entnimmt, steht neben einer umgestülpten Glocke, welcher ein Fuchsschwanz als Klöppel dient. (Der Fuchsschwanz gilt als Sinnbild der Verleumder und Schwätzer.) Vgl. neben dem Motto V. 27/28.

42. Drei Narren verfolgen einen Mann, der sie offenbar hat belehren wollen, und bewerfen ihn mit Steinen. Dieser flieht hilfesuchend zu zwei Weisen, die das Treiben der Narren mißbilligend betrachten, ohne jedoch Erregung zu zeigen. Vgl. neben dem Motto V. 11/12.

43. Ein bärtiger Narr mit nackten Beinen hält eine Waage; in der einen Schale liegt der Sternenhimmel, in der anderen eine Ritterburg. Das Zünglein neigt sich zu letzterer. Im Hintergrund eine Landschaft, in der ebenfalls eine Burg mit Zugbrücke erkennbar ist. Das allegorische Motiv ist gegenüber dem Kapitel selbständig gestaltet.

44. Eine Frau tritt in den Vorhof einer Kirche und scheint einem jungen Mann mit Degen zuzuwinken, der sie verliebt anschaut. Diesem ist die Narrenkappe vom Kopf gerutscht; auf der linken Hand trägt er einen Falken, unter den Schnabelschuhen lange, hölzerne Sohlen, die seinen Tritt jedenfalls geräuschvoll machen. Mit ihm ein Hund, der die Frau anbellt, und ein zweiter, der ein totes Tier umherzerrt. Vgl. neben dem Motto V. 1-14.

45. Ein Narr schreit aus einem Brunnen um Hilfe; ein anderer hat die Schuhe abgestreift und will mit geschürztem Gewand durch ein Feuer gehen (da dieses auf einem Berge brennt, ist vielleicht der Ätna gemeint, vgl. V. 15-20). Im Hintergrund drei Zuschauer, über denen die Worte stehen: „In geschicht recht". Vgl. neben dem Motto V. 9-12.

46. In einem offenen, beflaggten und mit Narrenkappen bemalten Zelte sitzt eine Königin, die Narrheit, die reichgekleidete Männer verschiedenen Alters um sich versammelt hat und an einer Kette hält. Vgl. neben dem Motto V. 68-71.

47. Ein Narr zieht einen zweirädrigen Karren über Blumen einen Berg hinan; daran angebunden folgt ein vierrädriger Wagen über Flammen nach. Der allegorische Sinn ergibt sich aus den Mottoversen und V. 8-12.

48. Der ganzseitige Holzschnitt zeigt vier vollbesetzte Schiffe mit Narren aller Gewerbe; man erkennt in ihren Händen Säge, Schere, Zirkel, Beil, Hammer und andere Insignien der verschiedenen Handwerke. Der individuell abgestufte Ausdruck der Gesichter in den beiden vorderen Schiffen ist bemerkenswert. Das entfernteste Schiff zeigt das Basler Wappen, einen Bischofsstab, im Segel. Im Hintergrund noch drei kleine Schiffe, das Bild einer Flotte vervollständigend. Vgl. V. 1-4 und V. 89/90.

49. Ein Narr, der vielleicht unglücklich gespielt hat und nun übler Laune ist, hält in der Rechten ein Spielbrett und schwingt mit der Linken einen schon halbzerbrochenen Krug, den er wohl auf der Erde zerschmettern will. Seine Frau empfängt den ins Zimmer Tretenden hohnlächelnd und hält gleichfalls ein halbzerbrochenes Gefäß in der Hand; das bei ihr stehende Kind deutet auf den Vater und schlägt schon in die Art, denn es scheint einem noch unversehrten Gefäß in seiner Hand dasselbe Schicksal zugedacht zu haben. Der Sinn des Holzschnitts ergibt sich aus den Mottoversen und V. 5-10.

50. Frau Wollust mit zurückgestreifter Narrenkappe hält einen Vogel, ein Schaf und einen Ochsen in ihren Schlingen; die beiden letzteren ergreift ein lachender Narr beim Schwanz. Vgl. V. 1-4 und V. 9-13 (aus Brants Vorlage, Sprüche Sal. 7, 22. 23, ist das Bild des Vogels ergänzt, auf den das Motto V. 2 nur indirekt hindeutet).

51. In einem Garten schneidet Delila dem in ihrem Schoß ruhenden Simson, dem die Narrenkappe im Schlaf vom Haupte gesunken ist, mit einer Schere listigen Blicks das Haar ab. Vgl. V. 1-4.

52. Ein modisch gekleideter Jüngling, dem die Narrenkappe im Nakken sitzt, hebt mit der Rechten eines Esels Schwanz in die Höhe, während er mit der Linken einen gefüllten Geldsack aus der Hand eines alten, abschreckend häßlichen Weibes empfängt. Der allegorische Sinn ergibt sich aus V. 1-4 und V. 21-26.

53. Drei Narren kämpfen mit Schwertern und Hellebarden gegen einen Wespenschwarm und greifen einen zweirädrigen Karren an, auf dem ein Weinfaß steht. Aus dem Spundloch schaut der Kopf eines Mannes, wohl des Neidhart, höhnisch hervor. Wie die Mottoverse verraten, wird damit auf eine Episode angespielt, die im Volksbuch vom *Neithart Fuchs* überliefert ist. Der flammende Hügel im Hintergrund symbolisiert die Erregung von Neid und Haß, bezieht sich aber vielleicht auch auf V. 23-25 (der feuerspeiende Ätna als Sinnbild des sich selbst verzehrenden Neides).

54. Ein ärmlich gekleideter Narr mit nackten Beinen pfeift vor einer Tür andächtig auf dem Dudelsack; im Arm hält er neben seinem Instrument noch eine zweite Narrenkappe, zu seinen Füßen liegen Harfe und Laute nebst zwei großen Schellen. Vgl. neben dem Motto V. 7/8.

55. Ein Todkranker liegt entblößt und ausgezehrt im Bett und hält in den Händen mit Hilfe einer weinenden Frau eine brennende geweihte Kerze. Hinter ihm knien und stehen mehrere besorgt aussehende Personen. Vor ihm wendet sich ein vornehm gekleideter Arzt mit Narrenohren zur Tür, indem er mit der Linken ein Harnglas emporhebt und prüfend betrachtet. Vgl. V. 1-6.

56. Dasselbe Bild wie zu Kapitel 37. Sehr charakteristisch ist die Haltung der drei Narrenesel auf dem Glücksrade, von denen der eine mühsam aufwärts strebt, der zweite auf der Höhe frohlockt und dem Betrachter sein blankes Hinterteil zukehrt, der dritte dagegen, abwärts fahrend, sich mit Händen und Füßen festhält. Veranlassung zu dieser Wiederholung boten wohl V. 39-42.

57. Ein Narr reitet auf einem großen Krebs und sperrt dabei den Mund auf, damit ihm eine Taube mit ausgebreiteten Flügeln hineinfliegen könne. Ein Rohr, auf das er sich wohl hat stützen wollen, ist gebrochen und hat ihm die Hand durchspießt. Der allegorische Sinn ergibt sich aus den Mottoversen und V. 17/18.

58. Ein Narr schüttet mit einem Holzkübel Wasser in ein brennendes Haus; ein anderer zieht ihn am Rockschoß zurück, um ihm zu zeigen, daß im Hintergrund sein eigenes Haus viel heftiger brennt. Vgl. neben dem Motto V. 19-22.

59. Ein Narr scheint einen Weisen um einen Dienst anzugehn; ein Vorüberlaufender schlägt ihn mit einer Pritsche. Vgl. neben dem Motto V. 15-19.

60. Ein alter, runzliger Narr rührt in einem über dem Feuer stehenden Kessel und beschaut sich dabei wohlgefällig im Spiegel. Neben ihm steht ein Schaf. Vgl. V. 1-6 und V. 31.

61. Das Goldene Kalb auf einer Säule, umtanzt von Narren und Närrinnen, Pfaffen, Mönchen und Laien. Eine Närrin wird von ihrem Partner hochgehoben, so daß unter dem emporgerafften Rock ihre bloßen Beine sichtbar werden. Vgl. V. 23/24.

62. Bei Mond- und Sternenschein begießt eine nackte Schöne aus ihrem Fenster fünf Narren, drei Musikanten und zwei Sänger, die ihr ein Hofrecht machen, d. h. ein Ständchen bringen, mit Flüssigkeit aus dem Nachtgeschirr. Der kleine Sänger vornan, der den Mund weit aufsperrt, scheint schlecht wegzukommen. Vgl. V. 5-10.

63. Ein Bettler mit Narrenkappe, der sich den Hut so tief ins Gesicht gesetzt hat, daß er wie ein Blinder wirkt, hinkt, von einem Hündchen geführt, neben einem Esel her. Sein rechtes Bein ist

auf einer Krücke festgebunden. Auf dem Rücken des Esels zwei Hängekörbe mit kleinen Kindern, hinter ihm eine wohlgekleidete Frau, die offenbar zurückgeblieben ist, um einen tüchtigen Zug aus der Flasche zu nehmen. In der Ferne eine Stadt am See. Vgl. V. 69-74 und V. 86/87.

64. Dasselbe Bild wie zu Kapitel 35. Die kniende Frau, die den Esel am Schwanz festhält, ist hier auf die Mottoverse zu beziehen, die wohl nachträglich dem Kapitel vorangestellt sind.

65. Das Bild zeigt am Himmel Sonne, Mond und Sterne zugleich, in der Luft allerlei Vögel. Ein Narr, dem ein Fuchsschwanz an der Seite hängt, hält einem vertrauensvoll zuhörenden Schüler mit verschlagener Miene und großer Handgebärde über Astrologie und Vogelflug Vortrag.

66. Ein Narr mißt mit einem Zirkel die auf den Boden gezeichnete, im Weltmeer schwimmende Erdscheibe aus, um die sich verschiedene Sphären lagern. Ein anderer sieht hinter ihm über die Mauer und scheint ihn zu verspotten. Vgl. V. 4-8.

67. Ein auf einer Bank ausgestreckter Narr wird von zwei Henkern nach allen Regeln der Kunst geschunden. Unter der Bank liegt der Dudelsack. Männer und Frauen stehen umher und schauen mit offenkundiger Schadenfreude zu, ein Paar nutzt die Gelegenheit zum Austausch von Zärtlichkeiten. Im Hintergrund zwei Narren, die entsetzt um die Mauer sehen, schon halb zur Flucht gewendet. Vgl. neben dem Motto V. 3/4 und V. 37/38. – (Der Holzschnitt ist, wohl aus technischen Gründen, in der zweiten sowie in den folgenden Originalausgaben durch einen anderen ersetzt worden, der das gleiche Motiv darstellt.)

68. Ein Narr scheint sich mit erhobener Hand darüber zu beschweren, daß ihn ein Kind, das auf einem Steckenpferd reitet, mit einer Gerte neckt, während ein anderer Narr, wohl um des gleichen Scherzes willen, zornig sein Schwert zieht. Vgl. neben dem Motto V. 3-6.

69. Ein Narr schlägt mit beiden Fäusten nach einem ruhigen Bürger, der ihn zu beschwichtigen sucht, aber mit der rechten Hand schon zur Waffe greift. Ein jüngerer Bürger steht abwartend dabei, im Hintergrund städtische Häuser und Straßen. – (Der Holzschnitt ist in der zweiten sowie in den folgenden Originalausgaben durch einen anderen ersetzt worden, der das gleiche Motiv darstellt.)

70. Ein Narr mit zerrissenen Kleidern und nackten Füßen trägt ein Seil über dem Arm und deutet schreiend auf einen Heuhaufen in der Ferne hin. Vor ihm in einer Vertiefung saugt ein Bär an seinen Tatzen. Ameisen kriechen und Bienen fliegen geschäftig um beide her. Vgl. neben dem Motto V. 21-26.

71. Ein Narr, dem schon eine Hechel am Hintern sitzt, verbindet mit schlauer Miene der mit Schwert und Waage dasitzenden Gerech-

455

tigkeit die Augen. Dabei läuft er Gefahr, in andere Hecheln zu treten, die am Boden liegen. Vgl. neben dem Motto V. 33/34.

72. Ein Narr hat eine gekrönte Sau, der eine Glocke am Halse hängt, am Ohr gepackt, um die Glocke zum Klingen zu bringen. Der Schwanz des Tieres ist am Narrenschiff befestigt, das in einiger Entfernung mit geblähten Segeln auf einem See treibt. Vgl. V. 8-12 und V. 20.

73. Dasselbe Bild wie zu Kapitel 27. Die beiden jungen Herren, die Schellen in den Händen tragen und einem älteren, im Buche lesenden Manne begegnen, sollen wohl nunmehr Studierende bezeichnen, die um einer geistlichen Pfründe willen sich den Anschein gelehrter Bildung geben. Vgl. V. 11-14. – (In der zweiten sowie in den folgenden Originalausgaben ist hier ein neuer Holzschnitt eingefügt worden, der einen Narren mit Striegel, ein Paar Maultiere am Zügel haltend, darstellt.)

74. Dasselbe Bild wie zu Kapitel 18. Die Beziehung ergibt sich hier aus dem Jagdmotiv.

75. Drei Narren sind mit Armbrustschießen beschäftigt; der eine spannt, der andere legt an, der dritte zielt und will eben schießen. Die früheren Pfeile haben jedoch statt des Zieles das Segel des Narrenschiffes getroffen, das seitwärts am Ufer liegt.

76. In einem saalähnlichen Gemache sitzt hinter einem Tisch ein jüngerer Mann mit Narrenkappe, der durch ein Spruchband als „Doctor Griff" bezeichnet wird (vgl. V. 72 ff.). Er greift einem alten, struppigen Narren ans Ohr, der mit einem Knüppel und einem an schwerer Kette vom Halse herabhängenden Wappen kläglich vor ihm steht; über ihm ein Spruchband „Ritter Peter" (vgl. V. 20 ff.).

77. An einem runden Tische sitzen zwei Narren und zwei Närrinnen mit Karten, Würfeln und Bechern. Der eine hält seine Nachbarin umschlungen, während ihr der andere unter dem Tisch anzüglich auf den Fuß tritt. Über ihnen schwebt eine Narrenkappe, zu der einer der Spieler emporschielt.

78. Ein Esel springt mit den Vorderfüßen einem Narren auf den Rücken, so daß dieser zu Boden fällt. Der allegorische Sinn ergibt sich aus den Mottoversen und V. 7/8, 30/31.

79. Ein Narr sitzt als Sachwalter vor einem Schreibpult, Tintenfaß und Feder in der Hand. Ihm zeigt ein ländlich gekleideter Reisender, den ein Geharnischter mit brennender Fackel an einem um den Hals gelegten Strick festhält, einen Geleitschein vor, auf den er sich wohl närrischerweise verlassen hat, denn auch er trägt, wie der Kriegsknecht, die Narrenkappe im Nacken. Vgl. neben dem Motto V. 7-10 und V. 34.

80. Am Strand ein Narr als Bote mit dem Spieß im Arm; am Hut und auf dem Umhang trägt er das Basler Wappen. Er trinkt aus

einer Flasche und zeigt einen Brief mit Siegel vor, während das Narrenschiff längst davonfährt, dem seine Botschaft bestimmt war. Vgl. neben dem Motto V. 23.

81. Offene Küche am Ufer; eine Frau schürt das Feuer und dreht ein Huhn auf dem Bratspieß, ein Mann mit Schürze und Schlüsselbund wird durch sein Äußeres als Kellermeister bezeichnet, ein anderer, der in einem Topf über dem Feuer rührt, durch seine Beschäftigung als Koch. Ein dritter trinkt aus einem großen Krug, ein vierter, wahrscheinlich ein Gehilfe, hat ein Stück Wild an langer Stange ergattert. Alle fünf werden von einem Narren, der als Schiffer in einem Ruderboot erscheint, an Seilen gehalten. Gerätschaften liegen umher, eine Bratpfanne, ein Küchenrost, ein Teller mit Fischköpfen.

82. Eine seltsam aufgeputzte Bauersfrau mit Pfauenfedern, Narrenohren, Ketten, durchbrochenen Ärmeln und langen Schnabelschuhen sucht einen Dreispitz, d. h. eine Fußangel, in einen Sack zu schieben. Neben ihr auf einem Spruchband die Worte: „Er muoß dryn", d. h., er muß hinein! Im Hintergrund ein Dorf mit Fachwerkhäusern. Vgl. V. 48-51 und V. 65.

83. Dasselbe Bild wie zu Kapitel 3. Veranlassung zu dieser Wiederholung bot das Thema des Kapitels, vgl. besonders V. 1-4 und V. 55-59. – (In der zweiten sowie in den folgenden Originalausgaben ist hier ein neuer Holzschnitt eingefügt worden, der zwei Narren mit einem offenen Sack zeigt, in den sie eine sich sträubende Frau, die Armut, kopfüber hineinstecken. Die Beziehung ergibt sich aus V. 29.)

84. Dasselbe Bild wie zu Kapitel 8. Die neue Beziehung ergibt sich aus V. 1-6 und ist offensichtlich durch die Mottoverse nachträglich verstärkt worden (gouch = Kuckuck).

85. Ein alter Narr mit Schellen an den Schnabelschuhen und an der Kappe und einem Bündel Schellen in der Hand wird von dem Tod, der als nackte Knochengerippe eine Bahre auf der Schulter trägt, beim Rockschoß festgehalten. Die kläglich geknickten Narrenohren und die zur Abwehr erhobene Hand zeigen sein Erschrecken. Darüber die Worte: „dü blibst", d, h,, du bleibst! Vgl. V. 45-49.

86. Christus, mit dem Reichsapfel in der Hand und einer Strahlenkrone ums Haupt, geht mit bloßen Füßen durch eine offene Landschaft; ein Narr streckt dreist die Hand aus und zupft ihn am Bart. Darüber öffnet sich schon der Himmel, und aus einer Wolke zucken Donnerkeile und regnen Steine auf den Narren hernieder. Vgl. neben dem Motto V. 16-19.

87. Ein Narr rennt mit einem dreizackigen Spieß auf den am Kreuze hängenden Christus los und stößt nach ihm. Am Fuße des Kreuzes Totenschädel und Gebeine. Der allegorische Sinn ergibt sich aus V. 8-14.

88. In den Wolken Moses und Samuel mit betend erhobenen Händen. Unter ihnen regnet ein Schauer von Fröschen und Heuschrecken auf einen Narren herab, der fliehend zusammenstürzt. Vgl. V. 17-24 (der Holzschnitt illustriert die im Text nicht genannten Hauptplagen des Alten Testaments, vgl. 2. Mose 8-10).

89. Ein Narr führt einen schönen, gesattelten Maulesel an der Leine, den er mit freudigem Gesicht bei einem danebenstehenden Manne gegen eine Sackpfeife (d. h. einen Dudelsack) vertauscht. Vgl. neben dem Motto V. 33/34.

90. Ein greiser Narr mit langem Bart, der auf einen Stock gestützt aus dem Hause tritt und seinen Kindern einen Geldbeutel übergibt, wird von diesen, einem Mädchen und einem Knaben, mit Knütteln bedroht. Vgl. V. 1-12.

91. Fünf geistliche Herren, die allerdings keine Narrenkappen tragen, stehen gemütlich schwatzend neben einem Leiterwagen; am Gestade liegt ein Schiff mit gerefften Segeln, bereit zur Abfahrt nach Narragonien. Vgl. neben dem Motto V. 1-4.

92. Auf einer Stange, die der im Gebüsch verborgene Teufel festhält, sitzt als Lockvogel eine junge Frau, die sich eitel im Spiegel besieht. Zu ihren Füßen brennt unter einem Roste schon das höllische Feuer. Vgl. neben dem Motto V. 40-46.

93. Auf einer Straße Tonnen und Säcke. Dahinter ein beleibter Wucherer mit Narrenkappe und dicken Fausthandschuhen, der mit einem abgezehrt aussehenden Käufer unterhandelt und dabei die rechte Hand zum Schwur erhebt. Der Käufer greift bereits tief in seine Tasche; vor ihm steht ein kleines Maß.

94. Ein Narr, dessen zurückgestreifte Kappe die Mönchstonsur enthüllt, beschlägt an einem Amboß die Hufeisen eines Esels, auf dem der Tod rückwärts sitzend mit einem Knochen nach einem Nußbaum wirft. Der allegorische Sinn ergibt sich aus den Mottoversen und V. 5-12.

95. Ein Narr mit einem Kolben in der Linken scheint einen ehrsamen Bürger, der sich im Feiertagsgewand auf einem Spaziergang durch Wald und Feld befindet, mit verschmitztem Gesicht und lebhafter Handbewegung zu allerhand Allotria verleiten zu wollen. – (Dieser Holzschnitt ist in der zweiten sowie in den folgenden Originalausgaben durch einen neuen ersetzt worden, der den „Affenwagen" zu V. 1-4 darstellt.)

96. Ein Narr gibt einem alten, bärtigen Mann mit der Rechten einen vollen Beutel hin und kratzt sich mit der Linken unschlüssig und bedauernd den Kopf. Vgl. V. 1-6.

97. Eine Magd mit Narrenkappe ist beim Spinnen vor dem Feuer eingeschlafen und hält noch das Stück Holz in der Hand, das sie nachlegen wollte. Dahinter sät ein Knecht Korn und guckt dabei gelangweilt in die Luft.

98. Sechs Männer und Frauen in ausländischen Trachten stehen wild gestikulierend auf einer großen Narrenkappe. Im Hintergrund erhängt sich ein Mann in jüdischer Kleidung. Vgl. V. 9-22.

99. Kaiser und Papst mit Gefolge. Vor ihnen kniet ein Narr, dem die Kappe zurückgefallen ist und der sich mit kläglich-komischer Gebärde an den kahlgeschorenen Kopf greift. Er hält eine andere, schöne Kappe in der Hand, nach welcher jene die Hände ausstrecken. Andere Narren sehen über eine Mauer und unterhalten sich über den Vorgang.

100. Ein Narr, mit Pfauenfedern – dem Zeichen der Habsburger – in der Hand, liegt am Boden; ein Hengst tritt ihn mit den Vorderfüßen und schlägt mit den Hinterfüßen nach einem anderen Narren, der einen Teller ableckt. Vgl. neben dem Motto V. 10/11 und V. 25-28.

101. Ein Narr mit zurückgestreifter Kappe horcht begierig auf das, was ihm ein anderer von hinten in das Ohr bläst.

102. In einem Laboratorium sind zwei Gelehrte, von denen einer eine Narrenkappe trägt, vor einem Kaminfeuer mit alchimistischen Versuchen beschäftigt. Phiolen und andere Gerätschaften liegen am Boden. Im Vordergrund rührt ein zweiter Narr mit einem Knochen in einem Weinfasse. Vgl. V. 13-17 und V. 49 ff.

103. Das Glaubensschiff ist umgestürzt; auf dem hoch aus dem Wasser ragenden Rumpfe sitzt wie auf einem Regenbogen der Antichrist mit listigem Lächeln, in der rechten Hand einen Geldbeutel, in der linken eine Geißel, neben ihm liegt die Narrenkappe. Ein Teufel in Drachengestalt fliegt ihm zur Seite und bläst ihm mit einem Blasebalg ins Ohr. Bücher und Narren schwimmen im Wasser umher. Ein Mann scheint mit einer Axt von einem Kahn aus den Schiffsrumpf vollends zertrümmern zu wollen. Einige Narren in einem Boot suchen das Segel und andere Stücke vom Wrack noch loszureißen. Andere rudern der fernen Küste Narragoniens zu. Im Vordergrund steht St. Peter und zieht mit seinem Schlüssel das mit geretteten Weisen gefüllte „Sant Peters Schifflin" ans Ufer. Dieses sowie „der Endkrist" sind durch die entsprechenden Worte am unteren und oberen Bildrand gekennzeichnet.

104. Ein geistlicher Narr auf der Kanzel legt listig den Finger auf den Mund zum Zeichen, daß er schweigen will, weil aus der Zuhörerschaft ihm mit Stöcken und Schwertern gedroht wird. Einige Frauen und ein Narr auf der Kanzeltreppe sitzen und schlafen. Das Bild ist gegenüber dem Text ganz selbständig gestaltet und erinnert in der Komposition stark an den Holzschnitt zu Kapitel 22.

105. Dasselbe Bild wie zu Kapitel 42. Veranlassung zu dieser Wiederholung boten wohl V. 5-8 und V. 17-20.

106. Die fünf törichten Jungfrauen mit ihren nach unten gekehrten Ampeln klopfen an die verschlossene Himmelstür; hinter ihnen jammert ein Mensch im flammenden Rachen eines Höllenuntiers. Vgl. neben dem Motto V. 7-12 (= Matthäus 25, 1-30).

107. Über einer Landschaft schweben, an Stöcken befestigt, eine aufrecht stehende Krone, daneben eine umsinkende Narrenkappe. Dem zugeordnet im Vordergrund ein einfach gekleideter Gelehrter mit einem aufgeschlagenen Buch, der zu einem prächtig gekleideten jüngeren Mann spricht. Die allegorische Ausdeutung geben die Mottoverse.

108. Das gleiche Bild wie auf der Rückseite des Titelblattes: ein Narrenschiff, das dicht gedrängt mit singenden und lärmenden Narren gefüllt ist. Im Vordergrund wird einer von ihnen mutwillig über Bord ins Wasser getaucht. Ein anderer hält eine flatternde Fahne, auf der ein Narrenkopf und die Worte „Doctor Griff" sichtbar sind. Über dem Schiff stehen, ähnlich wie auf dem Titelholzschnitt, Noten und Text des Liedes „Gaudeamus omnes", darüber auf einem Spruchband „Ad Narragoniam".

109. Ein Narr sitzt in einem leck geschlagenen und geborstenen Boot, dessen Segel mit zerrissenen Seilen im Winde flattert. Er sucht mit störrischer Anstrengung dennoch die Fahrt fortzusetzen. Vgl. V. 11-20.

110. Ein Narr bindet einer Katze eine Schelle vor; ein zweiter hat mit einem Knochen nach einer Gruppe von Hunden geworfen, von denen einer getroffen heult, der Narr aber zieht sich die Kappe nur tiefer in die Stirn und sucht vorbeizuschlüpfen. Vgl. neben dem Motto V. 9/10 und V. 13/14.

110a. Dasselbe Bild wie zu Kapitel 16. Veranlassung zu dieser Wiederholung bot das allgemeine Thema der schlechten Tischsitten, während sich zu dem nächsten Zusatzkapitel der zweiten Ausgabe von 1495 kein geeigneter Holzschnitt fand.

111. Der Dichter kniet mit entblößtem Haupt, seine Mütze in der Hand, vor einem Altar. Narrenkappe und Kolben liegen neben ihm auf der Erde; hinter ihm aber tritt drohend eine Schar unwilliger Narren heran, die er mit seinen Worten erzürnt hat. Meisterhaft ist die Bewegung dieser Gruppe erfaßt und dargestellt.

112. Dasselbe Bild wie zu Kapitel 22. Veranlassung zu dieser Wiederholung bot die Motivverwandtschaft beider Kapitel, vgl. besonders V. 52-55.

NACHWORT

I

Niemals bis zu Goethes „Werther" hin ist einem literarischen Werk deutscher Sprache ein so durchschlagender Erfolg und eine so nachhaltige Wirkung beschieden gewesen wie dem 1494 zu Basel erschienenen „Narrenschiff" Sebastian Brants. Dabei ist die Eile, mit der sich dieses Buch über alle europäischen Kulturländer verbreitete, ebenso erstaunlich wie die Vielfalt des Echos, das es überall erweckte. Schon im Erscheinungsjahr der ersten Originalausgabe werden in Nürnberg, Reutlingen und Augsburg Nachdrucke veröffentlicht, und noch im gleichen Jahr erscheint in Straßburg eine Überarbeitung mit zahlreichen Interpolationen von fremder Hand, gegen die sich der Autor mit einer „Protestation" zur Wehr setzen mußte. Dieser Konkurrenzkampf der Verlage konnte dem Ansehen des Werkes und seiner sich rasch ausbreitenden Volkstümlichkeit nur nützen. Ganz Oberdeutschland ist binnen kurzem mit recht- und unrechtmäßigen Drucken des „Narrenschiffs" geradezu übersät; das Werk erlebt zwischen 1494 und 1509 nicht weniger als fünf Originalausgaben in Basel, und an die Straßburger Bearbeitung schließen sich wieder mehrere Nachdrucke in Augsburg an. Bereits 1497 erscheint auch eine niederdeutsche Übertragung „Dat Narrenschypp" von Hans van Ghetelen in Lübeck, der 1519 eine weitere niederdeutsche Bearbeitung in Rostock folgt. Im gleichen Jahr 1497 kommt eine lateinische, von Brant selbst überwachte Bearbeitung

461

durch Jacob Locher unter dem Titel „Stultifera Navis"
in Basel heraus, die dem Werk Eingang in die Kreise der
Humanisten und in das gelehrte Publikum des Auslands
verschafft. In dieser latinisierten Form wird das „Narrenschiff" ein europäischer Bucherfolg und erlebt noch 1497
in Basel und 1498 in Basel, Lyon und Paris neue Ausgaben. Es wird in Frankreich, England und Holland gelesen und dort bald in die Nationalsprachen übersetzt;
diese französischen, englischen, niederländischen Bearbeitungen führen auch im Ausland zu zahllosen Nachahmun-
gen und entfalten, wie in Deutschland, ihre eigene Wirkungsgeschichte. Bis 1625 reichen die ständigen Neudrucke
und Bearbeitungen der deutschen Ausgabe, die hier nicht
im einzelnen verzeichnet werden können. Das Werk ruft
eine neue Literaturgattung mit eigenen Themen und Mo-
tiven ins Leben, die Narrenliteratur, die sich über das
ganze 16. Jahrhundert hinweg bis weit ins 17. Jahrhundert, bis zu Moscherosch und Grimmelshausen hin, erstreckt. Sie feiert Triumphe bei Thomas Murner, bei Hans
Sachs, bei Johann Fischart, die sich alle auf Brant als
ihren Lehrer und Meister berufen. Auch in den satirischen
Kampfschriften der Reformationszeit spielt sie eine ent-
scheidende Rolle. Ein einzelnes Motiv des „Narrenschiffs",
der von Brant im 72. Kapitel dargestellte Sankt Grobian
mit seinem Orden, löst eine neue Literaturmode aus, nachdem ihn Friedrich Dedekind 1549 zum Helden seines
lateinischen Büchleins „Grobianus" gemacht hatte (ver-
deutscht von Kaspar Scheidt, 1551): er wird zum Ahn-
herrn der sogenannten grobianischen Dichtung, die im
16. Jahrhundert vor allem in Form negativer Tischzuchten große Beliebtheit erlangt.

Bei den Zeitgenossen aber gilt Brant als der erste deutsche Dichter schlechthin und sein „Narrenschiff" als der „Codex Theutonicus primus qui bene cultus adest". Jacob Wimpheling, der Straßburger Humanist und Freund Brants, will das Werk als Schullektüre einführen, da es in deutscher Sprache überhaupt kein Buch gäbe, das diesem gleichkäme. Johann Geiler von Kaisersberg, der bekannte Straßburger Prediger, hält 1498/99 im Münster einen Zyklus von mehr als hundert Predigten, die das „Narrenschiff" auslegen, als wenn es ein kanonisches Buch der Kirche sei. Jacob Locher, der Schüler Brants, bezweifelt, daß selbst Homer etwas Ähnliches hätte hervorbringen können, und er vergleicht den Autor mit den beiden klassischen Dichtern Italiens, mit Dante und Petrarca, da er diese „heroicos vates" nachgeahmt habe. Daß sich eine solche, uns heute merkwürdig anmutende Huldigung nicht allein auf die Eroberung der deutschen Volkssprache nach Muster der italienischen bezieht, zeigt ein Ausspruch des Abtes Johannes Trithemius, der Brants Werk eine „Divina Satyra" nennt und es damit Dantes „Divina Commedia" ebenbürtig an die Seite stellen will. Und auch Ulrich von Hutten preist das Werk später als eine formal ganz neue Leistung, die der deutschen Dichtung ihren Weg gewiesen habe. „Wenigen Werken in der Literatur aller Zeiten und Nationen wird die Geschichte die Ehre einer so großartigen, plötzlich einschlagenden Wirkung zuerkennen können", bemerkt schon Friedrich Zarncke. „Ich kenne kein zweites Werk, das so phänomenartig aufgetreten, so durchgreifend und so weitverbreitet seinen Einfluß geäußert hätte, wenigstens bis dahin nicht, und namentlich nicht ein deutsches."

Diese Wirkungsgeschichte erregt unser Erstaunen. Und noch immer ist die Frage nach den Gründen für den beispiellosen Bucherfolg am besten geeignet, in das Verständnis des Werkes einzuführen. Dazu bedarf es aber zunächst eines Blickes auf das Leben und die sonstige literarische Tätigkeit Brants, des ersten deutschen Dichters, der auf diese Weise im 16. Jahrhundert klassische Bedeutung und Weltgeltung erlangte. Denn das Werk ist aus seiner Zeit und seiner Umwelt und damit auch aus dem Lebensgang seines Autors nicht herauszulösen.

II

Sebastian Brant (latinisiert Titio) wurde 1458 in Straßburg als Sohn eines angesehenen Gastwirts und langjährigen Ratsherrn der Stadt geboren. Er bezog 1475 die Universität Basel, um dort an der Artistenfakultät zu studieren. Die Universität, 1459 nach dem Vorbild von Bologna begründet, war damals ein Mittelpunkt des süddeutschen Geisteslebens; hier lehrte Johannes Heynlin vom Stein, ein den kirchlich-politischen Reformbewegungen der Zeit aufgeschlossener Theologe und gemäßigter Gegner der Scholastik, der die humanistischen Studien förderte und als Prediger sittenkritischer Kanzelreden für Brant bestimmend wurde. Dieser trat bald in engere Beziehung zu seinem Lehrer, die bis zu dessen Tod 1496 andauerte und ihn für immer prägte. 1477 erwarb Brant den Grad eines Baccalaureus Artium, wählte nunmehr das Studium der Rechtswissenschaften und erhielt 1483/84 das Lizentiat des kanonischen Rechts, mit dem die Lehrbefugnis verbunden war. Im Jahre 1489 promovierte er zum Doktor beider Rechte und übte bis 1499 – zeitweise als Dekan der juristischen Fakultät – seine Lehrtätigkeit in Basel aus. In diese Zeit fallen nicht nur zahlreiche juristische

Publikationen, darunter Quellensammlungen und Erklärungen des römischen und kanonischen Rechts, sondern auch eine reiche schriftstellerische Tätigkeit auf religiösem, politischem und moralischem Gebiet. Unverkennbar tritt in ihr eine konservative, auf Bewahrung der alten Ordnung bedachte Geisteshaltung hervor, die mit dem pädagogischen Lehrwillen die Tendenz zur Popularisierung verbindet. Frühe religiöse Gedichte in lateinischer Sprache, so die „Carmina in laudem beatae Mariae", tragen die Züge konservativer kirchlicher Haltung; an manchen Stellen klingt hier Brants scharfe Parteinahme im Makulistenstreit für die Jungfräulichkeit Mariä auf. Weitere Gedichte sind dem Lob des Einsiedlerlebens gewidmet. Daneben überträgt Brant bereits lateinische Sequenzen wörtlich ins Deutsche, so daß sie nach der Originalmelodie gesungen werden konnten. Auch als politischer Dichter und Propagandist beginnt er 1486 mit lateinischen Versen auf Maximilian I., dessen Weg er von nun an mit poetischen Manifesten begleitet. Die meisten von ihnen sind in den „Varia Carmina" (Basel 1498) gesammelt; sie kreisen um die Wiederbelebung der mittelalterlichen Reichsidee, den Kreuzzug gegen die Türken und die Vertreibung der Franzosen aus Italien. Daneben entstehen illustrierte Flugblätter, bei denen dem lateinischen Gedicht deutsche Verse gegenübergestellt oder die ganz in deutschen Spruchversen geschrieben und mit Holzschnitten versehen sind. Sie knüpfen zum Teil in volkstümlicher Form an auffällige Naturereignisse, den Fall eines Meteors, sonderbare Mißgeburten, Überschwemmungen und Seuchen, an und mahnen in der prophetischen Ausdeutung solcher Zeichen zur Umkehr und zu tatkräftigem politischem Handeln („Von dem donnerstein gefallen im

XCII. jar vor Ensißheim" 1492, „Von der wunderbaren
geburt des kinds bey Wurmß" 1495, „Von der wunderbaren Su zu Landser jm Suntgaw" 1496, „Von der zwi-
faltigen Ganß zu Gugenheim" 1496, „Von dem Fuchs-
hatz" 1497). Auch als Moralist erprobt sich Brant zunächst in lateinischer Prosa. Seit 1490 folgt dann eine
Reihe von Bearbeitungen älterer Werke, die er ins Deutsche überträgt und zum Teil erweitert: eine Tischzucht
(„Thesmophagia" 1490), eine Sammlung von Sittensprü-
chen, die dem Cato zugeschrieben wurden („Catho in la-
tin durch Sebastianum Brant getütschet" 1498), weitere
Sammlungen von Anstands- und Sittenregeln („Facetus
getütschet" 1496, „Liber Moreti in vulgare noviter trans-
latus" 1499). Alle diese Werke, denen später in Straßburg 1508 noch eine Bearbeitung von Freidanks Spruch-
sammlung „Bescheidenheit" folgte, stehen im Zusammenhang mit dem „Narrenschiff", wobei es auffallend ist,
daß die gnomische Literatur und Weisheitslehre des Mittelalters den Wurzelboden für das didaktische Hauptwerk Brants schafft. Nicht vom Humanismus, sondern
vom Mittelalter her nimmt der Dichter also sein satiri-
sches Hauptthema auf. Darauf deutet auch die Verwendung des deutschen Reimverses hin.

Von besonderer Bedeutung wurden in dieser Zeit
Brants Beziehungen zur jungen Buchdruckerkunst. Als
anonymer Korrektor und Herausgeber wurde er zu einer
Schlüsselfigur des Basler Buchhandels, und seine Freund-
schaft mit dem humanistisch gebildeten Verleger Johann
Bergmann von Olpe, der auch den ersten Druck des
„Narrenschiffs" herstellte, wirkte in mannigfacher Hin-
sicht fördernd auf seine schriftstellerische Tätigkeit ein.
Brant war einer der ersten, der in der Verbreitung des

Buchdrucks und in der Verwendung der Holzschnitte eine der großen Möglichkeiten zur Popularisierung lehrhafter Dichtung erkannte, und er wandte sich bewußt an die naive Schaufreude einer breiteren Leserschicht, die das geschriebene Wort durch Bilder erklärt und das Bild durch einfache deutsche Reimverse erläutert finden konnte. Schon die Einblattdrucke leben aus dieser wechselseitigen Interpretation von Holzschnitt und Text und erweisen Brant in der geschickten Ausnutzung dieser Technik zur Kommentierung aktueller Zeitereignisse als einen der frühesten deutschen Publizisten – ein Zug, der sich merkwürdig dem gelehrt-humanistischen Charakter dieses sonst so nüchternen und ein wenig pedantisch wirkenden Mannes einfügt. Erst das „Narrenschiff" aber krönte in seiner für die damalige Zeit selten schönen Gestaltung als illustriertes Volksbuch diese Bemühungen Brants um die Entwicklung des Buchdrucks und bezeichnet zugleich einen Höhepunkt in der Geschichte des gedruckten Buches, das sich nunmehr den noch immer hochgeschätzten Handschriften würdig an die Seite stellen und gleichzeitig eine ungleich weitergreifende Wirkung entfalten konnte.

Als sich in den Schweizer Wirren um 1499 der Beitritt Basels zur Eidgenossenschaft abzeichnete und die Reichsstadt damit faktisch aus dem Verband des deutschen Reiches ausschied, gab der kaisertreue Brant sein Lehramt auf und übersiedelte in seine Vaterstadt Straßburg, wo er zunächst seit August 1500 als Rechtskonsulent, später seit 1503 als Stadtschreiber oder, wie er sich selbst gern nannte, als „Erzkanzler" tätig war. Der damals schon berühmte und über die Grenzen Deutschlands hinaus bekannte Gelehrte und Schriftsteller widmete sich nun neben seiner juristischen Verwaltungstätigkeit einer kaisertreuen Reichspolitik, die Maximilian durch seine Ernennung zum kaiserlichen Rat und zum Beisitzer des Hofgerichts in Speyer belohnte. Mehrfach führte Brant Gesandtschaften seiner Vaterstadt an und erwirkte unter anderem beim Kaiser die Befreiung Straßburgs von neuen Steuerlasten. Weitgespannt ist sein Briefwechsel, der ihn mit den bekanntesten Humanisten seiner Zeit verbindet. Nach dem Tode Maximilians leitet er 1520 die Abordnung seiner Stadt zur Huldigung des neuen Kaisers Karls V. und läßt sich von ihm die Straßburger Privilegien bestätigen. Ein Jahr darauf, am 10. Mai 1521, stirbt er. Die ersten Wirren der Reformation hatte er zwar noch miterlebt, doch konnte er sich von der Tragweite der Tat Luthers kein Bild mehr machen; seiner ganzen Einstellung nach mußten ihn die Ereignisse seiner letzten Lebenszeit in dem Glauben an eine dunkle Zukunft und an ein bald bevorstehendes Ende der Welt bestärken.

III

Kehren wir nach dieser kurzen Lebensskizze zu unserer Frage nach den Gründen für die beispiellose Wirkungsgeschichte des „Narrenschiffs" zurück. Es hat in der Forschung bis heute nicht an Versuchen gefehlt, die Beliebtheit und Verbreitung des Werkes zu erklären, obwohl dem Staunen oft genug die Hilflosigkeit folgte. Bereits Zarncke sprach von der „geistigen Armut" der Zeit, die einer solchen „vom mühseligsten Fleiße, von zahllosen Nachtwachen zeugenden Kompilation" allein zum Erfolg verhelfen konnte. Und Bobertag machte geradezu die Einfallslosigkeit des Buches für seine hohe Wertschätzung bei denen verantwortlich, „die ihren ideenlosen

Verstand beschäftigen wollten". Vorsichtiger, aber nicht minder kopfschüttelnd steht auch Nadler noch vor einem unbegreiflichen „Bucherfolg mit all seinen Rätseln".

Man kann zunächst auf die Thematik des Werkes, auf die Figur des Narren, hinweisen, in welcher der Erfolg des „Narrenschiffs" begründet sein muß. Zwar, daß Brant mit seiner Narrendarstellung den großen Symbolbegriff geschaffen habe, in dem sich eine ganze Epoche für fast zwei Jahrhunderte erkannte und ihrem Selbstverständnis nach widergespiegelt fand, schien durch den Hinweis auf eine ältere, bis ins Mittelalter zurückreichende und schon durch Bibel und antikes Schrifttum belegte Tradition der Narrensatire widerlegt zu sein. Aber Originalität als dichterischer Anspruch ist der Zeit fremd; wir tun gut daran, bei Betrachtung des Werkes alle ästhetischen Maßstäbe zu verabschieden, mit denen wir von der Goethezeit her Dichtung zu werten und zu verstehen gewohnt sind. Für das 15. Jahrhundert gilt ebenso wie für das Mittelalter, daß sich das Denken und Schreiben in traditionellen, vorgezeichneten Bahnen bewegt und durch Berufung auf anerkannte Autoritäten besondere Wertgeltung erlangt. Diese Autoritäten finden wir unschwer in den Quellen wieder, die Brant für sein „Narrenschiff" benutzt und ausgiebig zitiert hat: in den Büchern des Alten Testaments, vor allem der Spruchweisheit Salomonis, seltener des Neuen Testaments; in den klassischen Autoren der römischen Antike, namentlich Ovid, Vergil und Juvenal; in der mittelalterlichen Gnomik und Weisheitslehre; in den Dekretalien des kanonischen Rechts, mit denen Brant seiner gelehrten Bildung nach besonders vertraut war. Soweit er also aus diesen Quellen kompiliert, Sentenzen zusammenstellt oder durch aneinandergereihte Exempla die belehrend-mahnende Wirkung zu steigern versucht, bedient er sich eines dichterischen Verfahrens, das in dieser Zeit bis ins 17. Jahrhundert hinein normative Gültigkeit besaß.

Brant war mithin nicht der erste, der moralische Belehrung und Zeitkritik in Form einer Narrensatire gab. Wohl aber war er der erste, der darin einen „epochemachenden Kunstgriff" bewies (Gruenter). Er sammelte alle menschlichen Laster, Unzulänglichkeiten und Gebrechen, die schon Gegenstand der spätmittelalterlichen Lehrdichtung und Ständesatire gewesen waren, unter dem einheitlichen Begriff der Narrheit und faßte damit das bisher Verstreute konsequent unter *einen* Gesichtspunkt, stellte den Narren ins Zentrum seines moralsatirischen Weltspiegels. Zugleich führte er das Publikum, das von den Schwänken und geistlichen Spielen des ausgehenden Mittelalters her mit der Figur des Narren vertraut und diese als Objekt derber Komik und possenhafter Belustigung anzusehen gewöhnt war, in ein strenges Gericht – wie namentlich das 72. Kapitel „Von groben Narren", das am deutlichsten an die Schwanktradition anknüpft, mit seiner Umkehrung des närrischen Verhaltens zeigt. Und schließlich griff er auf das volkstümliche Fastnachtstreiben der oberrheinischen Gebiete zurück, dem er die äußeren Insignien der Narrengestalt, Kappe, Schellen und Kolben, entlehnte. In dieser Anschaulichkeit seiner satirischen Diatribe liegt ein neues Moment gegenüber der spätmittelalterlichen Lehrdichtung, die das Narrenmotiv, wie etwa Hugo von Trimberg am Ende des 13. Jahrhunderts oder Hans Vintler im 15. Jahrhundert, zwar schon zur Entlarvung und Anprangerung des Lasters herangezogen, aber doch mehr nebenher als abstrakte Bezeichnung des verkehrten Welttreibens verwendet hatte. Brants Werk will nicht nur die allen Menschen gemeinsamen Vergehen und Schwächen erfassen, sondern will diese jeweils in einem einzelnen Narrentypus anschaulich machen und fächert sie so zu einem eindrucksvollen Zuge nacheinander vorüberziehender Gestalten aus. Darin liegt auch der Unterschied zu den lateinischen Lasterkatalogen des Mittelalters, die (wie etwa die „Biblia pauperum" oder die „Summa vitiorum") schon früher ein Kompendium aller speziellen Verfehlungen des Menschen zusammengestellt hatten. Das abstrakte Laster wird bei Brant personifiziert, wird konkrete Wirklichkeit, lebendige „Figur". Darin liegt ein besonderer Reiz seines Werkes, den vor allem die Holzschnitte unterstreichen. Erst mit dieser Anknüpfung und Umformung bestehender Traditionen erhob Sebastian Brant den Narren zur Symbolfigur des 16. Jahrhunderts und gab seiner Zeit eine Art „Weltbibel" (F. Schultz), die unerschöpflich schien und als solche gelesen, gedeutet, ausgeschrieben, überarbeitet, geplündert und nachgeahmt werden konnte. Durch seine Sicht allen menschlichen Treibens unter dem Blickwinkel der Narrheit schuf er eine literarische Auffassungsform, in der sich fortan das ganze Leben des Menschen begreifen und darstellen ließ. Zeitkritik und Zeitklage gab es schon im Spätmittelalter, und gewiß muß das „Narrenschiff" in diese weitverbreitete Dichtungsgattung eingeordnet werden, so wie auch Brant sein Werk bewußt in diese Tradition moralisierender Lehrdichtung gestellt hat. Aber „noch nie war ein so radikaler Versuch unternommen worden, das aus den Fugen gehende Volksleben durch die Satire wieder ins Lot zu bringen und in den christlichen Glauben zurückzuführen" (Böckmann).

In dieser Einheit und Geschlossenheit des Werkes mag zunächst seine starke Wirkung begründet sein. Der äußeren Form nach erweckt es allerdings den Eindruck einer losen Aneinanderreihung von 112 Kapiteln, die ohne Übergang nebeneinandergesetzt sind und von denen jedes einzelne für sich einen Narrentypus abkanzelt, der außerdem in einem dem Kapitel beigegebenen Holzschnitt sinnfällig vor Augen geführt wird. Eine gewisse Gleichförmigkeit in der pausenlosen Abfolge der Kapitel wirkt leicht ermüdend; dem heutigen Leser wird es gehen wie manchem vor ihm: „Wer das Narrenschiff liest, wundert sich, daß es nach dem 20. Abschnitt noch immer weitergeht, und wenn er am Ende angelangt ist, so wundert er sich, daß es zu Ende ist" (Newald). Eine letzte Heerschau der Welt, wie sie nur am Ausgang des Mittelalters noch einmal gewagt werden konnte, zieht an uns vorüber, gleichsam eine totale Bestandsaufnahme der Erde mit ihren Bewohnern, den Narren. Selten wird ein Narr in ironischer Absicht redend eingeführt (wie in Kap. 1), meistens beschränkt sich der Autor auf eine distanzierte Schilderung, die zu der ständig wiederholten Einleitungsformel „Der ist ein Narr..." und ähnlichen Umschreibungen greift („Der hält den Narren bei der Hand...", „Der zieht einem Narren an die Schuh...", „Der greift einem Narren an den Bart..."). Direkte Ermahnungen und Sentenzen werden eingeflochten. Die pädagogische Absicht wird durchweg am Schluß zusammengefaßt, während die Mottoverse stärker auf den Holzschnitt Bezug nehmen und eine Quintessenz von Bild *und* Text bieten. Die ganze Art der Komposition und Aufmachung entspricht den Flugblättern, deren Brant sich auch sonst bedient hat, um mahnend in das politische und moralischreligiöse Leben seiner Zeit einzugreifen. Man kann ferner darauf hinweisen, daß die ersten 73 Kapitel jeweils eine festgelegte Anzahl von 34 oder 94 Versen aufweisen, so daß sie mit dem dreizeiligen Motto, dem Holzschnitt und der Überschrift bei einseitigem Druck genau ein Quartblatt oder einen Foliobogen füllen würden, also auch als Flugblatt hätten vertrieben werden können. So liegt die Vermutung nahe, daß das „Narrenschiff" aus einer mehr oder weniger zufälligen Bündelung von Flugblättern entstanden ist, die erst nachträglich zusammengefaßt und als Buch vorgelegt wurden. Aber schon Zarncke, der als erster diese Vermutung äußerte, ist bei seinem Versuch, solche losen Einblattdrucke als Vorläufer des Werkes nachzuweisen, gescheitert. Das „Narrenschiff" ist zweifellos als Ganzes entworfen und ausgeführt worden, in einem additiven Kompositionsverfahren, das sich auf eine einfache Aneinanderreihung der Kapitel beschränkte. Von daher haftet dem Werk eine gewisse Sorglosigkeit und Lockerheit der Komposition an, die vor Wiederholungen und Widersprüchen nicht zurückscheut. Wir müssen dabei den ästhetischen Bildungsstand der Zeit in Rechnung stellen: ein Kompositionsprinzip im Sinne der geschlossenen Form gab es für diese lehrhafte Dichtungsgattung nicht. Brants Werk ist eine „Narrenrevue" und entspricht damit jener beliebten Sonderform der Revue, wie wir sie aus den Fastnachtsspielen des 15. Jahrhunderts kennen. Offenbar ist erst während des Druckes der Gedanke an eine gleichzeitige Auswertung durch Einzelflugblätter aufgegeben worden, da die späteren Kapitel auf eine genaue Auszählung der Verse verzichten.

Geht man dagegen vom Titelholzschnitt und der Vorrede des Werkes aus und setzt diese mit dem 108. Kapitel in Beziehung, so ergibt sich noch eine andere Absicht, die für die Konzeption des Buches von Bedeutung gewesen sein könnte. Das Rahmenbild der Narrenschiffahrt deutet darauf hin, daß Brant an den Anfang des Buches eine Allegorie, ein vieldeutiges Sinnbild des menschlichen Lebens stellen wollte, eben das Narrenschiff, das nun mit Narren aller Art ausgerüstet und bevölkert wird, um durch das Meer menschlicher Torheiten nach Narragonien zu segeln. Im Innern des Buches werden dann die einzelnen Narrentypen vorgeführt und charakterisiert, am Ende wird das Schicksal des Narrenschiffes oder der Narrenflotte geschildert und die moralische Schlußfolgerung des Ganzen gezogen. Wenn dies die Intention des Autors gewesen sein sollte, so würde darin ein Versuch zu sehen sein, dem Werke auch eine äußere Einheit, eine abgeschlossene Form zu verleihen, und die einzelnen Kapitel wären noch in einem ganz anderen Sinne zusammengefaßt und unter einen ordnenden Gesichtspunkt gezwungen, als dies bei der bloßen „Narrenrevue" der Fall wäre.

Es bleibt allerdings keinem Leser verborgen, daß das Rahmenbild der Narrenschiffahrt schon nach der Vorrede und dem 1. Kapitel ganz zurücktritt und erst im 48. Kapitel wieder auftaucht; von da ab klingt es häufiger an, enthält aber gewisse Widersprüche und Unstimmigkeiten in der Durchführung und Ausdeutung, bis es schließlich im 108. Kapitel („Das Schlaraffenschiff") zum Thema für eine nicht mehr speziell charakterisierte, „endlose" Anzahl von Narren gemacht wird, für die nicht zufällig der Holzschnitt von der Rückseite des Titelblattes wiederkehrt. Mit dem 48. Kapitel mehren sich auch die autobiographischen Einschübe Brants, in denen er zum

ersten Male auf das bisher fertiggestellte Werk zurückblickt und es kommentiert; es folgen Bemerkungen, die
ein Anknüpfen, ein Fortfahren in der bisherigen Produktion zum Ausdruck bringen (Kap. 62, 63, 104). Dies alles
deutet auf einen Einschnitt in der Entstehungsgeschichte
des Werkes hin, und es könnte sehr wohl sein, daß Brant
auch erst zu diesem Zeitpunkt das Schiffahrtsmotiv nachträglich in die ursprüngliche Konzeption seiner Narrenrevue eingearbeitet und die Vorrede später hinzugefügt
hat. Aber ist damit Zarnckes Urteil berechtigt, daß das
Schiffahrtsmotiv „nicht eine auf einem moralisch-allegori-
schen Gedanken beruhende, mit der Konzeption des Werkes zusammenfallende Idee, sondern eine dem Werke
äußerlich umgehängte Einkleidung" sei? Die Absicht
Brants zielt doch wohl tiefer. Schon die Tatsache, daß
Geiler von Kaisersberg in seinen Predigten gerade auf
dieses Bild ständig zurückgreift und es mit Vorliebe alle-
gorisch ausdeutet, weist auf den starken Eindruck hin,
den es bei den Zeitgenossen Brants hinterließ. Sie erblick-
ten in ihm ein Sinnbild des menschlichen Lebens, das als
törichte Schiffsreise über das Weltmeer mit ungewissem
Ausgang gedeutet werden konnte und das aus Dummt-
heit, Leichtsinn, Übermut und Lasterhaftigkeit in die Ka-
tastrophe führt. Unklar wie so vieles bleibt freilich der
Sinn der Reise: ist es ein Aufbruch zur Fahrt ins uto-
pische Narrenland, das sich in märchenhafter Ferne als
lockendes Wunschbild törichter Hoffnungen und Wünsche
darstellt, ist es eine Deportation aller Narren dorthin,
damit die eigenen Lande wieder der alten und bewähr-
ten Ordnung zugeführt werden können, die mit dem Zerfall des Reiches, dem Zerbröckeln der Stände, dem Wan-
ken der christlichen Morallehre und dem Niedergang des

Glaubens gefährdet ist? Ist es eine Seefahrt, die zur Erkenntnis des Narrentums und damit zur Heilung führen soll – oder ist der Untergang aller Narren unausweichlich, und nur die wenigen Weisen werden gerettet? Die Bezüge sind vielfältig, und eine klare Vorstellung scheint – namentlich wenn man das 103. Kapitel „Vom Antichrist" heranzieht – nicht beabsichtigt zu sein. Wahrscheinlich setzte Brant Motiv und Bild der Schiffahrt als bekannt voraus, da es nicht nur in der religiösen Erbauungsliteratur schon auftaucht, sondern vor allem auch in den volkstümlichen Fastnachtsumzügen mit ihren Narrenwagen und -schiffen eine große Rolle spielte. So mag er eine strengere Durchführung und Ausdeutung für überflüssig gehalten haben.

IV

Das menschliche Leben als eine gedankenlose Schiffsreise über das Meer, verstrickt in Sünden und Laster, angetrieben von begehrlichen Wünschen und Hoffnungen, verblendet im Blick für die Wahrheit des Menschen, dem Verderben und Untergang droht – dies ist nicht das einzige der großen Sinnbilder, die das „Narrenschiff" durchziehen und in ihm eine einheitliche Welt- und Lebensauffassung von düsterer, aber ausdrucksvoller Bildkraft erkennen lassen. Neben das Schiffahrtsmotiv tritt das Bild des Glücksrades als Gleichnis für das Auf und Ab des irdischen, dem Zufall und der Vergänglichkeit preisgegebenen Lebens, dem sich nur der Narr blind und nach Erfolg strebend anvertraut. Denn „wer vertrauet auf sein Glück, fällt oft in einem Augenblick" (Kap. 37). Auch dieses Bildmotiv, das in vielen Kapiteln anklingt

und das im 56. Kapitel „Vom Ende der Gewalt"
mit Wiederkehr des gleichen Holzschnittes aufgenommen
wird, ist nicht neuartig, aber es erweist sich in seiner
Verklammerung mit der Narrenthematik von neuer Wir-
kungsmacht und zeigt, wie tief Brant die Narrheit in der
menschlichen Natur verankert sieht. „Drum merket ihr
Gewaltigen all: ihr sitzet wahrlich in Glückes Fall! So
seid nun weise und achtet aufs Ende, daß Gott das Rad
euch nicht umwende!"

Dieser eindringlichen Warnung ordnet sich auch der
Totentanz als fürchtbares Sinnbild für die Wahrheit des
menschlichen Lebens zu – ein Gedanke, der in mehr als
einem Drittel aller Narrenkapitel anklingt, um dann im
85. Kapitel als zentrales Thema hervorzutreten. Hier
läßt Brant die Maske des Satirikers fallen und zeigt, was
sich hinter seinem endlosen Narrenreigen verbirgt: die
Erkenntnis, daß wir alle sterben müssen, und das christliche Schaudern vor dem Tod, der als Anfang des Ge-
richtes gilt. Narr und Tod werden aufeinander bezogen,
nicht nur in dem Sinne, daß die Narrheit in der
Blindheit vor dem Tode besteht, der ein schreckliches
Erwachen folgen wird, sondern in der viel weitergehen-
den Bedeutung, daß sich vor dem Tode das ganze Leben
des Menschen als Narrheit enthüllt. Damit entfaltet sich
der im Spätmittelalter so beliebte Bildbereich der Totentänze als Hintergrund des gesamten Werkes; wie das
Schiffsgleichnis durch den Untergang der Narrenflotte,
das Glücksradgleichnis durch den Sturz der auf sich selbst
vertrauenden Narren, so wird der Narrentanz, den
Brant in seinem Werk vorführt und in vielen bildlichen
Wendungen variiert, in Wahrheit durch den Tod bestimmt und entlarvt sich als Totentanz: „Er ists allein,

der alles lohnt, der keinen jemals hat geschont und keinem je gehorsam ward – sie mußten all auf seine Fahrt und ihm nachtanzen seinen Reihen: Päpst', Kaiser, König', Bischöf', Laien!"

Von ähnlicher Bedeutung ist schließlich auch das Sinnbild der Fastnacht, das Brant in einem Zusatzkapitel der zweiten Ausgabe von 1495 nachträglich eingefügt hat. Denn hier knüpft er nicht nur an das volkstümliche Narrentreiben der oberrheinischen Fastnacht an, dem er so manches bei der äußeren Einkleidung seines Werkes abgesehen hat, sondern er zeigt auch in satirischer Umkehrung der gewohnten Blickweise, daß man sich in der Fastnacht zu verkleiden glaubt und in Wahrheit doch nur sein alltägliches Narrenkleid anzieht, daß also alles närrische Tun und Treiben eine unfreiwillige Selbstentlarvung darstellt. In einer Epoche, in der das Fastnachtsspiel eine Anziehung auf die breiten Massen ausübte wie keine zweite literarische Belustigung, wagt es Brant, das ganze lärmende, rohe, leichtfertige, vernunft- und planlose Leben der Narren als einen einzigen Fastnachtszug zu deuten, dem ein düsterer Aschermittwoch droht – die Nacht steht vor der Tür, in der aller Mummenschanz ein Ende hat und ein Ende mit Schrecken nehmen wird: „Der Narren Kirchweih ist bekannt, jawohl, *Fast-Nacht* wird sie genannt!" (Kap. 110 b.)

In der Betrachtung und Ausdeutung dieser vier Sinnbilder wird die innere Einheit des Werkes spürbar, durch welche die lockere Abfolge der einzelnen Kapitel zusammengehalten und auf einen einheitlich pessimistischen Grundton gestimmt wird, der zutiefst dem Weltverständnis des ausgehenden Mittelalters entspricht. Brant hat hier noch einmal, in der Wende vom Mittelalter zur

Neuzeit, die bildmächtigsten Motive seiner Zeit zusammengezwungen und unter das Leitbild der Narrheit gestellt – Motive, in denen sich ein ganzes Zeitalter gedeutet und die Rätselfrage nach dem Sinn des Lebens in weltfeindlicher, jenseitsbezogener Rigorosität beantwortet fand. So mag es auch berechtigt scheinen, wenn in der neueren Forschung das „Narrenschiff" häufig als eines der letzten Werke dieser Epoche angesehen und immer wieder betont wird, daß Brant seiner ganzen Geisteshaltung nach dem ausgehenden Mittelalter angehört und nur bedingt dem Humanismus zugerechnet werden kann. Zielt doch auch seine ganze Zeitkritik und Zeitklage auf eine Rückkehr zu den Verhältnissen der Vergangenheit ab. „In der Zeit eines großen Umbruchs lebend, blickte er rückwärts, nicht vorwärts" (W. Gilbert).

Aber mit einer solchen Betrachtung lenkt man den Blick von zahlreichen Einzelzügen ab, die den Eindruck des Werkes in seiner Buntheit, seiner Wirklichkeitsnähe, seinem Farbenreichtum bestimmen und in denen sich nun doch etwas Neues, Vorwärtsweisendes offenbart. Eine kurze, aber schlagende Würdigung des Buches, die zugleich seine Wirkungsgeschichte zu erklären sucht, sieht die Bedeutung des „Narrenschiffs" ganz entgegengesetzt „in der populären, die Stunde des illustrierten Volksbuches nutzenden Verbreitung *humanistisch-rationalistischer* Ideen" (Rosenfeld). Was mit der Stunde des illustrierten Volksbuches gemeint ist, wird noch ausführlicher bei Behandlung der Holzschnitte zu erläutern sein. Darüber hinaus aber wird hier die Auffassung vertreten, daß bei Brant eine humanistische Umbiegung der mittelalterlichen Lebenshaltung zu einem selbstbewußten Optimismus deutlich werde, der die Sünden nunmehr als

Narrheiten ansieht, deren man durch Entlarvung und Verspottung Herr werden kann. In diesem Sinne wäre das Werk allerdings Ausdruck einer gewandelten Zeit und eines gewandelten Denkens, so vorsichtig beharrend und konservativ sein Autor sich sonst immer zeigen mag. Und in der Tat läßt sich zunächst kaum übersehen, daß auch die festgefügte Ordnung, in die sich Brant als Moralist und Sittenrichter gestellt weiß und an der er unbeirrbar festhält, vom Standpunkt des gelehrten Stadtbürgers aus betrachtet und geformt ist. Schon Zarncke hat bemerkt, daß das „Narrenschiff" in dieser Hinsicht Ausdruck einer neuen, durch tiefe soziologische Umschichtungen gegenüber dem Mittelalter bestimmten Zeit ist, und er sieht die Bedeutung Brants darin, „daß es ihm zuerst gelang, dem bürgerlich-städtischen Geiste den vollen, entsprechenden literarischen Ausdruck zu verleihen. Das Narrenschiff eröffnet die spezifisch bürgerliche Literatur, in dieser Beziehung ist es ein klassisches Werk, das erste epochemachende seit dem Erlöschen der mittelhochdeutschen Poesie". Diese neue Haltung zeigt sich nicht nur in dem offenen Blick für die Drastik des Volkstreibens und die detailliert geschilderten Sittenbilder aus der Stadtgeschichte Basels oder Straßburgs, in dem Stolz des Humanisten auf die aufblühenden deutschen Universitäten oder in der selbstbewußten Kritik an den Mißständen der Kirche und des Mönchswesens. Sie findet auch ihren Ausdruck in jener besonderen Betonung des bürgerlichen Gemeinsinns, dessen Fehlen an vielen Stellen des Werkes geradezu zum Kriterium des Narrentums gemacht werden kann. „Wem nicht Gemeinnutz so viel wert wie Eigennutz, den er begehrt, den halt ich für einen närrischen Gauch", heißt es im 10. Kapitel, oder kürzer:

„Ein Weiser ist nützlich der Gemeine, ein Narr trägt seinen Kolben alleine" (Kap. 42). Nicht die Betonung des Gemeinwohls als solche und die Abwertung des Eigennutzes – wie er etwa im 99. Kapitel auch an den Fürsten kritisiert und für den Verfall des Reiches verantwortlich gemacht wird – ist neu gegenüber dem Mittelalter, wohl aber die Art, wie an diesen Maßstäben des bürgerlich-patriotischen Denkens ein Narrentum entlarvt wird, das mit dem an den Maßstäben der christlichen Heilslehre gemessenen Narrentum auf eine Stufe gestellt wird. Deutlicher gesagt: wer sich gegen jene mit dem Stadtbürgertum und der gelehrt-humanistischen Bildung erwachsenen Maßstäbe des Denkens und Urteilens stellt – wozu beispielsweise auch der törichte Adelsstolz gehört (Kap. 76) –, dem wird nicht mit Hölle und Verdammnis gedroht, aber er gilt genauso als N a r r wie der Sünder, der sich gegen Gott erhebt und daher dem Teufel anheimfällt (Kap. 14 u. 20). Das „Narrenschiff" macht in der vielfältig gestuften Abfolge von Narrheiten keinen erkennbaren Unterschied. Nicht zufällig eröffnet den Narrenreigen ein eitler und ungebildeter Gelehrter (Kapitel 1), der Barbarus, der später so oft zur Zielscheibe humanistischen Spottes geworden ist.

Wird hier also doch das Denken einer neuen Zeit sichtbar? Steht hinter dem Werk nicht mehr die christliche Sündenangst des Mittelalters, sondern „der optimistisch-rationalistische Gedanke, daß Sünde und Untugend nur Unwissenheit und Narrheit sind, die durch rechte Belehrung überwunden und ausgetilgt werden können" (Rosenfeld)? Wird hier der Mensch vor einen neuen Richterstuhl gefordert und mit einem neuen Maß gemessen? „Das Maß hieß nicht mehr Heiligkeit, sondern Vernunft, und also wurde hier nicht die Sünde, sondern die Narrheit gegeißelt, und die Welt galt nicht mehr als die Teufelswohnung, sondern als ein Narrenhaus" (F. Strich). Diese und ähnliche Deutungsversuche erscheinen ebenso bedenklich wie eine allzu einseitige Betonung der mittelalterlichen Grundkomponente. Brants Werk ist nicht auf *eine* Formel zu bringen, es vereinigt vielmehr, am Vorabend der Reformation, vor der endgültigen Scheidung der Geister, wie ein großes Sammelbecken in sich die Haltungen der alten und der neuen Zeit. Ein äußeres Zeichen dafür ist es, daß ein bis zwei Jahrzehnte später, als mit den scharfen Angriffen auf Jacob Locher und mit dem Erscheinen der Dunkelmännerbriefe die Sturmsignale der neuen Zeit sichtbar wurden, *beide* Parteien Sebastian Brant mit gutem Recht als einen der Ihren in Anspruch nehmen konnten.

V

Unschwer ist in den geschilderten Narrheiten eine erste und tragende Grundschicht zu erkennen: die sieben Hauptsünden des Mittelalters – Hochmut, Geiz, Völlerei, Wollust, Neid, Zorn, Trägheit –, aus deren Wurzeln die Tochtersünden in mannigfaltiger Verzweigung und Differenzierung erwachsen. Kennzeichnend dafür ist schon die Aufzählung bestimmter Kapitelüberschriften wie „Von Habsucht", „Von Buhlschaft", „Von Völlerei und Prassen", „Von leichtem Zürnen", „Von Wollust", „Von Neid und Haß", „Überhebung der Hoffart", „Von Trägheit und Faulheit". Nicht zufällig werden gerade diese und ähnliche Kapitel mit Vorliebe durch biblische Sentenzen und Exempla erläutert. Die ganze Fülle kirchlicher Lasterkataloge taucht wieder auf und wird durch Narren repräsentiert: Eitelkeit, Undankbarkeit, Verleumdung, Lauheit des Herzens, Gotteslästerung, Ehebruch, Leichtsinn, Trunksucht, Tanzlust und Spielwut. In dieser Sündenschelte erweist sich Brant als christlicher Moralist und knüpft am deutlichsten an die spätmittelalterliche Lehrdichtung an, die den gleichen Themen gewidmet war. „Ein Narr ist, wer es wagt und spricht, er sei befleckt von Sünden nicht", heißt es im 29. Kapitel. Und weiter: *„Doch jedem Narren das gebrist, daß er nicht sein will, was er ist."* Der Narr ist Sünder, aber er will es nicht sein, er verschließt seine Augen vor dieser Grundwahrheit der menschlichen Existenz, der sich niemand entziehen kann. Als Sünder ist er zugleich sterblich (denn der Tod ist nach biblischer Weisheit der Sünde Sold), aber auch dies will der Narr nicht sein, er ist blind und taub gegenüber dieser Wahrheit, die am Beginn aller menschlichen Selbsterkenntnis steht und den Blick auf das jenseitige Seelenheil richten läßt.

> „Denn Gott spricht nach der Wahrheit sein:
> Wer *hier* gesündigt, hat *dort* Pein,
> Und wer sich hier zur Weisheit kehrt,
> Der wird in Ewigkeit geehrt" (Kap. 11).

> „Darum sind wir gar große Narren,
> Daß wir nicht denken in viel Jahren,
> Die uns Gott deshalb leben läßt,
> Daß wir uns rüsten auf das best'
> Zum Tod und lernen, daß wir hinnen
> Einst müssen, ohne zu entrinnen" (Kap. 85).

Diese Selbsterkenntnis, diese Selbstentlarvung des Menschen als Sünder u n d Narr steht am Beginn aller Weisheit, von der das Werk indirekt handelt. Kennzeichnend für das Narrentum ist es aber gerade, daß es sich selbst gegenüber blind ist (Kap. 46 u. 67); der Narr stirbt, ohne daß er sich selbst erkannt hat (Kap. 58 u. 66).

In dem Motivkreis der Sündenschelte hat Brant ein Grundgesetz der Satire, den Widerspruch von Schein und Sein, als Kriterium des Narrentums verwandt. Daß der Narr nicht sein will, was er ist, daß er seine Augen gegenüber der Wirklichkeit verschließt – und diese heißt Sünde und Tod im irdischen Bereich, Gott und ewiges Leben oder Hölle und Verdammnis im jenseitigen –, macht aber nur die Grundschicht des Werkes aus. Die Ebene des S c h e i n s , in die sich der Narr flüchtet, in der er lebt und beharren will, ermöglicht es Brant, zugleich den Motivkreis der Zeitkritik, die speziellen Laster und Vergehen, die Modetorheiten und Schwächen der Zeitgenossen, in sein Werk einzubeziehen und satirisch zu geißeln. Denn, wie es in genauer Umkehrung der Verse aus dem 29. Kapitel heißt, *„denn jedem Narren das gebrist, daß er sein will, was er nicht ist"* (Kap. 76). Mit dieser Umkehrung wird das positive Sich-behaupten-Wollen des Narren in einer Welt des Scheins zum Kriterium der Narrheit gemacht, und im Sinne dieser Sentenz w i l l der Narr Narr sein in den verschiedenen, unerschöpflich variierten Spielformen närrischen Verhaltens, die das Werk Brants in seiner Buntheit und Fülle bestimmen. Hier ist Raum für die satirische Darstellung der Pseudogelehrsamkeit, des unnützen Studierens, der törichten Reisemode (Kap. 1, 27 u. 34), für die Verspottung des Aberglaubens, des Reliquienhandels, der Pfründenjagd (Kap. 30, 38, 55, 63 u. 65), für die Abkanzelung des Ständeneides, der zum Zerfall der alten Ordnung und zur Auflösung aller festgefügten Normen führt (Kap. 48 u. 82), für die Lächerlichkeit des nächtlichen Hofierens, des zänkischen Prozessierens oder der grobianischen Manieren (Kap. 62, 71, 72 u. 110 a). Hier will der Narr als adelig, als gebildet, als modisch gelten und bleibt doch unverändert der, der er ist: ein Sünder und sterblicher Mensch. So spielt sich ein unaufhörlicher Mummenschanz menschlicher Eitelkeiten und trügerischer Wunschbilder vor den wenigen Grundwahrheiten des „Narrenschiffs" ab, die ebenso unaufhörlich mit hämmernder Eindringlichkeit wiederholt werden:

> „O Narr, bedenk zu aller Frist,
> Daß du ein Mensch und sterblich bist
> Und nichts als Lehm, Asch, Erd und Mist.
> Denn unter aller Kreatur,
> Die hat Vernunft in der Natur,
> Bist die geringste *du*, ein Schaum,
> Ein Hefensack und Bastard kaum!" (Kap. 54.)

Diese Grundwahrheiten sind mittelalterlich, und auch der Narr als Sünder und sterblicher Mensch entspricht ganz dem mittelalterlichen Weltverständnis. Aber mit der Ebene des närrischen Scheins, in die er sich flüchtet, steigt eine Welt der Bürger und Bauern, der Kaufleute, Pfaffen und Schreiber, der Handwerker, Stubengelehrten, Landstreicher und Bettler, der Ärzte und Quacksalber, der Modegecken, Vetteln und Huren auf, die in dieser abgestuften Vielfalt, in dieser Genauigkeit und diesem Farbenreichtum dem Mittelalter fremd war. Und hier entfaltet sich auch erst das satirische Element. Der Ankläger tritt hinter dem Spötter zurück, obwohl – gemessen an der Weltliteratur – mit bescheidenen Mitteln gespottet wird. Welch spezielle Wendung diese Zeitkritik nehmen kann, wird etwa deutlich in der wiederholten Klage über die Zunahme der gedruckten Bücher, die nach Meinung Brants zur Mißachtung aller Wissenschaft und des Gelehrtenstandes führen muß, sowie über die Vergehen der Buchdrucker, die durch saumselige Korrekturen und gedankenlose Nachdrucke zum geistigen Verfall der Zeit beitragen – eine Klage, die im 103. Kapitel wiederum in höchst charakteristischer Weise mit dem alten, christlich-eschatologischen Gedanken vom Herannahen des Antichristen in Verbindung gebracht wird. Damit zeigt sich bereits, daß beide Werkschichten – Sündenschelte und Zeitkritik – nicht voneinander zu trennen, etwa nach den verschiedenen Kapiteln abzugrenzen sind, daß sie vielmehr unlöslich, oft höchst widerspruchsvoll ineinander übergehen.

Wir wollen dies an der Interpretation eines einzigen Kapitels erhellen. Natürlich lassen sich bestimmte Kapitel herausstellen, in denen der innerweltliche Narr die Hauptrolle spielt, das heißt der Mensch, dessen Narrheit sich ausschließlich an rationalen Maßstäben messen, beurteilen und satirisch verspotten läßt, ohne daß es dazu der christlichen Sittenlehre mit ihren absoluten Normen bedarf. Dieser Narr verscherzt nicht leichtfertig das ewige Seelenheil, sondern er lebt, wie der *stultus* der altrömischen Satire, verkehrt und widervernünftig und verfehlt damit eine andere Norm des Menschseins: er trägt neben dem Fluch der Sünde den Makel der intellektuellen Beschränktheit. Die Kapitel „Vom Frauenhüten", „Narr heute wie gestern", „Keinen Spaß verstehn", „Von schlechten Schützen" (32, 34, 68 u. 75) sind Beispiele für solche Verstöße gegen einfache Lebensregeln, die unabhängig vom theologischen Mahnruf zur Umkehr und Buße den Spott des Satirikers herausfordern. Aber fast immer nehmen auch diese Kapitel eine Wendung, durch welche das törichte, durch bloßen Spott und rationale Argumentation als unnütz oder schädlich zu überführende Verhalten des Narren auf die tiefere Grundschicht des Sündertums zurückgeführt wird. Werden etwa die ganz zeitbedingten Modetorheiten satirisch geschildert (Kapitel 4), so heißt es sogleich in generalisierender Vertiefung: „Das zeigt, wie unser Sinn ist leicht und wandelbar zu aller Schande." Kommt der humanistische Stolz auf die blühenden deutschen Universitäten in der Verurteilung der törichten Geltungssucht, an ausländischen Schulen studieren zu wollen, zum Ausdruck (Kap. 92), so wird diese Argumentation doch sogleich durch eine Anprangerung der „Hoffart" abgelöst, von der das ganze Kapitel handelt und die ein Werk des Teufels ist: „Sie läßt viel Seelen zur Hölle fahrn." Oder der Autor wechselt plötzlich vom Narrentum der einen auf das Sündertum der anderen Seite über, ohne darin einen Bruch zu bemerken, wenn er im 90. Kapitel von den unvernünftigen Vätern spricht, die ihren Kindern vorzeitig das Besitztum übergeben („Drum soll man ihn mit Kolben hauen!"), um dann neben diesen Narren das Sündertum der Kinder zu behandeln und ihnen den größeren Teil des Kapitels zu widmen: da sie gegen das göttliche Gebot verstoßen, wird ihnen folgerichtig nicht mit dem Kolben, sondern mit Tod und Hölle gedroht. Dennoch gelten auch sie als Narren; ja, die Narrheit umfaßt, wenigstens ihrem Begriff und Namen nach, nunmehr auch die schwersten Sünden, die das geistliche Mittelalter kannte:

> „Hierher gehörn, die Zweifel drückt
> Und die des Teufels Band umstrickt:
> Wie törichte Fraun und böse Weiber,
> Alle Kupplerinnen und Pfauentreiber
> Und andere, die in Sünden sind,
> In ihrer Narrheit taub und blind.
> Auch will ich derer hier gedenken,
> Die selbst sich töten oder henken,
> Kinder abtreiben und ertränken.
> Die sind Gesetz und Gebot nicht wert,
> Durch Scherz und Ernst niemals belehrt,
> *Doch gehören sie in der Narren Zahl,*
> *Die Narrheit gibt ihnen Kappen all"*
>
> (Kap. 98).

Besonders aufschlußreich aber und deshalb stellvertretend für das „Narrenschiff" im ganzen bietet sich die komplexe Welt- und Denkhaltung Sebastian Brants im 38. Kapitel „Von unfolgsamen Kranken" dar. Dieses Kapitel ist, wie schon der Holzschnitt zeigt, in erster Linie gegen Unvernunft und Torheit der Kranken gerichtet, die dem Rat des Arztes und seinen Vorschriften nicht folgen. Der ganze erste Abschnitt (V. 1-30) ist einer rationalen, das heißt an die Vernunft appellierenden Argumentation gewidmet, bei der nicht zufällig auch ein Zitat aus dem antiken Schrifttum, aus Ovids „Remedia Amoris", verwendet wird: wer gesund werden will, der gehe rechtzeitig zum Arzt und täusche ihn nicht, der folge seinem Rat, nehme seine Medikamente zu sich und erdulde willig auch die Schmerzen der Behandlung; tut er das nicht, so handelt er närrisch, weil er den Arzt zu hintergehen glaubt und in Wahrheit doch sich selbst hintergeht. „Der hat sich ganz allein belogen, zu seinem Schaden sich betrogen." Ein Narr ist also derjenige, der verkehrt und widervernünftig handelt und die Lächerlichkeit seines Verhaltens nicht erkennt. – Jedoch schon der zweite Abschnitt (V. 31-54) nimmt eine überraschende Wendung: die Ärztekunst wird hier dem Rat alter Weiber, der Kurpfuscherei und Zauberkunst entgegengestellt, und dem Kranken, der statt dem Arzte diesen Hexen- und Ketzerweibern folgt, wird nicht gesagt: du wirst nicht gesund!, sondern gedroht: du fährst in die Hölle! „Der wird in Narrheit ganz verrucht, wer wider Gott Gesundheit sucht." Dies ist plötzlich eine ganz andere Narrheit als diejenige, von der vorher die Rede war und von der, nach dem Holzschnitt und den Mottoversen zu urteilen, das ganze Kapitel handeln sollte; diese Narrheit heißt Sünde, und die Krankheit führt nicht nur zum irdischen, sondern auch zum ewigen Tode. – Der nächste Abschnitt (V. 55-74) wird wieder, nur scheinbar daran anknüpfend, durch einen weiteren, übrigens ganz mittelalterlichen Gedanken eröffnet: „Krankheit aus Sünden oft entspringt, denn Sünde großes Siechtum bringt." Hier ist plötzlich eine ganz andere Auffassung der Krankheit ins Blickfeld gerückt, und die nunmehr empfohlene Regel widerspricht geradezu der ersten: wer der Krankheit entgehen will, der soll erst zur Beichte gehen, bevor er Arzenei empfangen will, der soll sich erst vor Gott um seine Seele bekümmern, bevor er um seines Leibes willen den Arzt aufsucht. Denn „ewige Krankheit ficht den an, der hier will zeitlicher entgahn". Hier wird nicht mehr an die Vernunft, sondern an den Glauben appelliert, hier geht es nicht mehr um eine in weltlichen Kategorien einsichtig zu machende Narrheit und eine ebenso weltlich zu begreifende Lebensweisheit, sondern die Narrheit wird als solche nur erfahren, wenn sich der Blick über die Welt hinweg (und unter Hintansetzung ihrer Forderungen) auf Gott und das jenseitige Seelenheil richtet. Dabei scheint Brant auch nicht zu bemerken, daß er wenig vorher, im 29. Kapitel „Von selbstgerechten Narren", gerade diese Aufrechnung von Krankheit und Tod gegen vorhergegangene Sünde und Schuld als närrisch gegeißelt hatte; nur ein Narr, so heißt es dort, urteile: „*Der* hat dies und *der* jenes getan, drum tat ihm Gott das Sterben an!" Aber das ist nicht der einzige Widerspruch, der hier wie überall, wo das innerweltliche Narrentum mit der christlichen Sündenschelte in Konflikt liegt, sichtbar wird. Denn Brant fährt fort:

> „Viel sind verfault und längst schon tot,
> Die besser vorher suchten Gott
> Und seine Gnade, Hilf und Gunst,
> *Ehe* sie suchten Ärztekunst
> Und Leben hofften ohne Gnaden:
> Sie starben zu der Seele Schaden."

Dieser Gedanke ist nicht so unverbindlich gemeint, wie man ihn heute vielleicht lesen mag; er wird deutlicher im 86. Kapitel zum Ausdruck gebracht:

> „Der Sünden wie der Jahre Zahl
> Ist jedem festgesetzt zumal,
> Und wer in Eile sündigt viel,
> Eilt nur damit zum letzten Ziel.
> Viel sind schon dieses Jahr gestorben,
> Die, hätten Besserung sie erworben,
> Ihr Stundenglas gedreht bei Zeit,
> So daß der Sand nicht abgelaufen,
> *Wohl ohne Zweifel noch lebten heut.*"

Es handelt sich dabei um einen in der Volksfrömmigkeit des Mittelalters weitverbreiteten Gedanken: Krankheit und Tod als der Sünde Sold, aber nicht etwa nur als Sold der Erbsünde und der objektiven Schuld des Menschengeschlechts, wie dies im biblischen Sinne gilt, sondern als Folge der subjektiven, dem einzelnen Menschen von Gott zugemessenen Sünden. Damit steht Brant am Ende des behandelten Kapitels (bevor die Kette der biblischen Exempla beginnt) an einem ganz anderen Punkt, als es das erste Drittel anzukündigen schien. Auch das satirische Darstellungsmittel hat hier seine Macht verloren, *dieser* Sünder kann nicht mehr als lächerlich und damit närrisch überführt werden: hier ist die Narrheit nur noch ein W o r t, das Altes birgt, ohne es umzuformen. War sich Brant des Widerspruchs bewußt, in dem dieser Abschnitt zu der eingangs geschilderten Narrheit des unfolgsamen Kranken stand? Fast könnte man es annehmen, da die oben zitierten Verse im Originaltext anakoluthisch gebaut sind, das heißt, sie beginnen einschränkend: „Viel sind verfault und längst schon tot – Hätten sie vorher Gott gesucht ...", ohne die entsprechende Schlußfolgerung zu ziehen („So würden sie noch heute leben"); statt dessen beschließt Brant die Periode mit „Stürben doch zu der Seele Schaden", wobei der Konjunktiv noch einmal auf den Konditionalsatz zurückweist, Brant im übrigen aber den Satz beendet, als hätte er angefangen: „Diejenigen, die nicht vorher Gott gesucht hatten ..." Doch mag diese Deutung überspitzt sein. Denn im „Narrenschiff" begegnen wir auf Schritt und Tritt solchen Widersprüchen, die im Sinne Brants und seiner Zeit keine Widersprüche sind, sondern sich aus dem Ineinandergreifen des mittelalterlichen und des humanistischen Denkens erklären lassen. Erst unter diesem Blickfeld wird es aufschlußreich, daß Brant in seinem Werk antike und christliche Autoren nebeneinander zitieren kann, daß ihm die Beispiele, die das Alte Testament bot, ebenso recht sind wie die Belege, die er der römischen Satire entnehmen konnte. Der bloße Aufweis einer solchen Mischung würde kaum als Kennzeichen einer neuen, humanistischen Gesteshaltung gelten können, sondern allenfalls dem Autor eine stärkere Vertrautheit mit der klassischen Literatur als früheren Zeiten zubilligen – wenn nicht in diesen beiden Quellenschichten sich zugleich das Ineinandergreifen der beiden soeben analysierten Narrenbegriffe Brants abspiegeln würde, die sich weitgehend mit der biblischen Auffassung des *stultus* als des Sündernarren und der antiken Auffassung des *stultus* als des intellektuellen Toren decken.

Innerhalb der einzelnen Kapitel ist dieses Schichtungsverhältnis am deutlichsten aufzuspüren, und wenn es auch bis in die Proportionen eines Kapitels hinein die beherrschende Rolle der Sündenschelte sichtbar macht, so zeigt es uns doch immer wieder, daß Brant nicht nur der konservative, beharrende, nach rückwärts gewandte Moralist ist, als den man ihn in der Forschung gerade der letzten Jahrzehnte herausgearbeitet hat; daß er aber ebensowenig revolutionärer, etwa in seiner Zeit- und Kirchenkritik von sprengendem Reformwillen getragener Humanist ist, der die Welt vor den neuen Richterstuhl der Vernunft fordert und sie nicht mehr als Teufelswohnung, sondern als Narrenhaus betrachtet: daß vielmehr beides sich in seinem Werk zusammenfügt, nicht im Sinne einer bloßen Kompilation, wie man oft gemeint hat, sondern verklammert und zusammengeschmiedet durch das Narrenmotiv, das in dieser komplexen Bedeutung eben doch eine Schöpfung Brants ist und seine eigenste Leistung bezeichnet. Denn der Begriff der *Narrheit,* wie ihn die volkstümliche Schwank- und Spieltradition kennt, wird hier aus dem bloß Lächerlichen und Ergötzlichen in die ernste geistige Anklage gerückt, die auch an den oberflächlichsten, scheinbar geringfügigen Schwächen des Menschen den tieferen Wurzelgrund der Sünde und moralischen Verderbtheit aufdeckt – und der Begriff der *Sünde* wiederum, wie ihn die traditionelle Lehrdichtung des Mittelalters kennt, wird hier zugleich doch auch als Narrheit veranschaulicht und damit aus dem bloß Moralischen und Lehrmäßigen ins Lächerliche gezogen, das der Narrheit immer schon anhaftet. Mit dem Ernst des christlichen Sittenrichters verbindet sich der Spott des gebildeten Humanisten, und in der Mischung dieser verschiedenen Betrachtungsweisen und Darstellungsformen erhalten *beide* neue Akzente, formen sich wechselseitig um. Weder sieht Brant in den Sünden bloße Irrtümer, die als Ausdruck der Unwissenheit und Beschränktheit zu werten wären, noch sieht er in den Narrheiten immer schon moralische Verderbtheiten, die auf den sündigen Kern der Menschennatur zurückweisen. Wohl aber sind in seinem Werk alle Ansätze vorhanden, um die eine oder die andere Betrachtungsweise fortan dominieren zu lassen. Deshalb steht das „Narrenschiff" auf der Grenzscheide zweier Zeiten, die in ihm noch einmal zusammengefaßt erscheinen; deshalb steht es im Zwielicht des Übergangs, und in diesem Zwielicht müssen wir es zu begreifen lernen.

VI

In diesem Zusammenhang bedarf auch die didaktische Tendenz des Werkes einer genaueren Interpretation. Ist Brant wirklich davon überzeugt, daß man sich durch Belehrung und Selbsterkenntnis von der Narrheit befreien könne? Spricht aus ihm das optimistische Selbstbewußtsein des Präzeptors, der in der Welt nur Torheiten erblickt, deren man durch Entlarvung Herr werden kann? Manches deutet in der Tat darauf hin, daß Brant sein „Narrenschiff" als eine Sammlung von warnenden Beispielen versteht, die zur Einsicht in die Unvernunft und Sinnlosigkeit solchen Tuns und Treibens führen soll. Auch die Strafandrohung des christlichen Moralisten, der von Tod und ewiger Verdammnis spricht, wäre unter diesem Blickfeld nur eine letzte Aufgipfelung der Mahnrede, die den Menschen eindringlicher überzeugen und gleichsam in die Arme der Weisheit treiben will. So heißt es zum Beispiel im 40. Kapitel: „Wer einen Narrn sieht fallen hart, seh zu, daß er sich selbst bewahrt, denn töricht nenn ich nicht den Mann, der sich an Narren stoßen kann." Hier wird ganz eindeutig an die Lebensklugheit und den gesunden Menschenverstand appelliert, die aus dem närrischen Beispiel und seinen üblen Folgen zu lernen bereit sind – wie vor allem die darauf folgende Anknüpfung an eine alte Fabel des Äsop beweist („Der Fuchs wollt in die Höhl' nicht, da er keinen wiederkehren sah"). Auch die zahlreichen direkten Ansprachen und Ermahnungen an den Leser deuten auf einen solchen Lehrwillen hin: „Narr, laß von solcher Phantasei, du steckst sonst bald im Narrenbrei!" (Kap. 57), oder: „Hör zu, o Tor; werd weise, Narr! Versäum dich nicht, nicht länger harr!" (Kap. 86.) Dagegen aber spricht die tiefe Verwurzelung der Narrheit im menschlichen Dasein, die unzählige, uns heute fast zeitlos anmutende Schwächen des Menschengeschlechts mit dem Verdikt des Narrentums belegt und bewußt keine Unterscheidung zwischen leichteren und schwereren Vergehen trifft. Dagegen spricht auch die Tatsache, daß an vielen Stellen des Werkes die Unverbesserlichkeit der Narren, ihre Blindheit und Verstocktheit betont wird, wie dies vor allem zu den Wesenszügen des *stultus* in den Lehrbüchern des Alten Testaments gehört. Auch hier ist eine Widersprüchlichkeit aufweisbar, die zum Verständnis des Werkes beitragen kann. „Quetscht man auch einen Narren klein, wie Pfeffer in einem Mörserstein, und stößt ihn darin lange Jahr' – er bleibt ein Narr doch, wie er war", heißt es in Kapitel 67, und kürzer noch in Kapitel 34: „Ein Narr ist, wer viel Gutes hört und doch nicht seine Weisheit mehrt." Von dieser skeptischen Einsicht geht bereits die Vorrede zum Narrenschiff aus:

> „Alle Lande sind jetzt voll heiliger Schrift
> Und was der Seelen Heil betrifft:
> Voll Bibeln, heiliger Väter Lehr
> Und andrer ähnlicher Bücher mehr,
> So viel, daß es mich wundert schon,
> Weil niemand bessert sich davon.
> Ja, Schrift und Lehre sind veracht't,
> Es lebt die Welt in finstrer Nacht
> Und tut in Sünden blind verharren;
> Alle Gassen und Straßen sind voll Narren,
> Die treiben Torheit an jedem Ort
> Und wollen es doch nicht haben Wort."

An diesen Versen fällt auf, daß die Verwunderung des Autors offenbar durch die Tatsache bestimmt ist, daß die durch den Buchdruck so vermehrten und verbreiteten Kirchenschriften und Lehrbücher keine Verbesserung der Sitten bewirkt haben. Die Unverbesserlichkeit und Blindheit der Narren kann also zunächst nur auf die direkte Ermahnung, auf die positive Tugendlehre und Strafe des Lasters, wie sie in den Lehrschriften der Zeit üblich waren, bezogen werden. „Drum hab ich gedacht zu dieser Frist, wie ich der Narren Schiff ausrüst", heißt es in der Vorrede weiter – und dieses „Narrenschiff" nun bringt keine direkte Weisheitslehre mehr, es verzichtet, jedenfalls grundsätzlich und seiner Konzeption nach, auf die unmittelbare erbauliche Mahnrede, es läßt nicht „viel Gutes" hören, da sich dies als sinnlos erwiesen hat. Vielmehr befolgt es eine negative Didaktik, indem es nicht zeigt, was gut ist, sondern das, was schlecht und zugleich lächerlich ist, indem es keine *Idealtypen* vorführt, sondern *typische Antiideale* (Fricke) und damit einem ganzen Jahrhundert die ihm gemäße Lehrrichtung vorgeschrieben hat. Darauf kommt noch achtzig Jahre später Johann Fischart zurück, wenn er sein eigenes Werk mit den Worten rechtfertigt: „Hat nicht von Straßburg Doctor Brant im Narrenschiff gstrafft jeden Stand, bey Narren grose Weißheit glehrt, *weil man nicht ernsthafft ding gern hört?"* Offenbar meint Brant und sieht hierin die Rechtfertigung seines Werkes, daß man dem Narren, der sich der positiven Tugendlehre und Weisheit gegenüber als taub erweist, einen negativen Spiegel vorhalten müsse, einen Narrenspiegel, damit er *sich selbst* in seiner Lächerlichkeit erkennen und mit dieser Selbsterkenntnis den er-

sten Schritt auf dem Wege zur Weisheit tun könne.
Denn in der Vorrede heißt es weiter:

> „Den *Narrenspiegel* ich dies nenne,
> In dem ein jeder Narr sich kenne;
> Wer jeder sei, wird dem vertraut,
> Der in den Narrenspiegel schaut.
> Wer sich recht spiegelt, der lernt wohl,
> Daß er nicht weise sich achten soll,
> Nicht von sich halten, was nicht ist,
> Denn niemand lebt, dem nichts gebrist,
> Noch der behaupten darf fürwahr,
> Daß er sei weise und *kein* Narr."

Das Ziel des Narrenschiffs ist also die Selbsterkenntnis
der Narrheit. Der Mensch schlechthin ist Narr, Narrheit
kennzeichnet sein Wesen, „bei ihr lagert alle Welt" (Kapitel 46), niemand kann sich ihr entziehen, sowenig wie
den anderen Grundtatsachen der menschlichen Existenz,
der Sünde und dem Tode. Die durch das Werk indirekt
oder im negativen Spiegelungsverfahren vermittelte
Weisheitslehre besteht zunächst und primär darin, sich
selbst zu überführen, daß man *nicht* weise sei, sondern
ein Narr. „Denn wer sich selbst als Narr eracht't, der ist
zum Weisen bald gemacht." Die didaktische Tendenz
Brants ist folglich – daran ändern auch die direkten Ermahnungen und zahlreichen Sentenzen des Werkes nichts
– sokratischer Art: sie will das Negative so darstellen, so
schildern und anschaulich machen in der satirischen Verspottung eines Narrentypus oder in den warnenden Hinweisen einer Exemplakette (und hier beginnt die hand-
werkliche Technik Brants künstlerisch bedeutsam zu werden!), daß der Leser sich wiedererkennen, sich von seiner

eigenen Narrheit willig überführen lassen muß. Und wenn es richtig ist, daß hier *jeder* Mensch als Narr angesprochen werden soll, ja daß es Brant geradezu darauf anlegt, die *ganze* Menschheit in ihrer Narrheit vorzuführen, dann erklärt sich daraus auch die merkwürdige und etwas ermüdende Akribie in der Aufsplitterung und Verselbständigung jedes Einzelzuges zu einer personifizierten Narrheit – ein Verfahren, das man als Pedanterie Brants ausgelegt hat (Gumbel) und das doch von seiner didaktischen Tendenz her gesehen durchaus folgerichtig, ein dieser Tendenz angemessener künstlerischer Ausdruck ist. Es erklärt sich ferner daraus die ständige Erweiterung und Fortsetzung des Werkes, die in autobiographischen Einschüben des Autors angekündigt und gerechtfertigt wird – wie ja schon die Vorrede dem Leser, der sich nicht betroffen fühlt, eine für ihn zugeschnittene Narrenkappe von der Frankfurter Messe nachzuliefern verspricht. Vollständigkeit, T o t a l i t ä t des satirischen Weltspiegels ist also das Ziel des „Narrenschiffs", und von daher konnten es die Zeitgenossen eine „Divina Satyra" nennen und mit Dantes „Divina Commedia" auf eine Stufe stellen: ein Vergleich, der durch diese Totalität der Weltschau nahegelegt wurde, so inkommensurabel uns beide Werke heute auch erscheinen mögen.

Der indirekte Weg der Belehrung, der hier eingeschlagen wird, hat zwar auch seine Vorläufer (etwa in der Ständesatire des Spätmittelalters), aber er wirkt in dieser relativen Konsequenz und Anschaulichkeit doch neu und begründet eine eigene literarische Tradition, die bezeichnenderweise auf Brant als ihren Lehrmeister und nicht weiter zurückgreift. Natürlich ist Weisheit das letzte Ziel des „Narrenschiffs", wie jeder Lehrdichtung.

So taucht auch im Spiegel der Narrheiten ständig das Gegenbild der Weisheit auf, das sich bei Brant oft genug,
gewissermaßen *gegen* die Grundintention des Werkes, in
direkten Sentenzen und Spruchworten niederschlägt. Es
ist in genauer Entsprechung dem komplexen Narrenbegriff zugeordnet; umfaßt also als Gegenbild zum
Sündernarren die biblische Weisheit, die allein auf Gott
und das ewige Seelenheil gerichtet ist (Kap. 22), und
meint daneben doch auch Verständigkeit, Maß und Einsicht im Gegensatz zum töricht-unvernünftigen Handeln
des Narren:

> „Ein Narr ist, wer durchfährt viel Land
> Und lernt nicht Tugend noch Verstand,
> Der als eine Gans geflogen aus
> Und kommt als Gagack heim nach Haus.
> Nicht genug, daß einer war vordem
> Zu Pavia, Rom, Jerusalem,
> Sondern dort etwas gelernt zu haben,
> Vernunft und andere Weisheitsgaben:
> *Das* halt ich für ein Wandern gut" (Kap. 34).

Freilich gilt diese Anerkennung einer durch Reisen er-
worbenen Lebenserfahrung und Lebensweisheit nur mit
Einschränkungen: „Denn wer den Sinn aufs Reisen
richt't, der kann Gott gänzlich dienen nicht" (Kap. 66).
Es zeigt sich hier der gleiche Konflikt wie bei dem
Ineinandergreifen von Sündenschelte und satirischem
Spott in der Darstellung der Narrheit. Das Ziel des
Menschen bleibt es, sich aus dem Welttreiben zu lösen
und das ewige Leben zu erlangen. Aber wie dieses ein
Ziel ist, das erst im *Sündenbewußtsein* offenbar werden
und in Demut vor Gott angestrebt werden kann, ebenso
ist Weisheit ein Ziel, das erst im *Narrenbewußtsein* offen-

bar werden und im Verzicht auf alle vermeintliche Welt-
klugheit angestrebt werden kann. V o r dieser „bschidi-
keit" (Bescheidenheit im mittelhochdeutschen Sinne, als
Einsicht, Unterscheidungsvermögen) gibt es nur Narren,
und da erst das „Narrenschiff" dieses Bewußtsein im Leser erwecken soll, gibt es für die Konzeption des Werkes
nur die Folgerung, daß die ganze Menschheit im Narrenschiff fährt. Daher darf sich auch der Autor trotz seines
distanzierten Lehrwillens nicht auf die Seite der Weisen
schlagen, sondern muß sich, wie er oft genug betont,
jenen potentiellen Narren zurechnen, die vergeblich an
ihrer Kappe zerren und sie doch nicht ganz abstreifen
können (Kap. 111). Damit stellt das Werk den Leser in
eine Entscheidungssituation: wer sich der Narren nur
selbstgefällig freut, wer über sie lacht und ausruft: „Das
ist ein guter Schwank, dabei wird uns die Zeit nicht
lang" (Kap. 72), gehört zu den ärgsten Narren, die un-
verbesserlich sind und Schiffbruch erleiden werden; nur
wer sich selbst in ihnen erkennt und der eigenen Narrenkappe bewußt wird, tritt hinüber zu der schmalen Schar
der Weisen, die gerettet werden. Die Entscheidungssituation wird vielfach umschrieben und erläutert – wie etwa
in der Parabel von Herkules am Scheidewege, die ein
antikes Motiv aufnimmt (Kap. 107) –, sie steht für den
Autor aber letztlich in christlich-eschatologischer Beleuch-
tung, wie aus den eindringlichen Worten des 105. Kapitels hervorgeht, in denen sich gleichsam das Faustproblem
dieser Zeit noch einmal auf seine mittelalterliche Formel
reduziert:

> „Wenn ich *zwei* Seelen hätt in mir,
> Setzt' eine ich wohl den Narren für,
> Aber so hab ich eine allein

Und muß in Sorgen um diese sein:
Gott hat mit Belial nichts gemein!"

Mag die Welt auch als ein Narrenhaus erscheinen, sie bleibt deswegen doch die Teufelswohnung, als die sie das geistliche Mittelalter immer angesehen hatte, und ohne die hier erneut sichtbar werdende Verklammerung *beider* Motive wäre der tiefe Ernst des Autors nicht zu verstehen, mit dem er seiner Zeit auch in der Maske des Satirikers den Spiegel vorhält. –

So erweist sich Brants „Narrenschiff" als ein Werk, das man unter den verschiedensten Blickpunkten erfassen muß, um seiner Bedeutung gerecht zu werden. Es beschließt die spätmittelalterliche Lehrdichtung und trägt zugleich doch humanistisch vorausweisende Züge, ist Ende und Anfang zugleich. Eben dies macht das Buch dem Historiker so reizvoll. Es erscheint, wie wir es bei epochemachenden Werken der Literaturgeschichte oft erleben, auf der einen Seite als eine die Strahlen sammelnde, auf der andern als eine sie wieder nach allen Richtungen verstreuende Linse, ein Brennpunkt also, in dem sich das Alte sammelt und zusammenfügt, um als etwas Neues wieder nach außen zu treten und in die Zukunft zu wirken: Beginn und Einsatzpunkt einer neuen literarischen Entwicklung, der Narrenliteratur, die das ganze 16. Jahrhundert beherrscht und schon in Thomas Murners „Narrenbeschwörung" von 1512 ihren zweiten Höhepunkt findet. Nur in einer solchen Betrachtung vermag uns das Rätsel der Wirkungsgeschichte ein wenig durchsichtig zu werden. „Das Narrenschiff, dessen Erfolg auf seiner Bedeutung beruhte und dessen Bedeutung seinen Erfolg rechtfertigte, hat Sebastian Brant zu einem deutschen

Klassiker gemacht – gleichviel, ob ihm eine Nachwelt, die immer mehr verlernt, *historisch* zu empfinden und zu werten, diesen Rang zuerkennen kann oder nicht" (Gruenter).

VII

Ein letzter Wirkungsfaktor von nicht zu unterschätzender Bedeutung sind allerdings die Holzschnitte, die unserer Ausgabe um etwa ein Viertel verkleinert beigegeben sind. Wenn das Werk einem Zeitbedürfnis entgegengekommen und als vollkommener Ausdruck der Zeitstimmung verstanden worden ist, so mag dies nicht zuletzt auf seiner äußeren Gestalt beruhen, die in der Auswertung der neuen Technik des Holztafeldrucks auch der Moralsatire als einer längst vorhandenen literarischen Form neue Wirkungsmöglichkeiten erschloß. Von der begeisterten Aufnahme durch die Zeitgenossen zeugt schon der ständige Nachdruck der Holzschnitte in allen späteren Ausgaben. Sie gehören nach übereinstimmendem Urteil auch der heutigen Kunstwissenschaft zum Schönsten, was die Buchillustration in der zweiten Hälfte des 15. Jahrhunderts hervorgebracht hat, und lassen jene frühen Flugblätter des 15. Jahrhunderts, die dem Werk vorangehen und an die es anknüpft – primitive Konturenholzschnitte einzelner Narrenfiguren, die eine Spruchrolle mit einem erläuternden Zweizeiler vor sich halten –, weit hinter sich zurück. Erst durch sie wurde das „Narrenschiff" zu einem volkstümlichen Bilderbuch, bei dem viele, die des Lesens unkundig waren, sich den Sinn des Werkes und seine moralsatirische Tendenz aus der unmittelbaren Anschauung des Bildes aneignen konnten. Man wird die Äußerung Brants in der Vorrede ernst

502

nehmen müssen, nach welcher der Sinn der Illustrationen nicht nur darin besteht, das geschriebene Wort bildhaft zusammenzufassen und zu ergänzen, sondern auch an seine Stelle zu treten, bei aller Wechselbeziehung ein geistiges Sonderleben neben dem Text zu führen:

> „Wär jemand, der die Schrift veracht't,
> Oder einer, der sie nicht könnt lesen,
> Der sieht im *Bilde* wohl sein Wesen
> Und schaut in diesem, wer er ist,
> Wem gleich er sei, was ihm gebrist."

Die Beziehungen zwischen Holzschnitt und Text sind daher sehr unterschiedlich, bald ist der Zusammenhang enger, bald lockerer, und mitunter hat sich der Künstler fast ganz von dem geschriebenen Wort gelöst und ist zu einer selbständigen Gestaltung und Ausdeutung der Narrheit gelangt. Berücksichtigt man die Möglichkeit, daß gerade die Mottoverse, in denen häufig der engste Bezug auf den Holzschnitt liegt, von Brant durchaus nachträglich geschrieben worden sein können, um den Zusammenhang zwischen Bild und Text zu verstärken, so ist jedenfalls das frühere Urteil von einer völligen Übereinstimmung weitgehend einzuschranken und den Holzschnitten eine selbständigere Bedeutung im Werk einzuräumen. Meist werden nur einzelne Verse, ein aus dem Motto oder dem Kapiteltext herausgegriffener Satz, häufig eine sprichwörtliche Wendung oder ein pointierter Wortwitz, ins Bildliche übersetzt, und nicht immer wird damit der Hauptinhalt umfassend illustriert, oft bleibt es bei einem Streiflicht, das zum eigentlichen Inhalt des Kapitels ganz außer Bezug steht. Fast immer hat sich dabei aber die künstlerische Forderung durchgesetzt, daß der

Text lediglich die Anregung zu einer Bildkomposition bietet, die ihren eigenen Gesetzen unterworfen bleibt. So ist etwa in den Holzschnitten zu Kapitel 31, 34 und 54 eine einzelne sprichwörtliche oder volkstümlich-drastische Wendung aufgenommen und so ins Bildliche übersetzt worden, daß sich daraus die allegorisch-symbolischen Figuren des Raben-, Gänse- und Dudelsacknarren ergeben. Der Sinn liegt nicht ohne weiteres auf der Hand, da er in keiner Beziehung zum allgemeineren, durch die Kapitelüberschrift bezeichneten Inhalt zu stehen scheint, sondern diesen vielmehr pointiert und steigert: der Rabennarr verschiebt alles auf den morgigen Tag, er krächzt „crascras" wie die Raben, die auf seinen ausgebreiteten Armen und auf seiner Narrenkappe sitzen; der Gänsenarr schaut einer abfliegenden Gans nach, er hat durch seine Reisen sowenig wie sie etwas gelernt, ist als Gans ausgeflogen und mit demselben „Gagack"-Geschnatter nach Haus zurückgekommen; der Dudelsacknarr spielt andächtig auf seiner Sackpfeife und verachtet darüber Laute und Harfe, die ihm zu Füßen liegen. Die Bilder regen, nicht zuletzt durch die treffende und humorvolle Physiognomik der Narren, die Schaulust an und locken zugleich zur Enträtselung des Sinns, der hier gleichsam in lakonischer Verkürzung einer bestimmten Textstelle verbildlicht worden ist.

Ähnlich ist es dort, wo *mehrere* im Text unzusammenhängend angelegte Bildmotive zu einer kunstvollen Komposition vereinigt werden. So werden etwa in Kapitel 7 die Zwietrachtstifter illustriert: ein Narr liegt jammernd zwischen zwei Mühlsteinen, ein anderer klemmt sich die Finger zwischen Tür und Angel, ein dritter mit Kolben und Kappe blickt hämisch um die Ecke („Verbirgt man den Narren hinter der Tür, er streckt die Ohren doch herfür"). Auch in Kapitel 33 knüpft der Künstler an verschiedene, im Text verstreute Motive an: daß die Ehebrecherin sowenig wie die Katze das Mausen läßt, daß sie ihrem Manne mit einem Strohhalm um den Bart geht und daß dieser sich bei ihrem Lebenswandel schlafend stellt, da er ihm Vorteil einbringt. Oder in Kapitel 57 wird der Narr, der unverdienten Lohn begehrt, durch drei im Text flüchtig anklingende Gedanken veranschaulicht: er reitet auf einem Krebs, das heißt bewegt sich rückwärts, statt vorwärtszukommen, stützt sich auf ein schwaches Rohr und sperrt den Mund weit auf, damit ihm eine Taube mit ausgebreiteten Flügeln hineinfliegen kann. Aus solchen volkstümlich-anschaulichen Textstellen ist erst durch die Phantasie und Gestaltungskraft des Illustrators ein Gesamtbild komponiert worden, mit dem etwas Neues neben den Text tritt, das unbefangen betrachtet und genossen werden kann und das in seinem allegorischen Gehalt doch der genaueren Deutung bedarf.

Zum Nachdenken verführt auch die eindrückliche Bildkraft solcher Holzschnitte, in denen zwar das Kapitel im ganzen illustriert wird, aber durch die liebevolle und selbständige Ausführung der vorgegebenen Situation die Phantasie des Künstlers über den trockenen und abstrakt aufzählenden Text die Oberhand gewinnt. Beispiele dafür sind etwa der Holzschnitt zu Kapitel 15, in dem der schlecht kalkulierende, törichte Baumeister und die schimpfend abziehenden Handwerker vor dem Hintergrund des unvollendeten Baues ein komisch-dramatisches Leben annehmen, oder der Holzschnitt zu Kapitel 22, in dem die Weisheit auf der Kanzel mit einem

Auditorium dargestellt wird, das in großartiger Abstufung alle Gebärden andächtigen Lauschens und stiller Versenkung bei Frauen, Kindern und Greisen bis zur Schläfrigkeit und kichernden Schwatzsucht bornierter Narren einfängt. Was an dramatischer Ausdeutung des Textes möglich ist, zeigen nicht nur die Gruppenbilder zu Kapitel 16, 55, 98 und 111, sondern auch die zweifigurigen Holzschnitte zu Kapitel 20 und 85, 65 und 95, die gerade in ihrer Gegenüberstellung als motivverwandte Illustrationen den ganzen Reichtum der Charakterisierung und die glückliche Ausnutzung einer im Text nur schwach angelegten dramatischen Grundsituation zeigen.

Die Frage nach einer Beteiligung Brants an den Holzschnitten wird durch eine solche Betrachtung bereits nahegelegt. Dabei kann die ältere Meinung, daß Brant die Illustrationen selbst entworfen habe, unberücksichtigt bleiben, da sie sowohl von der literarhistorischen wie von der kunstgeschichtlichen Forschung mit überzeugenden Gründen widerlegt worden ist. Aber auch eine rückhaltlose Bewunderung und Würdigung der Holzschnitte nach ihrem künstlerischen Rang, ihrer Selbständigkeit oder gar Überlegenheit gegenüber dem Text – die im „Narrenschiff" nicht den Text illustrierende Bilder, sondern „eigentlich Bilder mit erläuterndem Begleittext" sehen möchte (Winkler) – kann nicht darüber hinwegtäuschen, daß das Verhältnis des Autors zu den Herstellern der Holzschnitte ein sehr enges gewesen sein muß. Brants Interesse für den Bücherholzschnitt, dem er offenbar eine große instruktive und pädagogische Bedeutung beimaß, steht außer Frage. Seine führende Rolle als Korrektor, Herausgeber und Berater in den

Basler Offizinen und namentlich im Verlage seines
Freundes Bergmann von Olpe wurde schon berührt. Sein
eigener und anderer Humanisten Einfluß auf die Gestaltung des Buchbildes darf daher nicht unterschätzt werden, und wir tun gut daran, die eingehende Mitarbeit
Brants – der mehr als einmal etwas mißverständlich von
seinen Bildern spricht – auch im „Narrenschiff" vorauszu-
setzen. Er wird den Künstlern genaue Anweisungen gegeben haben, was sich namentlich aus solchen Bildzügen,
die einen gelehrten und humanistisch gebildeten Kenner
verraten, erweisen läßt. So setzt etwa der Holzschnitt zu
Kapitel 26 die im Text nur angedeutete Erzählung vom
König Midas aus Ovids Metamorphosen voraus, die der
Künstler ohne nähere Angabe Brants wohl kaum zur
Illustrierung des gesamten Kapitels gewählt hätte. Im
Holzschnitt zu Kapitel 50 wiederum stellt der Künstler
das Bildmotiv aus den Sprüchen Salomonis – Frau
Wollust, die einen Vogel, ein Schaf und einen Ochsen an
Seilen hält – genauer dar als der Text, so daß diese An-
lehnung an die Schriftworte ohne den ausdrücklichen
Hinweis des bibelkundigen Autors kaum denkbar ist.
Natürlich handelt es sich dabei nur um einen *geistigen*
Anteil, der sich auf gewisse Anregungen, Ratschläge,
Einfälle beschränken kann. Wir besitzen aber von anderen Bildwerken dieser Zeit Belege, die auf einen weiter-
gehenden Einfluß des Autors schließen lassen. Die „Vi-
sierungen", wie man die Bildpläne der Humanisten
nannte, erstreckten sich oft bis auf die Gruppierung und
Situation, in denen die Figuren der Holzschnitte auftra-
ten. Betrachtet man etwa die Illustration zu Kapitel 107,
so wird deutlich, daß diese ihre genaue Entsprechung in
den Mottoversen findet („Zur rechten Hand sieht man

die Krone, zur linken Hand die Kappe stehn ...")· Auch
wenn man voraussetzt, daß diese Verse nachträglich geschrieben sind und den Holzschnitt interpretieren, so
dürfte doch der allegorische Bildentwurf nur durch eine
Anregung Brants zu erklären sein, da er im Text sonst
keinerlei Anhalt findet und dem Künstler eine solche
Ausdeutung der Herkules-Erzählung gewiß ferngelegen
haben wird. So ist auch an anderen Stellen ein weiter-
gehender Einfluß Brants auf die Gestaltung der Holzschnitte nicht auszuschließen, obwohl er sicherlich die er-
staunliche Treffsicherheit und Bildkraft des an dem
Werke zur Hauptsache beteiligten Meisters anerkannt
haben wird und diese in ihrer freien und selbständigen
Phantasie gelten ließ, gelegentlich wohl auch durch neue
Mottoverse oder eingeschobene Verse im Text, die ursprünglich vorgesehene ersetzten, die Beziehungen ver-
stärkte und seinerseits vom Text her auf den vorliegen-
den Holzschnitt Bezug nahm. Nur so, aus dieser Wech-
selwirkung im echten Sinne, bei der auch dem Künstler
der Holzschnitte gelegentlich eine führende Rolle zu-
kommen konnte, ist das „Narrenschiff" in seiner Voll-
endung zu erklären.

Auch für einen ungeübten Blick ist unschwer zu erkennen, daß die Holzschnitte von unterschiedlicher Quali-
tät sind und daß mehrere Reißer wie Formschneider am
Werke gewesen sein müssen. Bereits Zarncke hat fünf
verschiedene Künstler unterscheiden wollen, und nach
ihm hat sich die Kunstwissenschaft, namentlich seit Werner Weisbachs grundlegenden Untersuchungen zur Baseler Buchillustration, mit verfeinerten Stilbeobachtungen
des „Narrenschiffs" angenommen. Gewiß ist, daß bis
auf wenige Zweifelsfälle mit Sicherheit zwischen den

Holzschnitten einer nach Technik und Gehalt überragenden künstlerischen Persönlichkeit – die wir nach Weisbachs ersten Studien von 1896 den unbekannten „Meister der Bergmannschen Offizin" nennen – und der Summe der übrigen Illustrationen geschieden werden kann. Die letzteren lassen sich nochmals in drei bis fünf stilistisch eng verwandte Gruppen sondern, die wir hier außer acht lassen können. Die Holzschnitte des „Meisters" dagegen, die mehr als zwei Drittel aller Illustrationen umfassen, bilden eine künstlerische Einheit, die Staunen und Bewunderung erregt. Um sich den Unterschied zu vergegenwärtigen, vergleiche man einige Bilder des Hauptmeisters (Kap. 6, 16, 22, 52, 63, 68, 79, 85, 103, 111) mit anderen von zwei untergeordneten Reißern (Kap. 1, 18, 19, 33, 74 und Kap. 3, 11, 28).

Die kunstgeschichtliche Forschung, die in der Lage war, diese Blätter in die Entwicklung der künstlerischen Fähigkeit und Technik des ausgehenden 15. Jahrhunderts einzuordnen, hat hier ein Novum der realistischen Holzschnittkunst erkennen wollen. In den Bildern des Meisters fesselt das Figürliche immer wieder durch eine ausgeprägte Fähigkeit der Charakteristik, die sich bis ins kleinste Detail der Mienen und Gebarden erstreckt und nirgends im bloß Typischen steckenbleibt, sondern die Darstellung individuell abstuft. Man betrachte unter diesem Gesichtspunkt den listig-verschlagenen Sterndeuter (Kap. 65), die Gruppe des Reuters und Schreibers mit dem biederen Landmann (Kap. 79), den verschmitzten Narren im Gespräch mit dem ehrbar lustwandelnden Bürger (Kap. 95). Das Humoristische und Schwankhafte überwiegt, wie dies etwa schon die ausdrucksvolle Behandlung der Narrenohren zeigt, die beim Schatzsucher gierig aufgerichtet (Kap. 20), beim Narren, den der Tod erfaßt hat, kläglich geknickt sind (Kap. 85) – aber niemals wird die Darstellung bis zur Karikatur übertrieben: man glaubt, wie schon Zarncke bemerkte, die dargestellten Personen und ihre Gesichter alle bereits im Leben gesehen zu haben. Dummheit, Unverschämtheit, Verlegenheit, Täppischheit, Verschlagenheit, Genußsucht und Herabgekommenheit zeichnen sich in der Fülle der vorüberziehenden Figuren ab, ein „Pandämonium" menschlicher Schwächen (F. Schultz). Aufbau und Komposition der Bilder zeigen, wie hier mit einfachsten Mitteln innere Vorgänge versinnlicht werden, wobei der Künstler vom Text her oft auf wenige, volkstümlich-anschauliche Wendungen angewiesen war. Häufig wird die Situation in einem dramatischen Kernpunkt erfaßt und dargestellt: der Arzt, der sich, mit der Linken das Harnglas zur Prüfung emporhebend, bereits zur Tür wendet, während der abgezehrte Kranke im Bett von angstvollen Angehörigen umstanden wird (Kap. 55) – oder der kübelgießende Narr, der das Feuer eines fremden Hauses eifrig löscht, während ihn ein anderer ängstlich am Rockschoß zerrt und auf das eigene brennende Haus im Hintergrund aufmerksam machen möchte (Kap. 58). Namentlich in den Gruppenbildern zeigt sich die Fähigkeit zu lebendiger Dramatik in Gebärde, Bewegung und Ausdruck der Personen: meisterhaft werden die vollbesetzten Handwerkerschiffe (Kap. 48), die Schlemmer und Prasser um den Tisch (Kap. 16), der prügelnde Narr mit den besorgten oder erheiterten Zuschauern im Hintergrund (Kapitel 10), die lustige, aufgeregt winkende Kumpanei des Narrenschiffs (Titelblatt) beobachtet und charakterisiert. Ein besonderer Reiz liegt in der liebevollen Erfassung des Details: eines prächtigen Bürgergemachs, einer offenen Küche oder einer Alchimistenwerkstatt. In dieser Hinsicht sind die Holzschnitte kulturgeschichtlich interessant, da sie uns Einblicke von seltener Anschaulichkeit in das Leben des 15. Jahrhunderts gewähren. Aus der Fülle der aneinandergereihten Bilder ergibt sich ein mosaikartig zusammengesetztes Zeitgemälde, das in der Bildkunst nicht seinesgleichen hat. Nicht zuletzt aber ist der Meister der Bergmannschen Offizin führend in der Darstellung des Landschaftlichen: wir sehen Stadt und Dorf, die Burg in der Höhe, den Bauernhof mit Ställen und Tieren, die weite Fläche des schwach gekräuselten Meeres, schauen fast immer durch sich überschneidende hohe Giebel, durch Erker, Torwölbungen und Fenster auf ein Stückchen Landschaft oder winkliger Gasse. Solche Durchblicke liebt der Künstler besonders, so daß man in ihnen geradezu ein Charakteristikum seiner Hand erblicken kann.

Wer war dieser Künstler und Illustrator des „Narrenschiffs"? Seit Daniel Burckhardts Schrift von 1892 über Dürers Aufenthalt in Basel den Hauptteil der Illustrationen neben weiteren des „Ritters vom Turn" (Basel 1493) dem größten Meister der deutschen Renaissance zuwies, ist das „Narrenschiff" der Mittelpunkt einer angeregten Kontroverse der Kunstwissenschaft geworden, die bis heute nicht abgeschlossen ist. Daß der junge Albrecht Dürer in seinen Wanderjahren zwischen 1492 und 1494 auch in Basel weilte und dort auf die Holzschnitte der Bergmannschen Offizin und anderer Basler Verlage Einfluß genommen hat, wird selbst von Wölfflin, der auf der Seite der Zweifler stand, nicht geleugnet. Aber er hielt mit anderen an einer bloß „indirekten Anteilnahme" fest, die ihn bei Betrachtung der „Narrenschiff"-Bilder bekennen ließ: „Möge man sich die Art von Dürers Eingreifen denken wie man will: wenn irgendwo, spürt man hier seine Weise." Auch Weisbach, der den Basler Buchillustrationen eingehende Untersuchungen gewidmet hat, wandte sich gegen die Dürer-These. Dagegen hat in den letzten zwanzig Jahren, namentlich seit Friedrich Winklers Buch über „Dürer und die Illustrationen zum Narrenschiff" (1951), die Zuweisung an den jungen Albrecht Dürer immer mehr Anhänger gewonnen und darf heute fast als gesichert gelten. Diese Frage endgültig zu entscheiden, muß allerdings der Kunstwissenschaft vorbehalten bleiben; unter literarischem Aspekt kann nur die frappante Meisterschaft hervorgehoben werden, die sich aus einer eingehenden Betrachtung der Beziehungen zwischen Holzschnitt und Text immer wieder überraschend sichtbar machen läßt.

VIII

Daß die Holzschnitte häufig ersetzen, was dem Text an innerer Bildkraft fehlt, ist mit Recht hervorgehoben worden, und so wird die Wirkung des „Narrenschiffs" nicht zuletzt auf diese suggestive Anschaulichkeit der Bilder zurückgehen. Dennoch kann die Ansicht, daß Brant selbst ein nörgelnder und krittelnder Moralist und sein Text, gemessen an den Illustrationen, trocken, pedantisch und steifleinen sei (wie man immer wieder liest), nur mit starken Einschränkungen gelten. Auch die Sprache des „Narrenschiffs" ist von Anschaulichkeit gesättigt und erschöpft sich nicht in abstrakten Ermahnungen oder nüchtern gereihten Sentenzen. Das zeigt schon die ständige Verwendung von Sprichwörtern und volkstümlich-drastischen Bildern. Auch werden Sprichwortschatz und Umgangssprache nicht einfallslos benutzt, um die moralischen Argumente lediglich mit volkstümlichen Schlagworten auszustatten: vielmehr spielt Brant geschickt und oft in durchaus hintergründiger Weise mit solchen Alltagsworten und vertrauten Formeln, um dem Leser nahezukommen und ihn für sein Anliegen zu gewinnen. Wir müssen dabei unterscheiden zwischen Stellen, in denen drastische Redewendungen den Narren selbst in den Mund gelegt werden, um sie indirekt zu charakterisieren („Man spricht: Schau an den Schluderaffen! Der Teufel bescheißt uns wohl mit Pfaffen!"), und anderen, in denen die Volksweisheit an die Stelle biblischer oder gelehrter Sentenzen tritt („Wer stets im Esel hat die Sporen, der rutscht ihm oft bis auf die Ohren" – „Der muß Mehl haben mehr denn viel, wer jedem das Maul verstopfen will" – „Ich sag dir deutsch, wie ich das meine: man henkt die kleinen Dieb' alleine"). Wieder an anderen Stellen benutzt Brant die schlagfertige Bildlichkeit des Volkswitzes nur, um einen abstrakten Gedanken zu veranschaulichen („Nicht weiter denkt er alle Stund, als von der Nase bis zum Mund" – „Sie wissen so viel vom Kirchenregieren, als Müllers Esel kann quintieren"). Und wer am Humor des Autors zweifeln sollte – der sich freilich erst in der zweiten Hälfte des Buches freier entfaltet –, der möge etwa die Kapitel 76, 108 und 110 a nachlesen. Für die Wirklichkeitsnähe und detaillierte Beobachtung der zeitgenössischen Alltagswelt sprechen wiederum Stücke wie Kapitel 63 „Von Bettlern" oder Kapitel 81 „Von Köchen und Kellermeistern". Wenn Brant hier eine lebendige Anschauung des Alltags auf der Straße oder im Haus vermittelt, den Landstreichern und Bettlern ihr eigenes Rotwelsch ablauscht oder humorvoll das heimliche Zechgelage des Gesindes in die entwaffnende Form einer Selbstdarstellung kleidet („Ins Bett wir dann einander führen, doch ziehen wir zwei Socken an, daß uns der Herr nicht hören kann"), so knüpft er dabei offenkundig an den unterhaltenden Schwank an, der in der Volksliteratur jener Zeit neue Formen der primitiven Wirklichkeitsdarstellung erschlossen hatte. Brants Darstellung verfolgt natürlich andere Zwecke, sie liefert seiner Lehre das satirische Demonstrationsmaterial, und was er von der Derbheit jener volkstümlichen Schwänke hält, zeigt das 72. Kapitel „Von groben Narren", in dem die bloße Freude und ungehemmte Belustigung darüber wieder nur als Narrentreiben gewertet wird:

> „Man schont nicht Gott noch Ehrbarkeit,
> Vom Wüstesten weiß man Bescheid;
> Wer kann der Allerschlimmste sein,
> Dem bietet man ein Glas mit Wein.
> Das Haus erdröhnt, man lacht und johlt
> Und bittet, daß ers wiederholt.
> Man ruft: Das ist ein guter Schwank,
> Dabei wird uns die Zeit nicht lang!
> Ein Narr den andern schreiet an:
> Sei ein guter Gesell! Und lustig, Mann!"

Wie diese Ablehnung und Verurteilung deutlich macht, ist Brants Nähe zur Wirklichkeit niemals Selbstzweck; der strenge Ernst des Sittenrichters steht hinter dem ganzen Werk, auch wenn sich der Autor ein offenes Auge und Ohr für das Volkstreiben bewahrt und sich sprach-

lich seines Umgangstones bedient hat, um Lehre und Anschauung miteinander zu verknüpfen. Wir sehen: auch
hier geht er auf schon gebahnten Wegen, aber er schließt
etwas zusammen, was bisher getrennt und fast unver-
söhnlich nebeneinander herlief in der Volksdichtung des
Schwanks oder des Fastnachtsspiels und in der didaktischen Gelehrtendichtung seiner Zeit, die sich ohnehin
stärker dem Lateinischen zugewendet hatte: und diese
eigentümliche Verbindung und Mischung des Gelehrten
mit dem Volkstümlichen kam offenbar dem Geschmack
der Zeitgenossen, namentlich auch der gebildeten Leserschicht, entgegen und wurde als ein besonderer Vorzug
des Werkes empfunden.

   Auch die überreiche Verwendung von Exempeln aus
Bibel und antikem Schrifttum sollte nicht voreilig als
bloße Fleißarbeit und ein mühseliges Zusammenkitten
angelesener Gelehrsamkeit gedeutet werden (Zarncke).
Brant bedient sich hier eines Verfahrens, das schon in
den erbaulichen Lehrschriften des Mittelalters mit den
sogenannten „Predigtmärlein" ausgebildet wurde, an
welchen sich die religiöse oder moralische Sentenz zu be-
währen hatte und anschaulich gemacht werden konnte.
Aber im „Narrenschiff" tritt an die Stelle einer ent-
wickelnden Katechese eine lakonisch verkürzte Reihung
von historischen Beweisstücken, die den Leser – zumeist
am Ende des Kapitels, wenn die Schilderung des Narren
und die moralische Argumentation abgeschlossen ist – in
knapper Folge von Namen und Ereignissen aus allen
Bereichen der Mythologie und Geschichte eindringlicher
überzeugen sollen. Das ist eine gleichsam stenographische
Form der Mitteilung, die im humanistischen Schrifttum
des 16. Jahrhunderts gebräuchlich wird. Wesentlich ist,

daß man die Eigenart des Autors, der sich einer solchen Beweistechnik bedient, nur nach Art und Zusammenstellung der herangezogenen Quellen, nicht aber nach der isolierten Aussage einzelner Stellen beurteilen kann. So mag etwa im 10. Kapitel „Von wahrer Freundschaft" die Mischung biblischer und antiker Beispiele, die scheinbar unterschiedslos aneinandergereiht werden, für Brant aufschlußreich sein:

> „Es gibt nicht mehr ein Freundespaar,
> Wie Jonathan und David war,
> Patroklus und Achill dabei,
> Orest und Pylades, die zwei,
> Wie Demades und Pythias gar
> Oder der Schildknecht Saulis war,
> Wie Scipio, Laelius, die beiden."

Aber er erweist sich auch hier mehr als einmal als ein Meister in der Kunst des Zitierens, der durchaus nicht sklavisch an die Vorlage gebunden ist. Wird etwa in Kapitel 2 Achitophel, der verräterische Ratgeber im Dienste Absaloms, als warnendes Beispiel der Untreue herangezogen, so wird der gleiche Achitophel in Kapitel 8 in einen ganz anderen Zusammenhang eingereiht und als Beispiel für die traurigen Folgen genannt, die ein nicht befolgter Rat haben kann. Diese freizügige Einformung biblischer Belege in eine schlagkräftige Exemplakette, bei der oft nur ein Nebenmotiv oder ein herausgelöstes Detail der Vorlage bestimmend wirkt, ist im „Narrenschiff" häufig zu beobachten. So wird etwa in Kapitel 92 Judith als Beispiel der weiblichen Hoffart und Eitelkeit angeführt oder Dina die Lust nach fremden Männern unterstellt, obwohl dies eine ausgesprochene

Verkehrung der alttestamentlichen Geschichte darstellt. Darin eine Gedächtnisschwäche Brants oder einen Beweis für die Sorglosigkeit und Eile seiner Arbeitsweise sehen zu wollen, ist kaum überzeugend; vielmehr bildete er sich eine Beweistechnik aus, deren Wirkung ganz aus der knappen, hämmernden Eindringlichkeit einer solchen verkürzten, durch die Reime hörbar ineinandergreifenden Historienkette lebte, bei der sicherlich auch der damalige Leser nicht sogleich mit jedem Namen die entsprechende Kenntnis und Anschauung verbinden konnte. Daß diese Wirkung nicht ohne Gewaltsamkeit im einzelnen zu erzielen war und daß sich Brant darüber hinwegsetzte, zeugt nicht gerade für seine pedantische Gelehrsamkeit, sondern läßt eher darauf schließen, daß er sich dieser Wirkung bewußt war und sie mit Hilfe einer bewußt ausgebildeten Technik erzielen wollte.

Schließlich muß noch auf seine Verskunst hingewiesen werden, da sich Brant selbst hierauf besonders viel zugute tat. Von der Strenge seines vierhebigen Metrums vermag die Übertragung freilich keinen Eindruck zu vermitteln, da Brant nach Vorbild der klassischen Sprachen die Silben nicht mißt, sondern zählt, so daß der metrische Akzent häufig dem Wortakzent, das heißt der natürlichen Betonung des Wortes zuwiderläuft – was in der heutigen Sprachform nicht beibehalten werden kann. Daher hat sich die Übertragung hier weitgehend vom Originaltext frei machen müssen. Dennoch liegt in dieser Versbehandlung ein besonderes Verdienst Brants, da er mit ihr nach mehr als anderthalb Jahrhunderten der Nachlässigkeit und Willkür in die deutsche Dichtung erstmals wieder Gesetz und Maß eingeführt hat. Gerade hier zeigt sich, was sein Werk den humanistischen Studien in formaler Hinsicht verdankt. Brant stellte, vergleichbar der Reform, die Opitz im 17. Jahrhundert durchführte, erstmals wieder ein festes Prinzip der Versmessung auf, und auch seine Reime sind, wenn man die Dialektfärbung einzelner Worte berücksichtigt, gegenüber dem lässigen Gebrauch des Spätmittelalters fast rein zu nennen. In dieser äußeren Form des „Narrenschiffs" haben wir daher eine weitere Erklärung für die begeisterte Zustimmung der gelehrten Zeitgenossen zu sehen, die, wie etwa Ulrich von Hutten, betonten, daß Brant der deutschen Dichtung neue Gesetze gegeben und sie damit aus der Barbarei zu neuem Ansehen auch im Auslande geführt habe. Wie sehr Brant von dieser eigenen Leistung überzeugt war, zeigt die „Verwahrung" aus dem Jahre 1499, jener energische Protest, mit dem er sich bei Erscheinen der dritten Originalausgabe in Basel gegen die Zusätze und Verstümmelungen seines Werkes in den zahlreichen Nachdrucken und Bearbeitungen, namentlich der unrechtmäßigen Straßburger Ausgabe, zur Wehr setzte. Wenn er hier von der großen Mühe und Arbeit spricht, die ihm sein Werk bereitet habe, von dem Flickwerk der Nachdrucker, die nach den jeweiligen Erfordernissen des Druckbildes neue Verse eingefügt hätten, denen doch „Kunst, Art und Maß" fehle, wenn er schließlich selbstbewußt darauf hinweist, daß sein Werk sich des Dichters nicht zu schämen brauche und daher nicht einfach zu erweitern oder nachzuahmen sei, so dürfen wir den Stolz des Autors nicht zuletzt auf die sprachliche Form beziehen, in der das „Narrenschiff" seine Weltreise antrat:

> „Es kann nicht jeder Narren machen,
> Er heiß' denn, wie *ich* bin genannt:
> Der Narr Sebastianus Brant."

Das Originalwerk zeigt die deutsche Sprache in dem wenig erforschten Stadium des Übergangs vom Mittelhochdeutschen zum Frühneuhochdeutschen. Sie ist überdies stark dialektgefärbt, was auf die Umgangssprache im oberen Elsaß, von Straßburg bis Basel, zurückweist. Nimmt man noch die recht willkürliche Orthographie hinzu, die sich aus dem Nichtvorhandensein einer geregelten deutschen Schriftsprache erklärt, so macht dies alles eine Lektüre des Originaltextes beschwerlich und bietet auch einer Übertragung nicht geringe Schwierigkeiten. Neben den wissenschaftlichen Editionen, die an Friedrich Zarnckes umfassende, mustergültig kommentierte Ausgabe aus dem Jahre 1854 anknüpfen konnten, hat es allerdings nicht an Versuchen einer sprachlichen Erneuerung gefehlt: Karl Simrock war 1872 der erste, ihm folgte 1877 Hermann A. Junghans, und an neueren, stark gekürzten Auswahlausgaben sind diejenigen von Franz Hirtler (1944) und Margot Richter (1958) zu nennen. Simrocks Übertragung war oft fehlerhaft und sinnentstellend und wurde zu Recht scharf kritisiert. Dagegen blieb Junghans bei allen Unzulänglichkeiten dem Original am nächsten und verzichtete weitgehend auf eine Modernisierung, die durch altertümelnde Wendungen künstlich mit Patina versehen wurde, wie dies dem Liebhaber altdeutscher Literatur damals so nahelag. Die späteren Übertragungen von Hirtler und Richter sind wenig zuverlässig, da sie als eine freie Nachdichtung des Werkes verstanden sein wollen, den Text willkürlich kürzen oder in ausgewählten Kapiteln neu zusammenstellen und sich dabei sprachlich um jene „frische Naivität" bemühen, die man bei Brant gewiß nicht findet. Bei der Bearbeitung der Junghansschen Neufassung ging es zunächst darum, die Vorzüge eines möglichst engen Anschlusses an das Original zu verstärken und überdies alle sprachlichen und quellenmäßigen Erkenntnisse der letzten neunzig Jahre zu berücksichtigen. Jede Modernisierung ist ein Verlust an Urwüchsigkeit und Zeitkolorit, den der Kenner des Werkes nur ungern in Kauf nehmen wird. Das ist indes nicht zu vermeiden, wenn Brants „Narrenschiff" damit einer breiteren Leserschicht erschlossen werden soll. Festzuhalten war nur das Prinzip, daß die Nähe zum Original jeden Vorrang vor einer vermeintlich „flüssigeren" Übertragung behalten muß. Das bezieht sich vor allem auf solche Ausdrücke und Wendungen, die im alten Sprachgewand stärker wirken und auch ohne weiteres verständlich sind. Dagegen mußte dort, wo diese Nähe nicht gewahrt werden kann und der Originaltext zu einer freieren Übertragung zwingt, statt altertümelnder Ersatzprägungen (die von Junghans dann oft noch in den Anmerkungen erläutert wurden) konsequent modernisiert werden, während als sprachlicher Ausgleich dafür der Originaltext in den Anmerkungen wiedergegeben wird. Eine unvermeidbare, zum Teil durch den Reimzwang bedingte Glättung wird also durch Mitteilung der Kernstelle auffällig gemacht und ausgeglichen. Solche Hinweise sind durchgehend eingeschaltet worden, und nur durch sie läßt sich die vorgelegte Neufassung, in der auch sonst an zahlreichen Stellen sprachliche Mißverständnisse und ungeschickte Wendungen verbessert worden sind, philologisch rechtfertigen.

In die Anmerkungen sind ferner alle bedeutsameren Quellenverweise aufgenommen worden, nicht nur, um den kompilatorischen Charakter des Werkes und seine

Exemplatechnik zu erhellen, sondern auch deshalb, weil man vom modernen Leser nicht mehr erwarten kann, daß er die zahllosen Anspielungen Brants versteht und mit den Beispielen aus der Bibel, der Mythologie und der Historie sogleich die entsprechenden Anschauungen verbindet. Bei den biblischen Exempeln genügte durchweg der Stellenhinweis, da hier jeder Leser selbst nachschlagen kann; dagegen wurden die Exempel aus der antiken Mythologie und Geschichte, wo dies notwendig schien, knapp erläutert. Schließlich mag auch die kurze Erläuterung der Holzschnitte dem Leser nicht unwillkommen sein, da diese sich der unmittelbaren Betrachtung nicht ohne weiteres erschließen und jede Beschreibung zugleich schon eine Deutung des Sinns darstellt. Hier genügt ein Blick auf die Beschreibungen von Simrock und Junghans, um die naheliegende Gefahr von Fehlinterpretationen zu erweisen. Die Beziehung zum Text ist häufig durch Anführung der entsprechenden Verszahlen verdeutlicht worden. – Insgesamt gibt unsere Neufassung damit zu der Hoffnung Anlaß, daß sie Sebastian Brants „Narrenschiff" dem an altdeutscher Literatur interessierten Leser erneut zugänglich machen und auch für die wissenschaftliche Beschäftigung mit dem Originalwerk nicht ohne Nutzen bleiben wird.

LITERATURHINWEISE

Ausgaben

Sebastian Brants Narrenschiff. Hrsg. von Friedrich Zarncke. Leipzig 1854. [Grundlegende Ausgabe mit ausführlichem Kommentar.] – Nachdr. Darmstadt 1964 [u. ö.].

Das Narrenschiff. Hrsg. von Karl Goedeke. Leipzig 1872. – Nachdr. Nendeln 1974.

Das Narrenschiff. Hrsg. von Felix Bobertag. Berlin/Stuttgart 1889.

Das Narrenschiff. Faksimile der Erstausgabe von 1494. Mit einem Anh. [...] und einem Nachw. von Franz Schultz. Straßburg 1913.

Das Narrenschyff. Faksimiledruck für die Gesellschaft der Bibliophilen. Besorgt von Hans Koegler. Basel 1913.

Das Narrenschiff. Hrsg. von Manfred Lemmer. Tübingen 1962. 3., erw. Aufl. 1986.

Das Narrenschiff. Faksimile der Erstausgabe Basel 1494 mit dem Nachwort von Franz Schultz der Ausgabe Straßburg 1913. Hrsg. von Dieter Wuttke. Baden-Baden 1994.

Bibliographien

J. Knape / D. Wuttke: Sebastian-Brant-Bibliographie. Forschungsliteratur von 1800–1985. Tübingen 1990.

Th. Wilhelmi: Sebastian-Brant-Bibliographie. Frankfurt a. M. / Bern 1990.

Zu Brants Leben und Werk

F. Zarncke: Einleitung zur Ausgabe [s. d.]. S. IX ff.

Ch. Schmidt: Histoire littéraire de l'Alsace. Paris 1879. (Nachdr. Hildesheim 1966.) Bd. 1. S. 189 ff., 340 ff.

P. Heitz: Flugblätter des Sebastian Brant. Mit einem Nachw. von F. Schultz. Straßburg 1915.

R. Newald: Elsässische Charakterköpfe aus dem Zeitalter des Humanismus. Kolmar i. E. 1944. S. 85 ff.

M. A. Rajewski: Sebastian Brant. Studies in Religious Aspects of his Life and Works with Special Reference to the „Varia Carmina". Washington 1944.

H. Rosenfeld: Sebastian Brant. In: Neue deutsche Biographie. Bd. 2. Berlin 1955. S. 534 ff.

W. Gilbert: Sebastian Brant: Conservative Humanist. In: Archiv für Reformationsgeschichte 46 (1955) S. 145 ff.

E. H. Zeydel: Sebastian Brant. New York 1967.

M. Lemmer: Sebastian Brant. In: Die deutsche Literatur des Mittelalters. Verfasserlexikon. 2. Aufl. Bd. 1. Berlin / New York 1978. Sp. 992 ff.

F. J. Worstbrock: Sebastian Brant. In: Deutsche Dichter. Leben und Werk deutschsprachiger Autoren. Hrsg. von G. E. Grimm und F. R. Max. Bd. 2. Stuttgart 1988. S. 9 ff.

J. Knape: Dichtung, Recht und Freiheit. Studien zu Leben und Werk Sebastian Brants 1457–1521. Baden-Baden 1992.

J. Knape: Sebastian Brant. In: Deutsche Dichter der frühen Neuzeit (1450–1600). Hrsg. von Stephan Füssel. Berlin 1993.

H. Wiegand: Sebastian Brant (1457–1521). Ein streitbarer Publizist auf der Schwelle zur Neuzeit. In: Humanismus im deutschen Südwesten. Biographische Profile. Hrsg. von Paul Gerhard Schmidt. Sigmaringen 1993. S. 77–104.

K.-P. Schröder: Sebastian Brant (1458–1521), Jurist, Humanist und Poet. In: Neue juristische Wochenschrift 47 (1994) Nr. 30. S. 1905–1911.

W. Ludwig: Matern Hatten, Adam Werner, Sebastian Brant und das Problem der religiösen Toleranz. In: Zeitschrift für die Geschichte des Oberrheins 144 (1996) S. 271–299.

Zum „Narrenschiff"

F. Zarncke: Einleitung zur Ausgabe [s. d.]. S. XLIV ff.

F. Zarncke: Zur Vorgeschichte des Narrenschiffes. 1. Mitteilung: Serapeum 29 (1868) S. 49 ff.; 2. Mitteilung: Leipzig 1871.

H. Schönfeld: Die kirchliche Satire und religiöse Weltanschauung in Brants Narrenschiff und Erasmus' Narrenlob. In: Modern Language Notes 7 (1892) S. 39 ff., 69 ff., 173 f.

P. Claus: Rhythmik und Metrik in Sebastian Brants Narrenschiff. Straßburg 1911.

H. H. Eberth: Die Sprichwörter in Sebastian Brants Narrenschiff. Diss. Greifswald 1933.

F. Genschmer: The Treatment of the Social Classes in the Satires of Brant, Murner and Fischart. Diss. University of Illinois, Urbana 1934.

R. W. Bond: Brants „Das Narrenschiff". In: Studia Otiosa. London 1938. S. 18 ff.

H. Gumbel: Brants „Narrenschiff" und Freidanks „Bescheidenheit". Gestaltwandel der Zeitklage und die Wirklichkeit. In: Beiträge zur Geistes- und Kulturgeschichte der Oberrheinlande. Festschrift für F. Schultz. Frankfurt a. M. 1938. S. 24 ff.

E. H. Zeydel: Notes on Sebastian Brant's Narrenschiff. In: Modern Language Notes 58 (1943) S. 340 ff.

E. H. Zeydel: Some Literary Aspects of Sebastian Brant's Narrenschiff. In: Studies in Philology 42 (1945) S. 21 ff.

P. Böckmann: Die Narrensatire als Weg der menschlichen Selbsterkenntnis bei Sebastian Brant. In: P. B.: Formgeschichte der deutschen Dichtung. Bd. 1. Hamburg 1949. S. 227 ff.

H. Rosenfeld: Die Entwicklung der Ständesatire im Mittelalter. In: Zeitschrift für deutsche Philologie 71 (1951/52) S. 196 ff.

E. Sobel: Sebastian Brant, Ovid, and Classical Allusions in the „Narrenschiff". In: University of California Publications in Modern Philology 36 (1952) Nr. 12. S. 429 ff.

C. B. Fisher: Several Allusions in Brant's Narrenschiff. In: Modern Language Notes 68 (1953) S. 395 ff.

R. Gruenter: Die „Narrheit" in Sebastian Brants Narrenschiff. In: Neophilologus 43 (1959) S. 207 ff.

R. Otte: Die einleitenden Konjunktionen der Adverbialnebensätze in Sebastian Brants „Narrenschiff". Ein Beitrag zur Grammatik des Frühneuhochdeutschen. Diss. Freiburg i. Br. 1961.

L. W. Spitz: The Religious Renaissance of the German Humanists. Cambridge (Mass.) 1963.

H. Rosenfeld: Sebastian Brants „Narrenschiff" und die Tradition der Ständesatire, Narrenbilderbogen und Flugblätter des 15. Jahrhunderts. In: Gutenberg-Jahrbuch 40 (1965) S. 242–248.

U. Gaier: Studien zu Sebastian Brants „Narrenschiff". Tübingen 1966.

U. Gaier: Satire. Studien zu Neidhart, Wittenwiler, Brant und zur satirischen Schreibart. Tübingen 1966.

B. Könneker: Sebastian Brant: Das Narrenschiff. Interpretation. München 1966.

B. Könneker: Wesen und Wandlung der Narrenidee im Zeitalter des Humanismus. Brant, Murner, Erasmus. Wiesbaden 1966.

K. Singer: Vanitas und Memento mori im „Narrenschiff" des Sebastian Brant. Motive und Metaphern. Diss. Würzburg 1967.

W. G. Heberer: Sebastian Brants „Narrenschiff" in seinem Verhältnis zur spätmittelhochdeutschen Didaktik. Diss. Göttingen 1968.

J. Lefebvre: Les fols et la folie. Étude sur les genres du comique et la création littéraire en Allemagne pendant la Renaissance. Paris 1968.

G. Hess: Deutsch-lateinische Narrenzunft. Studien zum Verhältnis von Volkssprache und Latinität in der satirischen Literatur des 16. Jahrhunderts. München 1971.

H. Rosenfeld: Brants „Narrenschiff" und seine Stellung in der Publizistik und zur Gesellschaft. In: Beiträge zur Geschichte des Buches und seiner Funktion in der Gesellschaft. Festschrift für H. Widmann. Stuttgart 1974. S. 230 ff.

D. Wuttke: Sebastian Brants Verhältnis zu Wunderdeutung und Astrologie. In: Studien zur deutschen Literatur und Sprache des Mittelalters. Festschrift für H. Moser. Berlin 1974. S. 272 ff.

A. Gendre: Humanisme et folie chez Sébastien Brant, Érasme et Rabelais. Basel/Stuttgart 1978.

B. Tiemann: Typographie und Zahlenkomposition im „Narrenschiff" von 1494. In: Philobiblon 22 (1978) S. 95 ff.

G. Baschnagel: „Narrenschiff" und „Lob der Torheit" [des Erasmus]. Zusammenhänge und Beziehungen. Frankfurt a. M. / Bern 1979.

U. Gaier: Zur Pragmatik der Zeichen in Sebastian Brants „Narrenschiff". In: L'Humanisme Allemand. 1480–1540. XVIIIe colloque international de Tours. München/Paris 1979. S. 231 ff.

J.-D. Müller: Poet, Prophet, Politiker: Sebastian Brant als Publizist und die Rolle der laikalen Intelligenz um 1500. In: Zeitschrift für Literaturwissenschaft und Linguistik 10 (1980) S. 102 ff.

B. Mischler: Gliederung und Produktion des „Narrenschiffs" (1494) von Sebastian Brant. Bonn 1981.

E. W. Lemon: A phonology and morphology of the dialect of Sebastian Brant's „Das Narrenschiff". Ann Arbor, Mich., 1981.

D. Moeller: Untersuchungen zur Symbolik der Musikinstrumente im „Narrenschiff" des Sebastian Brant. Regensburg 1982.

K. Manger: Das „Narrenschiff". Entstehung, Wirkung und Deutung. Darmstadt 1983.

P. Nittmann: Die Narrheit vor dem Gottesgericht. Sebastian Brants „Narrenschiff" im Lichte der spätmittelalterlichen Politik und Jurisprudenz. Diss. Freiburg i. Br. 1985.

G. Schweppenhäuser: Narrenschelte und Pathos der Vernunft. Zum Narrenmotiv bei Sebastian Brant [„Narrenschiff"] und Erasmus von Rotterdam [„Lob der Torheit"]. In: Neophilologus 71 (1987) S. 559 ff.

G. Aker: Narrenschiff. Literatur und Kultur in Deutschland an der Wende zur Neuzeit. Stuttgart 1990.

S. Heimann: Begriff und Wertschätzung der menschlichen Arbeit bei Sebastian Brant und Thomas Murner. Ein Beitrag zur Bestimmung des historischen Standortes der Autoren hinsichtlich ihres Verhältnisses zur frühbürgerlichen Entwicklung in Deutschland an der Wende vom 15. zum 16. Jahrhundert. Stuttgart 1990.

I. Kasten: ‚Narrheit' und ‚Wahnsinn'. Michel Foucaults Rezeption von Sebastian Brants „Narrenschiff". In: Festschrift Walter Haug und Burghart Wachinger. Tübingen 1992. Bd. 1. S. 233–254.

S. Heimann-Seelbach: „Civitas invisibilis". Wortmeldung zu einer Lesart des „Narrenschiffs". In: Oswald-von-Wolkenstein-Gesellschaft. Jahrbuch 7 (1992/93) S. 219–226.

J. Knape: Die Entstehung von Brants „Narrenschiff" in Basel 1494. In: Oswald-von-Wolkenstein-Gesellschaft. Jahrbuch 7 (1992/93) S. 293–303.

Sébastien Brant. 500e anniversaire de »La nef des folz« = »Das Narren Schyff«. Zum 500jährigen Jubiläum des Buches von

527

Sebastian Brant: 1494–1994. Ausstellungskatalog. Hrsg. von den Universitätsbibliotheken Basel und Freiburg im Breisgau. Basel 1994.

H. Plard: La critique théologique et morale des voyages de découverte dans „Das Narren Schyff" de Sebastian Brant, 1494. In: La satire humaniste. Actes du colloque international des 31 mars, 1er et 2 avril 1993. Éd. par Rudolf de Smet. Leuven 1994. S. 223–238.

C. Schneider: Das Narrenschiff. Katalog zur Ausstellung im Gutenberg-Museum vom 11. Februar bis 10. Juli 1994. Mainz 1994.

W. Spiewok: Straßburger Narren erobern Europa. Zu Rezeption und Gehalt von Brants „Narrenschiff". In: L'unité de la culture européenne au Moyen Age. 28. Jahrestagung des Arbeitskreises Deutsche Literatur des Mittelalters. Straßburg, 23. bis 26. September 1993. Éd. par Danielle Buschinger et Wolfgang Spiewok. Greifswald 1994. S. 165–172.

F. Voss: Das mittelniederdeutsche „Narrenschiff" (Luebeck 1497) und seine hochdeutschen Vorlagen. Diss. Münster 1993/94. Köln 1994.

J. W. van Cleve: Literatur und Technologiewandel: „Das Narrenschiff", Till Eulenspiegel und das Informationszeitalter. In: Eulenspiegel-Jahrbuch 35 (1995) S. 89–106.

H. Eckhardt: Totentanz im „Narrenschiff". Die Rezeption ikonographischer Muster als Schlüssel zu Sebastian Brants Hauptwerk. Diss. Osnabrück 1994. Frankfurt a. M. / Berlin [u. a.] 1995.

F. Hartweg: Les imprimeurs du „Narrenschiff" de S. Brant à Bâle et à Nuremberg. In: Recherches germaniques 25 (1995) S. 207–218.

Sébastien Brant, son époque et „la Nef des fols" = Sebastian Brant, seine Zeit und das „Narrenschiff". Actes du colloque international, Strasbourg, 10–11 mars 1994. Éd. par Gonthier-Louis Fink. Strasbourg 1995.

W. Barner: Modi des Traditionsbezugs in Sebastian Brants „Narrenschiff". In: Sébastien Brant, son époque et „La Nef des fols" = Sebastian Brant, seine Zeit und das „Narrenschiff". Actes du colloque international, Strasbourg, 10–11 mars 1994. Éd. par Gonthier-Louis Fink. Strasbourg 1995. S. 49–60.

W. Harms: Sebastian Brant und die Möglichkeit der frühen Bild-
publizistik. In: Sébastien Brant, son époque et „La Nef des
fols" = Sebastian Brant, seine Zeit und das „Narrenschiff".
Actes du colloque international, Strasbourg, 10–11 mars 1994.
Éd. par Gonthier-Louis Fink. Strasbourg 1995. S. 23–45.

B. Lafond: Liebes- und Eheauffassung im „Narrenschiff" von
Sebastian Brant. In: Sébastien Brant, son époque et „La Nef
des fols" = Sebastian Brant, seine Zeit und das „Narrenschiff". Actes du colloque international, Strasbourg, 10–11
mars 1994. Éd. par Gonthier-Louis Fink. Strasbourg 1995.
S. 61–70.

J.-D. Müller: Das „Nüv schiff von Narragonia", die interpo-
lierte Fassung von 1494/95. In: Sébastien Brant, son époque et
„La Nef des fols" = Sebastian Brant, seine Zeit und das „Narrenschiff". Actes du colloque international, Strasbourg, 10–11
mars 1994. Éd. par Gonthier-Louis Fink. Strasbourg 1995.
S. 73–91.

Th. Wilhelmi: „. . . poeticam non mediocriter callens: ingenio
subtilis, eloquio disertus". In: Sébastien Brant, son époque et
„La Nef des fols" = Sebastian Brant, seine Zeit und das „Narrenschiff". Actes du colloque international, Strasbourg, 10–11
mars 1994. Éd. par Gonthier-Louis Fink. Strasbourg 1995.
S. 145–147.

D. Benkartek: Ein interpretierendes Wörterbuch der Nominal-
abstrakta im „Narrenschiff" Sebastian Brants von Abenteuer
bis Zwietracht. Egelsbach / Frankfurt a. M. / St. Peter Port
1996.

J. Theisen: Sebastian Brant, Dr. Griff und Petrarca auf dem
Mont Ventoux. Das Titelblatt als Verständnisvorgabe des
„Narrenschiffs". In: Euphorion 90 (1996) H. 1. S. 62–75.

H. Vreveld: Materials for a new commentary to Sebastian
Brant's „Narrenschiff". In: Daphnis 26 (1997) S. 553–651.

Zu den Holzschnitten

F. Schultz: Nachwort zur Faksimileausgabe [s. d.]. S. III–LVI.

W. Weisbach: Der Meister der Bergmannschen Offizin und
Albrecht Dürers Beziehungen zur Baseler Buchillustration.
Straßburg 1896.

W. Weisbach: Die Baseler Buchillustration des XV. Jahrhunderts. Straßburg 1896.

H. Koegler: Über Bücherillustrationen in den ersten Jahrzehnten des deutschen Buchdrucks. In: 10. Jahresbericht der Gutenberg-Gesellschaft. Mainz 1911. S. 27 ff.

M. Wolters: Beziehungen zwischen Holzschnitt und Text bei Sebastian Brant und Thomas Murner. Diss. Straßburg 1917.

E. Schilling: Dürers graphische Anfänge, die Herleitung und Entwicklung ihrer Ausdrucksformen. Diss. Kiel 1919. [Masch.]

H. Koegler: Die Baseler Gebetbuchholzschnitte vom Illustrator des „Narrenschiffs" und „Ritters vom Turn". In: Jahrbuch der Gutenberg-Gesellschaft 1926. S. 117 ff.

F. Winkler: Dürer und die Illustrationen zum „Narrenschiff". Berlin 1951.

H. Lüdecke: Albrecht Dürers Wanderjahre. Dresden [1959].

H. Rosenfeld: Die Narrenbilderbogen und Sebastian Brant. In: Gutenberg-Jahrbuch 45 (1970) S. 298 ff.

H. Homann: Studien zur Emblematik des 16. Jahrhunderts: Sebastian Brant [u. a.]. Utrecht 1971.

H. Rosenfeld: Sebastian Brant und Albrecht Dürer. Zum Verhältnis von Bild und Text im „Narrenschiff". In: Gutenberg-Jahrbuch 47 (1972) S. 328 ff.

L. Geeraedts: Die Straßburger Narrenschiff-Ausgaben und ihre Holzschnitte. In: Philobiblon 24 (1980) S. 299–337.

K. Hoffmann: Wort und Bild im „Narrenschiff". In: Literatur und Laienbildung im Spätmittelalter und in der Reformationszeit. Hrsg. von L. Grenzmann und K. Stackmann. Stuttgart 1984. S. 392 ff.

H.-J. Raupp: Zum Verhältnis von Text und Illustration in Sebastian Brants „Narrenschiff". In: Bibliothek und Wissenschaft 19 (1985) S. 146 ff.

Th. Cramer: *Der bildnis jch hab har gemacht* – Noch einmal: Zu Text und Bild im „Narrenschiff". In: Beiträge zur Geschichte der deutschen Sprache und Literatur 111 (1989) S. 314–335.

M. Lemmer: Die Holzschnitte zu Sebastian Brants „Narrenschiff". Frankfurt a. M. [u. a.] 1994.

D. Littieri: Some sources and methods for the illustration of „Narrenschiff". In: Gutenberg-Jahrbuch 69 (1994) S. 95–105.

U. Rautenberg: Altersungleiche Paare in Bild und Text. I: Geld-
heiraten 1494: „wîben durch guts willen". In: Börsenblatt für
den Deutschen Buchhandel 33 (25. 4. 1997) S. A 185 – A 188.

Zur Wirkungsgeschichte

F. Zarncke: Einleitung zur Ausgabe [s. d.]. S. LXXIII ff.

F. Fraustadt: Über das Verhältnis von Barclays „Ship of Fools"
zur lateinischen, französischen und deutschen Quelle. Diss.
Breslau 1894.

E. Bjorkmann: Bemerkungen zu der niederdeutschen Bearbeitung des Narrenschiffes. Uppsala 1902.

Th. Maus: Brant, Geiler und Murner. Studien zum Narrenschiff,
zur Navicula und zur Narrenbeschwörung. Diss. Marburg
1914.

J. Kärntner: Des Jakob Locher Philomusus „Stultifera navis"
und ihr Verhältnis zum „Narrenschiff" des Sebastian Brant.
Diss. Frankfurt a. M. 1924. [Masch.]

D. O'Connor: Notes on the Influence of Brant's Narrenschiff
outside Germany. In: Modern Language Review 20 (1925)
S. 64 ff.

F. A. Pompen: The English Versions of the „Ship of Fools": A
Contribution to the History of the Early French Renaissance
in England. London 1925.

M. Spanier: Brants Narrenschiff – Murners Narrenbeschwörung
und Schelmenzunft. Einleitung zu: Thomas Murners Deutsche Schriften. Bd. 2. Berlin/Leipzig 1926. S. 6 ff.

D. O'Connor: Sébastien Brant en France au XVIe siècle. In: Revue de littérature comparée 8 (1928) S. 309 ff.

L. Baucke: Das mittelniederdeutsche Narrenschiff und seine
hochdeutsche Vorlage. In: Niederdeutsches Jahrbuch 58/59
(1932/33) S. 115 ff.

M. Held: Das Narrenthema in der Satire am Vorabend und in
der Frühzeit der Reformation. Diss. Marburg 1945. [Masch.]

J. R. Sinnema: A Critical Study of the Dutch Translation of
Sebastian Brant's „Narrenschiff". Diss. Cincinnati 1949.
[Masch.]

H. Wyss: Der Narr im schweizerischen Drama des 16. Jahrhunderts. Diss. Bern 1959. S. 33 ff.

R. Gruenter: Thomas Murners satirischer Wortschatz. In: Euphorion 53 (1959) S. 24 ff.

H. Schunk: Alexander Barclay's Fassung von Brant's „Narrenschiff". Diss. Würzburg 1966.

L. Geeraedts: Der zotten ende der narrenschip. Zur niederländischen Tradition des „Narrenschiffs" von Sebastian Brant. In: Niederdeutsches Wort 19 (1979) S. 29 ff.

M. Lemmer: Studien zur Wirkung von Sebastian Brants „Narrenschiff". Diss. Halle a. d. S. 1981.

H. Birkhan: Zum Erfolg des „Narrenschiffes". Sebastian Brant und die Tradition. In: La représentation de l'Antiquité au Moyen Age. Actes du colloque [. . .] 1981. Université de Picardie [. . .]. Wien 1982. S. 341 ff.

S. Mausolf-Kiralp: Die ‚traditio‘ der Ausgaben des „Narrenschiffs" von Sebastian Brant. Diss. Aachen 1990.

J. W. van Cleve: Sebastian Brant's „The ship of fools" in critical perspective, 1800–1991. Columbia, SC, 1993.

Der zotten ende der „narrenschip". Zur niederländischen Tradition des „Narrenschiffs" von Sebastian Brant. Edition und Untersuchung. Hrsg. von Loek Geeraedts. Münster/Hamburg 1993.

L. Geeraedts: 500 Jaar „Narrenschiff" von Sebastian Brant. Enkele opmerkingen bij een uitgave van de Nederlandse traditie. In: Lingua Theodisca. Beiträge zur Sprach- und Literaturwissenschaft. Jan Goossens zum 65. Geburtstag. Hrsg. von José Cajot. In: Niederlande Studien 16 (1995) Bd. 2. S. 943–957.

J. L. Flood: Im Kreuzfeuer der Konkurrenz. Zur „Narrenschiff"-Rezeption in England. In: Sébastien Brant, son époque et „La Nef des fols" = Sebastian Brant, seine Zeit und das „Narrenschiff". Actes du colloque international, Strasbourg, 10–11 mars 1994. Éd. par Gonthier-Louis Fink. Strasbourg 1995. S. 129–141.

M. Lemmer: Zum Fortleben des „Narrenschiffes" vom 16. bis zum 18. Jh. In: Sébastien Brant, son époque et „La Nef des fols" = Sebastian Brant, seine Zeit und das „Narrenschiff". Actes du colloque international, Strasbourg, 10–11 mars 1994. Éd. par Gonthier-Louis Fink. Strasbourg 1995. S. 115–127.

INHALT